FLENSBURGER HEFTE

Die Hintergründe von 666

Inhalt

Liebe Leserinnen und Leser!

Was verbirgt sich hinter der Zahl 666? Öffnen sich mit ihr die Abgründe des Bösen? Um das Geheimnis dieser Zahl zu entschlüsseln, unternehmen wir mit diesem FLENSBURGER HEFT eine Reise in die Antike und verfolgen den Weg des hellenistischen Geistesgutes und der griechischen Medizin über den Orient bis ins mittelalterliche Europa. Wir lernen das goldene Zeitalter der Wissenschaften im islamischen Weltreich in Bagdad und im maurischen Spanien kennen und analysieren, was sich um das Jahr 666 n.Chr. im Zusammenhang mit der persischen Akademie von Gondischapur ereignete.

Wer verstehen will, was im Jahre 666 geschah, muß sich mit dem geistigen Wesen Sorath auseinandersetzen und dem nachspüren, was Sorath im 7. Jahrhundert mit der Menschheit vorhatte und jetzt zum Jahrtausendende wieder beabsichtigt. Dafür braucht man auch ein Verständnis der drei okkulten Fähigkeiten, die die Menschen in Zukunft erlangen werden.

Wir versuchen, in diesem Buch den Unterschied zwischen Arabismus und Islam herauszuarbeiten, zeigen einige Vorurteile und Einseitigkeiten anthroposophischer Autoren zu diesem Thema auf und beleuchten übersinnliche Vorgänge, die mit dem Entstehen einer materialistischen Naturwissenschaft und der Anthroposophie verbunden sind. Zur Abrundung des Themas zeigen wir, wie die sogenannte achte Sphäre, schwarze Magie und die Lüge mit 666 zusammenhängen.

Der vorliegende Band knüpft an unser letztes FLENSBURGER HEFT an, setzt aber andere Schwerpunkte. Wegen der Komplexität des Themas, und weil alle Beiträge aufeinander aufbauen, empfehlen wir, das Buch in der Reihenfolge der Beiträge zu lesen. So lassen sich die Bausteine dieser für unser Jahrtausendende überaus wichtigen Materie sinnvoll erschließen.

Es grüßt Sie
Ihre FLENSBURGER HEFTE-Redaktion

Zu den Steiner-Zitatangaben in den FLENSBURGER HEFTEN: Die GA-Nummern beziehen sich auf die jeweilige Bibliographie-Nummer der Rudolf Steiner Gesamtausgabe im Rudolf Steiner Verlag, Dornach/Schweiz. Danach sind in der Regel das Erscheinungsjahr der benutzten Ausgabe, das Vortragsdatum bzw. Kapitel und die Seitenzahl angegeben, von der Autor-, Titel- und Ortsnennung wird abgesehen. Nach Bibliographie-Nummern geordnet ist die Rudolf Steiner Gesamtausgabe im Katalog des Rudolf Steiner Verlags aufgeführt. Der Katalog ist durch den Buchhandel erhältlich.

Sorath und die Zahl 666

Wolfgang Weirauch

666 – eine Zahl mit mysteriöser Bedeutung? Was steckt hinter dem Geheimnis dieser Zahl? Wohl kaum eine Zahl hat die Menschen so beschäftigt und zu den unterschiedlichsten Interpretationen veranlaßt wie die 666. Besonders zum jetzigen Jahrtausendende hin lenkte man zunehmend sein Augenmerk auf die „Zahl des Tieres und des Menschen", auf die der Apokalyptiker Johannes schon vor annähernd 2.000 Jahren hingewiesen hat. (siehe Apk. 13, 17 f.)

Im Laufe der Zeit meinten manche, mit der Zahlenbedeutung des hebräischen Alef-Beths aus der 666 den Namen des Kaisers Nero entschlüsseln zu können: QSR.NRON (100 + 60 + 200 + 50 + 200 + 6 + 50 = 666). Andere wollten in diese Zahl sogar den Namen Hitlers hineininterpretieren, während sich der Schwarzmagier Aleister Crowley gleich selbst als das „Tier 666" bezeichnete. Seit Crowleys Zeiten gilt die besagte Zahl in den verschiedensten schwarzmagischen Kreisen als aussagekräftiges Zahlensymbol, und sie wird auch in anderen Zusammenhängen in total veräußerlichter und oberflächlicher Weise verwendet. Immer wieder sieht man sie auf Büchern, einschlägigen Magazinen und Platten- bzw. CD-Covers (z.B. bei Black Sabbath oder Aphrodite's Child).

Verwoben mit dieser Zahl ist ein gewisser Nimbus: eine Kraft des Bösen, die in irgendeiner Weise mit der schwarzen Magie und dem Tierhaften im Menschen verbunden ist, sich aber zugleich mit dem Mantel des Geheimnisvollen umhüllt. Man ahnt etwas, kennt aber letztlich überhaupt nicht die Bedeutung von 666. Daraus resultieren auch die zahlreichen Fehlinterpretationen und Angstgefühle, die viele Menschen vor dem hegen, was im Umkreis dieser Zahl lebt. Diese undefinierbare Furcht wird oft auch auf die alltäglichsten Erscheinungen ausgedehnt.

So traf es Ronald Reagan hart, als er in Los Angeles in einer Straße mit der Hausnummer 666 zu wohnen kam, und seine Frau Nancy hatte nichts Eiligeres zu tun, als über die Stadtverwaltung eine Änderung der Nummer zu veranlassen. – Unter den neuen europäischen Aktienindizes gibt es einen, der die größte Anzahl börsennotierter Werte beinhaltet, nämlich 666. – Als sich der erste gesamtdeutsche Bundestag zusammensetzte, so schrieb es damals die *FAZ*, erwartete man 666 Bundestagsabgeordnete;

aber es wurden dann letztlich doch nur 662. – Seit einigen Jahren finden wir auf den Waren den sogenannten Strichcode: Jede Zahl ist in ein verschieden breites Pärchen von Strichen umgesetzt. Drei Paar gleichdicke parallele Linien gehen meist in ihrer Länge über das restliche Strichcodefeld hinaus. Hinter diesen Doppellinien verbirgt sich die 6, so daß wir also auf jedem Warencode durch die verlängerten Linien die 666 wiederfinden. – Last but not least: Wenn man eine Frage an den Direktservice der Postbank Hamburg hat, so endet die Telefonnummer mit einer 666.

Wer nun meint, er sei damit gleich in der Werkstatt des Bösen gelandet oder auch nur eines der aufgezählten Beispiele aus dem alltäglichen Leben hätte irgendeine Bedeutung, außer daß es der pure Zufall ist, der befindet sich auf dem Holzweg. Sämtliche Beispiele haben nichts mit dem wirklichen Wesen 666 zu tun, und wer doch etwas in dieser Richtung in solche Alltäglichkeiten hineininterpretiert, leistet der Verwirrung lediglich Vorschub. Von der Zahl 666, die im alltäglichen zwischenmenschlichen Zahlenverkehr auftaucht, geht nicht die geringste schädliche Wirkung aus.

Was ist nun der wirkliche Hintergrund der Zahl 666? Folgt man den Äußerungen Steiners, die leider nur sehr spärlich sind, wird der Blick auf ein geheimnisvolles Wesen gelenkt, das den Namen Sorath trägt. Dieses Wesen ist der explizite Antipode zu Christus. Es entfaltet seine Wirksamkeit in gewissen Rhythmen, während der es den Versuch unternimmt, die Macht über die Erdenentwicklung zu erlangen und im Zuge dessen die Zukunft von Erde und Mensch gewaltig und entscheidend zu verändern. Seine Aktivitäten entfaltet Sorath auf höchst unterschiedliche Art. Im Fokus seines Wirkens zielt er aber darauf hin, die Wirksamkeit des Christus auf der Erde und im Menschen zu bekämpfen, indem er den Versuch unternimmt, die Menschen vom Christusgeschehen abzulenken oder sie direkt zum Mißbrauch antichristlicher spiritueller Kräfte zu bewegen. Beim Mißbrauch spiritueller Kräfte handelt es sich um schwarze Magie, die schon mit der Lüge beginnt.

Die hierarchische Stellung Soraths

Über Sorath spricht Steiner nur in zehn Vorträgen, die zwar viele Aspekte seines Wesens und Wirkens beleuchten, aber letztendlich doch kein vollständiges und klares Bild vermitteln. Es gelingt z.B. aufgrund der Aussagen Steiners nicht, die exakte hierarchische Stellung Soraths unter den geistigen Wesenheiten festzumachen. Steiner bezeichnet ihn als den Führer gewisser höherer Geister, die mit der Menschheit im Jahre 666 n.Chr. etwas Bestimmtes vorhatten. Sorath selbst sei ein Wesen ahrimanischer Natur. (vgl. GA 184/1968/11.10.1918/S.270)

In bezug auf seine Wesensglieder heißt es, daß er die Bewußtseinsseele voll ausgebildet habe. – Das ist eine Aufgabe, die sich dem Menschen von nun ab bis spätestens zum Ende der Erdenzeit stellt. In den kommenden Äonen wird der Mensch von seinem Ich aus an seinen drei unteren Wesensgliedern – dem Astralleib, Ätherleib und dem physischen Leib – arbeiten und durch die freigesetzten Umwandlungskräfte höhere geistige Wesensglieder erschließen. Indem das Ich den Astralleib bewußt umgestaltet und mehr und mehr die Herrschaft über die astralen Kräfte erlangt, entsteht ein höheres geistiges Wesensglied des Menschen, das Geistselbst. Durch Umwandlung und Vergeistigung des Ätherleibes und des physischen Leibes erarbeitet sich das Ich weitere höhere geistige Wesensglieder, die Steiner Lebensgeist und Geistesmensch nennt.

Von diesen drei höheren Wesensgliedern hat sich der heutige Mensch so gut wie noch gar nichts erarbeitet. Untätig war er aber nicht, denn er hat sich durch Bearbeitung der drei niederen Wesensglieder eine Vorstufe der drei höheren Wesensglieder erarbeitet bzw. ist noch dabei: durch Bearbeitung des Astralleibes die Empfindungsseele, durch Bearbeitung des Ätherleibes die Verstandesseele und durch Bearbeitung des physischen Leibes die Bewußtseinsseele. Diese drei Seelenglieder stellen also eine Art schwaches Vorbild der noch zu entwickelnden höheren Wesensglieder des Menschen – Geistselbst, Lebensgeist, Geistesmensch – dar.

Empfindungsseele, Verstandesseele und Bewußtseinsseele bildet der Mensch während der gesamten Erdenzeit aus. Das war ihm vorher, auf den früheren Verkörperungen der Erde, dem alten Mond, der alten Sonne oder dem alten Saturn, noch nicht möglich. Die Engel, die eine hierarchische Stufe über dem Menschen stehen, haben ihre Menschheitsstufe, wenn auch in anderer Form, in der der heutigen Erde vorangegangenen Daseinsform – dem alten Mond – durchgemacht. Sie stehen jetzt auf der Stufe des Geistselbst, die sich der Mensch während der der Erde folgenden Daseinsstufe – dem sogenannten Jupiter – voraussichtlich erringen wird.

Der Jupitermensch, der den Astralleib voll durchgearbeitet und zum Geistselbst umgestaltet haben wird, besitzt keinen physisch-materiellen Leib mehr und verfügt über ein neues Hellsehen. Dieses Hellsehen ist nicht unkontrolliert und atavistisch, sondern ichgeführt. Der Jupitermensch wird also hellsehend sein und alle Ich-Fähigkeiten beibehalten. Ein Teil der seelischen Welt liegt für ihn offen wie für uns heute die materielle Welt. In dieser seelischen Welt schaut der Jupitermensch dann z.B. die Astralleiber seiner Mitmenschen, also ihren seelischen Zustand:

„Er wird Wohl und Wehe seiner Umgebung in Bildern finden, die aufsteigen innerhalb seines imaginativen Bewußtseins. Dieser Jupitermensch wird daher in ganz anderen moralischen Verhältnissen leben. Denken Sie sich, daß Sie als Jupitermensch eine menschliche Seele vor sich haben: Der Schmerz, die Lust dieser Seele wird aufsteigen in Bildern vor Ihrer Seele, und die Bilder des Schmerzes der anderen Seele werden Sie quälen, und Sie werden, wenn Sie den Schmerz der anderen Seele nicht beseitigen, unmöglich den Schmerz der anderen Seele mit Ihrem eigenen Wohlsein vereinigen können. Oh, die Bilder des Leides würden eine Qual sein für den Jupitermenschen mit dem erhöhten Bewußtsein, wenn er nichts tun würde, um dieses Leid zu mildern und so seine eigenen quälenden Bilder, die nichts anderes sind als der Ausdruck des Leides um ihn herum, gleichfalls wegzuschaffen. Nicht wird das Wohl und Wehe des einzelnen möglich sein, ohne das des anderen." (GA 104/1979/30.06.1908/ S.241 f.)

Die Zukunft, sofern man nicht auf die Einflüsse Soraths eingeht, wird eine moralische und brüderliche sein. Auf diese menschliche Qualität, die wir uns als Menschheit noch nicht erarbeitet haben, gehe ich noch im Zusammenhang mit der schwarzen Magie und den drei okkulten Fähigkeiten ein.

Wenn Steiner nun davon spricht, daß Sorath bereits die Kräfte der Bewußtseinsseele voll ausgebildet hat, so heißt das zwar nicht, daß er sich nicht auch noch weitere höhere Stufen in der Geistesentwicklung errungen hat, aber es spricht auch nicht unbedingt dafür, sondern legt den Gedanken nahe, daß er die Bewußtseinsseelenentwicklung erst seit einer über schaubaren Zeit abgeschlossen hat. Das würde bedeuten, daß er hierarchisch irgendwo zwischen Mensch und Engel steht.

Nun gehört Sorath zu den sogenannten Widersachermächten. Damit bezeichnet man Wesen – z.B. die luziferischen, ahrimanischen und asurischen –, die zu einem gewissen Zeitpunkt stehengeblieben sind und die fortschreitende Entwicklung nicht mehr mitgemacht haben. Dies geht auf Kosten einer höheren geistigen Entwicklung und bedingt eine Steigerung, aber Vereinseitigung gewisser Kräfte und Fähigkeiten dieser Geistesmächte. Beispielsweise können gewisse Widersachermächte vom Rang her auf der Stufe der Erzengel stehen, aber sie wirken nur auf der Stufe der Engel, weil sie stehengeblieben sind. Ähnlich muß man sich wohl auch die Position Soraths vorstellen.

Dafür, daß er hierarchisch nicht viel höher steht, spricht auch, daß Steiner ihn als einen Dämon, wenn auch als einen der größten, bezeichnet. (vgl. GA 346/1995/12.09.1924/S.124) Dämonen sind normalerweise ahrimanische Elementarwesen, die z.B. durch Lügen der Menschen entstehen. Selbstverständlich wird es hier auch höhere hierarchische Stufen geben als Elementarwesen, aber man kann annehmen, daß die Bezeichnung Dämon nicht mehr für höhere hierarchische Wesen – wie es z.B. Luzifer und Ahriman sind – angewendet werden würde. Vermutlich hat der Begriff Dämon hier einen anderen Inhalt. Aber ganz sicher bin ich mir da nicht.

Auf der anderen Seite bezeichnet Steiner Sorath als den Sonnendämon (vgl. z.B. GA 96/1974/27.04.1907/S.326), den Gegner des Christus, das Dämonium der Sonne, als Ungeheuer, das alles zurückstößt, was mit dem Christus und der zukünftigen Erdenentwicklung zu tun hat. (vgl. GA 104/1979/29.06.1908/S.227 ff.) Er spricht von ihm als einem Wesen, das die Menschen zur schwarzen Magie, dem Mißbrauch spiritueller Kräfte anleiten möchte, um die Zukunft der Menschheit und der Erdenentwicklung massiv in seinem Sinn zu beeinflussen (ebd./S.231 ff.), und welches sogar bestrebt war, vor 2.000 Jahren die Herrschaft über die Erdenentwicklung zu übernehmen, wenn Christus vom Widersacher – also von Luzifer und vor allem von Ahriman – besiegt worden wäre. (ebd./30.06.1908/S.240) Diese Eigenschaften legen nahe, daß Sorath vielleicht doch einer sehr viel höheren Hierarchiestufe angehört.

Auch im Jahre 666 n.Chr. setzte Sorath noch einmal an, die Herrschaft über die Menschheit und über die Erde zu übernehmen, indem er durch die massive Beeinflussung der Menschen etwas ganz Bestimmtes erreichen wollte, was dazu geführt hätte, daß durch eine immense Vereinseitigung gewisser Kräfte die zukünftige freie Entwicklungsmöglichkeit des Menschen unmöglich gemacht worden wäre. (vgl. GA 184/1968/11. u. 12.10. 1918; Näheres dazu im Artikel „Die Akademie von Gondischapur“ in diesem Band.)

Soraths Herkunft

Es heißt von Sorath auch, daß er aus anderen Weltperioden stamme und die fortschreitende Entwicklung des Menschen nicht mitgemacht habe. (GA 104/1979/30.06.1908/S.240)

Zu Beginn der Entwicklung der heutigen physisch-materiellen Erde waren die Substanzen von Sonne, Mond und Erde noch vereinigt. Es gab noch keine so feste Materie wie heute. Aus einer Art gasigem Gemisch zogen sich zuerst die Sonnenkräfte heraus und bildeten die heutige Sonne. Sie hatten die Tendenz, den Menschen zu schnell zu vergeistigen. Später zogen sich die Mondenkräfte heraus und bildeten den heutigen Mond. Diese hatten die Tendenz, den Menschen zu schnell zu verhärten. Erst nach diesen Trennungen wurde die Erde zu dem, was sie heute ist.

Mit diesen Mondenkräften hängt Sorath zusammen. Er wurde mit ihnen aus der Erde hinausbefördert. Heute wirkt er vom Mond aus, nicht von der Erde, deshalb stammt er aus anderen Weltperioden. (vgl. GA 101/1987/21.10.1907/S.134 ff.) Man kann diese Mondenkräfte allerdings wieder auf der Erde verstärken, und das geschieht durch jede Form von schwarzer Magie:

„Wozu also würde ein Überhandnehmen der schwarzen Magie auf unserer Erde führen? Es würde führen zur Verhärtung des Erdballes, dazu, daß der Erdball ein Mond würde. Dieselben Kräfte, wie sie mit dem Monde ausgeschieden worden sind, die sich herausentwickelt hatten aus der Substanz der Erde, sie sind als Anlage in den Schichten der Erde noch immer vorhanden. Neben all den Kräften, die die gute Anlage haben, Sonnenkräfte zu werden, sind auch die Kräfte noch vorhanden, welche die Anlage haben, Mondenkräfte zu werden. Durch die weiße Magie wird die Erde immer mehr angenähert der Sonnennatur; durch die Kräfte der schwarzen Magie wird sie angenähert der Mondennatur." (ebd./S.136 f.; siehe auch den Artikel von Arfst Wagner in diesem Band.)

Der Sonnendämon Sorath ist vornehmlich das Wesen, das versucht, die Menschen zu jeder Form der schwarzen Magie zu veranlassen. Und da die Lüge schon eine Vorform der schwarzen Magie sein kann, sollte man sich fragen, ob Sorath durch die heutige Lügenhaftigkeit der Menschen – im persönlichen Umkreis wie auch bei öffentlich weithin wirksamen Lügen – ein Tor zur Entfaltung seiner Wirksamkeit besitzt. (Näheres dazu im Artikel „Lügen werfen lange Schatten".)

Die Zahl 666

Im 13. Kapitel der Offenbarung wird der Sonnendämon, genannt das zweite Tier mit den zwei Hörnern, mit der Zahl 666 in Verbindung gebracht. Was ist damit gemeint?

Albrecht Dürer: Der Engel mit dem Schlüssel zum Abgrund

Steiner erläutert die Zahl 666 vor allem in seinem Vortragszyklus „Die Apokalypse des Johannes“ (GA 104/29.06.1908); allerdings sind die dort enthaltenen Angaben mißverständlich. Mit den Zahlen 1–7 werden in diesem Zusammenhang Entwicklungszeiträume bezeichnet, z.B. alter Saturn (1), alte Sonne (2), alter Mond (3), Erde (4), Jupiter (5), Venus (6) und Vulkan (7). Die erste Sechs der 666 meint den Venuszustand, den übernächsten Entwicklungszustand der heutigen Erde. Die beiden nächstfolgenden Sechsen bezeichnen kleinere Abschnitte bzw. Zeiträume. Wann auch immer diese ferne Zukunft von drei mal sechs abgeschlossenen großen, mittleren und kleinen Zeiträumen sein mag, wichtig ist, daß immer ein zu Ende gehender sechster Zeitraum – im Kleinen wie im Großen –

eine Art Entscheidungszeitraum ist, sich Sorath oder Christus zuzuwenden. – Wir befinden uns heute in der 5. nachatlantischen Kulturperiode (1413–3573), am Ende der 6. nachatlantischen Kulturperiode (3573–5733) wird erstmals eine derartige Entscheidungsmöglichkeit für die Menschen eintreten.

Schon über diese 6. nachatlantische Kulturperiode spricht Steiner häufig davon, daß brüderliche Fähigkeiten unter den Menschen entwickelt werden müßten, daß die Menschen seelisch und bewußtseinsmäßig so sensibilisiert sein sollten, daß sie nicht mehr glücklich sein können, wenn andere unglücklich sind. Das ist eine Vorform des Geistselbst-Zustandes, in welchem sich die Menschen auf dem Jupiter befinden werden. Wer nicht die Kräfte des Christus – und sie wirken weltweit menschenverbindend und brüderlich – aufnimmt und z.B. egoistisch, nationalistisch oder gar schwarzmagisch für sich oder eine abgesonderte Gruppe agiert, der schließt sich selbst aus der fortschreitenden Entwicklung aus. Er hat aber die Chance, sich wieder in der nächsten Entscheidungszeit, dem Abschluß eines nächstgrößeren sechsten Zeitraumes, in die fortschreitende Entwicklung zu integrieren. Erst wer sich fortwährend von dieser Entwicklung ausschließt, wird letztlich einen von der restlichen Menschheit getrennten Weg gehen müssen.

Der Name Sorath

Der Name Sorath ergibt sich aus der Zahl 666. Er entstammt dem hebräischen Alef-Beth, in welchem jeder Konsonant einen eigenen Zahlenwert hat. Samek (lat. S) hat z.B. den Zahlenwert 60, Vav (lat. U oder O) hat den Zahlenwert 6, Resch (lat. Ra) 200 und Thav (lat. Th) 400. Addiert ergibt sich die Zahl 666, als Wort gelesen: Surath oder Sorath.

Alle 666 Jahre

Die Zahl 666 bezieht sich aber nicht nur auf zukünftige Entwicklungszeiträume, sondern auch auf konkrete Jahreszahlen. Dem Wesen Sorath ist der Jahresrhythmus von 666 Jahren eigen, gerechnet vom Jahr 1 n.Chr. an. Ungefähr alle 666 Jahre – also 666, 1332, 1998 – wirkt Sorath verstärkt auf die Menschheit ein, um seine Ziele ganz bzw. teilweise zu verwirklichen. Was zu diesen Zeiten vor sich geht, speziell im 7. Jahrhundert geschah, lesen Sie bitte im folgenden Interview und im nächsten Artikel.

Die Akademie von Gondischapur und der Impuls von 666

Interview mit Heinz Herbert Schöffler

von Wolfgang Weirauch

Dr. Heinz Herbert Schöffler, *geb. 1921 in Leipzig. Facharzt für Kinderheilkunde, Astrologe und langjähriger Leiter der Medizinischen Abteilung der Württembergischen Landesbibliothek.*

Buchveröffentlichungen (Auswahl): „Die Akademie von Gondischapur. Aristoteles auf dem Wege in den Orient" (Stuttgart ²1980), „Anthroposophische Medizin" (Dornach ²1991), „Rudolf Steiner und die Astrologie" (Dornach 1996).

666 – 1332 – 1998 – drei Jahreszahlen im Rhythmus von 666 Jahren, die eine gewisse Faszination auf die Menschen ausüben, aber auch ganz konkrete Hintergründe verbergen. Was steckt dahinter? Was ist in diesen Jahren geschehen? Mit nachstehendem Interview und den folgenden Arti-

keln versuchen wir, die welthistorischen und geistesgeschichtlichen Hintergründe dieser Jahre zu erhellen. Schwerpunktmäßig wird dabei das Jahr 666 behandelt.

Aristoteles

Wolfgang Weirauch: Was ist der grundlegende Unterschied zwischen der Philosophie des Aristoteles (384–322 v.Chr.) und der Ideenlehre Platos (428/427–347 v.Chr.)?

Heinz Herbert Schöffler: Aristoteles berücksichtigt viel stärker das Irdisch-Sinnliche, und er entwirft ein wesentlich detaillierteres Bild von der Welt und vom Menschen als Plato. In der Menschenkunde kommen die beiden sich am nächsten.

W.W.: Als Vorbereitung für das Verständnis dessen, was in Gondischapur entstanden ist, brauchen wir einen kurzen Überblick über die aristotelische Psychologie. Können Sie die verschiedenen Seelenschichten nennen und beschreiben, die nach Aristoteles den Leib durchziehen?

H.H. Schöffler: Zuerst haben wir den Soma, also den physischen Leib. Diesen durchzieht das Threptikon, die pflanzenhafte Seele bzw. der Ätherleib. Es folgen die seelischen Schichten: zuerst das Aisthetikon, die Empfindungsseele, dann kommt das Orektikon, das Rudolf Steiner auch als Empfindungsseele bezeichnet hat. Aber es meint etwas anderes als Empfindung, nämlich Begierde (Orexis heißt „die Begierde").

W.W.: Das Orektikon müßte dann also Begierdeseele heißen?

H.H. Schöffler: Richtig. Aristoteles sieht im weiteren beim Menschen das Kinetikon, die Kraftseele, was anthroposophisch bezeichnet der Verstandes- und Gemütsseele entspricht. Dann kommt das Dianoetikon, die Bewußtseinsseele, und schließlich der Nous, also der Geist.

W.W.: Gibt es nach Aristoteles vor der Empfängnis eine individuelle Menschenseele?

H.H. Schöffler: In den Monaten vor der Geburt kommt nach Aristoteles thyrathen – wie durch eine Tür – der Nous, anthroposophisch: das Ich, herein. Das ist ein Akt, der in der Embryonalzeit geschieht und auch in der Entwicklung des Embryos zum Ausdruck kommt. Man könnte daraus folgern, daß Aristoteles ein geistiges Sein des Menschen vor der Empfängnis angenommen hat. Aber das wird bei ihm nicht beschrieben. Wenn aber der Geist thyrathen hereinkommen kann, beinhaltet das, daß er vor der Empfängnis schon existieren muß.

W.W.: Nach Vorstellung der katholischen Kirche wird der Mensch im Moment der Zeugung als fertige Seele von Gott geschaffen. Dabei bezieht sich die katholische Kirche in ihrer Dogmatik auf Aristoteles. Wenn Aristoteles so gedacht haben sollte, wie Sie es eben angedeutet haben, würde sich sein Denken von der Dogmatik der katholischen Kirche unterscheiden.

H.H. Schöffler: Ja, davon kann man ausgehen.

W.W.: Ähnlich wie Plato sieht auch Aristoteles den Menschen als trichotomisches Wesen an; zu Leib und Seele kommt also noch der Geist. Merkwürdigerweise gibt es bei Aristoteles zwei Geistesschichten, den Nous pathetikos und den Nous poietikos. Was unterscheidet diese beiden Geistesarten?

H.H. Schöffler: Der Nous poietikos ist der eigentliche Geist, es ist der schaffende, der erzeugende, der effektbringende Geist, der unsterblich ist. Der Nous pathetikos ist alles übrige, er wird gewissermaßen von außen angeregt, indem sich Threptikon, Aisthetikon und alle weiteren Seelenschichten mit ihm verbinden. Der Nous pathetikos geht auch mit ihnen ins Grab.

W.W.: Wie würde man diese beiden Geistesarten anthroposophisch charakterisieren?

H.H. Schöffler: Der Nous poietikos ist der eigentliche, reine Geist, während sich der Nous pathetikos mit den niederen Wesensgliedern verbindet. Ob der Geist, den man mit der Bewußtseinsseele aufnehmen kann, schon als Nous poietikos bezeichnet werden kann, ist fraglich. Wahrscheinlich muß man diesen noch eine Stufe höher ansetzen, also bei dem Geistselbst.

Nestorius und nestorianisches Christentum

W.W.: Was war die Lehre des Nestorius (381–451), des Patriarchen von Konstantinopel, in bezug auf Maria, und welche Lehre vertrat sein Gegenspieler Cyrill (412–444), der Patriarch von Alexandria?

H.H. Schöffler: Nestorius war ursprünglich Prediger in einem Kloster vor den Toren Antiochias. Er fiel auf als eloquenter und durchdringender Prediger. 428 gab es eine Vakanz auf dem Patriarchenstuhl von Konstantinopel, und man hat als Verlegenheitslösung Nestorius dort eingesetzt.

Die Ansichten des Nestorius führten zum dritten ökumenischen Konzil (Ephesus 431). Zu dieser Zeit sprach man von Maria als der Gottesgebärerin, was Nestorius ablehnte. Kein Mensch, so glaubte er, könne einen Gott gebären, folglich müsse Maria als Christusgebärerin bezeichnet werden.

Hieronymus Bosch: Aus der Versuchung des Heiligen Antonius. Lissabon

Nestorius unterschied die Existenz des Menschen Jesus Christus, der von Maria geboren wurde, und die des Gottes. Diese Lehre hatte er bereits in seiner Heimat verbreitet, und er hielt auch auf dem Patriarchenstuhl von Konstantinopel daran fest. Seine Lehre wurde besonders von Cyrill bekämpft.

Cyrill war ein ausgesprochener Machtmensch. Wenn in seinem Bischofssitz Mönche auftauchten, die ihm nicht willfährig ergeben waren, ließ er ihnen mit einem Knüppel die Kniescheiben zertrümmern. Er wird immer wieder als eine sehr unsympathische und brutale Persönlichkeit geschildert. Am schwersten wiegt dabei, daß er einer der Hauptschuldigen am Tod der Mathematikerin und Philosophin Hypatia (ca. 370–ca. 415) ist. Er ist derjenige, der die Meute aufgehetzt hat, die Hypatia tötete und ihren Leichnam zerriß.

W.W.: Nestorius wurde verketzert, weil er es ablehnte, Maria als Mutter Gottes anzusehen. Wie kam es dazu?

H.H. Schöffler: Cyrill opponierte gegen die Ansichten des Nestorius. Der Bischof von Rom, Coelestin (422–432), ergriff für Cyrill Partei und beauftragte ihn, Nestorius zum Widerruf seiner Lehre zu veranlassen. Auf dem Konzil zu Ephesus wurde Nestorius gegen den Protest des Gesandten des römischen Kaisers Theodosius I. (379–395) vorschnell abgesetzt und als Häretiker verdammt.

W.W.: Warum war die nestorianische Kirche vor allem außerhalb der Grenzen des oströmischen Reichs, speziell in Persien, so aktiv?

H.H. Schöffler: Die entstehende nestorianische Kirche konnte auf dem Boden von Altbyzanz nicht gedeihen, weil Nestorius zum Ketzer erklärt wurde. Und das Persische Reich brauchte die nestorianische Kirche, um den Zwist zwischen Persien und Byzanz zu vertiefen. Nestorius wurde aus Byzanz vertrieben und seine Schüler im Sassanidenreich Persiens geduldet. Einer der hohen Geistlichen des Sassanidenreichs, Barsaumas (†492/495), empfahl, daß man möglichst Nestorianer auf die entscheidenden kirchlichen Posten in Persien setzen möge. Die Nestorianer wurden in Persien akzeptiert, und die Kirche bekam Auftrieb, so daß ihr Einfluß sogar bis nach China reichte.

Als die ersten Dominikaner nach China kamen, waren dort noch 3.000 nestorianische Mönche tätig. Es gibt in China sogar einen Stein aus dem letzten Jahrzehnt des 7. Jahrhunderts, auf dem 75 Mitarbeiter der nestorianischen Kirche Chinas verzeichnet sind. Außerdem steht auf diesem Stein das nestorianische Credo auf chinesisch.

Gondischapur

W.W.: Wo liegt der Ort Gondischapur genau?

H.H. Schöffler: Gondischapur liegt 90 km nördlich von Ahwaz. Ahwaz war ein frühes Klosterzentrum, das im Jahre 410 nach Gondischapur verlegt wurde. Heute liegt Gondischapur 13 km südöstlich von Dizful, einem Ölzentrum im Südwesten des Iran.

Der Tübinger Professor Karl Hummel hat übrigens die Flora von Altpersien studiert, und dadurch kam es, daß er im reifen Alter eine Gastprofessur in Ahwaz bekam. Er wußte auch von Gondischapur und fuhr mit einem Taxi die 90 km von Ahwaz hinauf nach Gondischapur und besichtigte den übriggebliebenen Scherbenhaufen. Dort faßte er den Entschluß, mit Tübinger Studenten Gondischapur auszugraben. Er hat tatsächlich mit der Arbeit begonnen, aber nach einiger Zeit ging ihm das Geld aus, so daß Gondischapur nicht weiter ausgegraben werden konnte. Die Ruinen liegen dicht unter der Erdoberfläche, und wenn das Regime Irans es zulassen würde, dann könnte man heute sicherlich mit der Ausgrabungsarbeit fortfahren.

W.W.: Seit wann gibt es die Stadt Gondischapur?

H.H. Schöffler: Die Gründung dieser Stadt liegt im Dunkeln. Früher hieß sie Beth Lapat. Ein anderer Name der Stadt war Veh-Andew-Sapur, was so viel bedeutet wie „Besser als Antiochien". Eines Tages hieß sie dann Gondischapur, was nach Hummel so viel wie „Schapurs Lust" bedeutet. Schapur I. gab dieser Stadt ihren Namen. Er regierte von 241 bis 272.

Im Jahre 260 eroberte er zum zweiten Mal Antiochien und führte eine große Anzahl Antiochier in die Gefangenschaft nach Gondischapur. Wegen dieser Gefangenen wurde die Stadt erweitert. Schapur I. hat buchstäblich eine größere Anzahl von Handwerkern, Ärzten und auch Priestern nach Gondischapur verpflanzt. Durch die Stadterweiterung bekam Gondischapur acht Quer- und acht Längsstraßen und war damit wie ein römisches Castrum gestaltet. Der Grundriß der Stadt war ein längliches Rechteck. Im 14. Jahrhundert wurde Gondischapur von den Mongolen zerstört. Man erkennt aber auf Luftaufnahmen aus dem Jahre 1960, daß die westliche Stadthälfte noch besser erhalten ist als die östliche. Auf diesen Aufnahmen sieht man in der westlichen Stadthälfte ein Viereck, das innen unbebaut ist, und das dürfte das Krankenhaus gewesen sein. Rechts daneben liegt die Kirche, woraus man u.a. auf die enge Zusammenarbeit der nestorianischen Kirchenführung mit der ärztlichen Klinikführung schließen kann.

Bernd Hansen: Psychedelischer Minotaurus

Bernd Hansen: Zyklus der Gehörnten – „Exussr“

W.W.: Wie waren die äußeren Machtverhältnisse im 6. und 7. Jahrhundert zwischen Byzanz und Persien?

H.H. Schöffler: Zwischen Byzanz und Persien bestand eine ständige Rivalität. Die Könige und Kaiser des persischen Sassanidenreichs (224–642/651) kämpften gegen Rom – besonders im 3. und 4. Jahrhundert –, gegen die aus dem Norden kommenden turk-mongolischen Nomaden aus Zentralasien im 5. Jahrhundert und vor allem gegen Byzanz im 6. Jahrhundert. Durch die Kriege gegen Byzanz und aufgrund der vielen Eroberungen in Syrien, Palästina und Ägypten waren die Perser so geschwächt, daß sie der arabisch-muslimischen Offensive 637–642 keinen Widerstand mehr entgegensetzen konnten. 651 wurde der letzte Sassanidenkönig ermordet. Einer seiner bedeutenden Vorgänger, Chosrau I., hat diese Kriege sehr ernstgenommen und auch immer mitgekämpft. Er herrschte in Persien von 531–579. In seiner langen Regierungszeit gab es die erste große Blüte des Sassanidenreichs, das allerdings schon seit 224 bestand. Er war Beschützer der Christen, weil er mit einer Christin verheiratet war.

Das Ende der Philosophenschulen

W.W.: Gondischapur erhielt vielfach Zustrom von Philosophen und Ärzten. Es begann mit den Ärzten und Philosophen aus Antiochia im Jahre 263, über die wir schon gesprochen haben.

H.H. Schöffler: Schapur I. hatte in Antiochia gegen den römischen Kaiser Valerian (253–260) gesiegt, was man auf einem riesigen Relief bewundern kann, auf dem der römische Kaiser sich tief vor Schapur I. verneigt. Schapur I. sitzt hoch zu Roß und nimmt ihm diese Verneigung ab.

W.W.: Warum wurden die Akademielehrer 489 aus Edessa vertrieben?

H.H. Schöffler: Die Akademie in Edessa wurde von dem oströmischen Kaiser Zenon Isaurikos (474–475 und 476–491) geschlossen. Die Akademielehrer sind dann ins Persische Reich nach Gondischapur ausgewandert. Das zeigt, daß sie Nestorianer gewesen sein müssen, denn in Gondischapur hatte niemand eine Lehr- oder Lernberechtigung, der nicht ein getaufter Nestorianer war. Auch Hunain ibn Ishaq, der im 9. Jahrhundert lebte, war Nestorianer. Er war ein Araber aus Hira, einem Ort, der etwa 90 km südlich von Gondischapur liegt. Hira wurde 410 christianisiert und wurde nestorianisch. Hunain ibn Ishaq kam aus Hira nach Gondischapur, weil er getaufter Nestorianer war.

Die sieben Akademielehrer in Persien

W.W.: Mit welcher Motivation ließ Justinian I. (527–565) im Jahre 529 die Athener Philosophenschule schließen?

H.H. Schöffler: Er hat die Philosophenschule von Athen als einen Fremdkörper empfunden, weil ihre Philosophen am Polytheismus festgehalten haben. Sie hatten ihre Götterstandbilder in der Schule aufgestellt und am Tag der Schließung eilig zusammengepackt und in die Kloake geworfen. In diesem Jahrhundert fand man sie und erkannte, daß sie in höchster Eile verpackt worden sind. Folglich ist der Befehl Justinians prompt ausgeführt worden, und die sieben Philosophenlehrer Athens sind in aller Eile abgereist

W.W.: Mußten diese sieben Akademielehrer fliehen?

H.H. Schöffler: Ja. Und wohin geht man, wenn man einen politischen Gegner im eigenen Land hat? Denn Justinian war ihr politischer Gegner. Man wendet sich dann an dessen Feind. Und das war Chosrau I., der König des persischen Sassanidenreichs.

W.W.: Sind sie nach Gondischapur oder an den Hof Chosraus I. geflohen?

H.H. Schöffler: Sie sind in Ktesiphon von Chosrau I. empfangen worden. Seit 309 war die sassanidische Residenz nicht mehr in Gondischapur, sondern in Ktesiphon. Gondischapur war nur noch eine Sommerresidenz.

W.W.: Kamen diese sieben Akademielehrer denn überhaupt nach Gondischapur?

H.H. Schöffler: Das ist eine gute Frage. Aber das ist nicht bekannt. Es ist nirgendwo verzeichnet, ob sie die Akademie in Gondischapur besucht oder gar dort gelehrt haben.

W.W.: Und warum kehren sie zwei Jahre später zurück nach Griechenland?

H.H. Schöffler: Karl Hummel ist der Meinung, daß es daran lag, daß sie Großstädter waren. Diese Argumentation ist nicht von der Hand zu weisen: Gehen Sie mal als Athener, als angesehener eleganter griechischer Herr aufs Land!

W.W.: Also waren es ganz banale Gründe?

H.H. Schöffler: Höchstwahrscheinlich. Vielleicht gab es auch andere Gründe, daß sie sich im Persischen Reich nicht wohlfühlten, aber das ist nirgendwo verzeichnet.

Der Erzengel Dschibril (Gabriel) beim Überbringen der göttlichen Botschaft

Galen und Hippokrates. Fresko in der Krypta der Kathedrale von Anagni, 1255

W.W.: Ist es nicht etwas erstaunlich, daß Justinian die sieben Gelehrten zuerst vertrieb, daß sie dann aber schon bald zurückkehrten? Geschah dies mit Wissen des Kaisers?

H.H. Schöffler: Ja. Sie kehrten nicht nach Athen zurück, sondern an die Orte ihrer Jugend. Dort haben sie nicht öffentlich gewirkt, waren insofern unschädlich. An der Schule in Athen waren sie aber ein Stein des Anstoßes. Sie kehrten übrigens einzeln nach Griechenland zurück und verschwanden in ihren Heimatorten in der Versenkung.

W.W.: Waren diese sieben Akademielehrer Neuplatoniker, oder neigten sie eher zum Aristotelismus?

H.H. Schöffler: Sechs von ihnen – Damaskios Syros, Eulamios Phrygos, Priskianos Lydos, Hermias und Diogenes aus Phönizien, Isidoros aus Gaza – waren Neuplatoniker, nur Simplikius Kilikios war exquisiter Aristoteliker. Er hat das Werk des Aristoteles „De caelo" (lat.) bis auf die letzte Zeile studiert und war insofern innerlich mit Aristoteles durchdrungen.

W.W.: Dann haben die sieben also gar nicht viel Einfluß auf die Geistigkeit Gondischapurs genommen?

H.H. Schöffler: Nein, in dieser kurzen Zeit war es nicht möglich. Die einzige Auswirkung, die ich mir vorstellen könnte, ist die Schrift des Priskianos Lydos, die den Namen „Solutiones eorum de quibus dubitavit Chosroes Persarum Rex" (Problemlösungen zu Fragen des Perserkönigs Chosrau) trägt. Es ist eine Art Interview, das der König Chosrau I. führt, indem er an den Philosophen Fragen stellt. Er fragt über das Wesen der Seele, ob sie unsterblich sei, wie das Verhältnis der Seele zum Leib zu denken sei, und zwar im Wachen und im Schlafen. In dieser wichtigen Schrift fragt Chosrau weiter, ob die Erde rund sei, er fragt nach den Klimata und erkundigt sich nach verschiedenen Arzneimitteln.

Die allererste Frage des Königs heißt allerdings: „Welches ist die Natur der Seele, und ob sie in allen Körpern ein und dieselbe ist oder ob sie differiert (von anderen)?" Damit taucht also die Frage auf, ob der Mensch mit einer individuellen Seele denkt oder ob alle Menschen mit einer großen Geistigkeit zusammen denken. Hier taucht das Monopsychismusproblem auf, das später in der Auseinandersetzung zwischen Thomas von Aquin und Averroes gipfelte. Averroes sprach von einer allgemeinen Intelligenz, Thomas von Aquin dagegen von der persönlichen Intelligenz. Der Monopsychismus ist also hier im 6. Jahrhundert voll präsent. Das wird in der Philosophiegeschichte meist übersehen.

W.W.: Was ist mit Rudolf Steiners Hinweis gemeint, diese sieben hätten mit ihrer Auswanderung nach dem Osten die ätherische Astronomie in den Orient gebracht?

H.H. Schöffler: Simplikius Kilikios war derjenige, der mit der Schrift „De caelo" besonders verbunden war und einen 700 Seiten langen Kommentar dazu geschrieben hat. Und diesen Kommentar über das Werk des Aristoteles hat er mit nach Persien genommen. Das ist der ganze Hintergrund.

Die verschiedenen Geistesströmungen in Gondischapur

W.W.: In der präislamischen Zeit lebten in Gondischapur verschiedene weltanschauliche und religiöse Strömungen, z.B. der Zoroastrismus. Was ist das für eine Religion, und welche Beziehung hatte sie zum persischen Staatsgebilde?

H.H. Schöffler: Der neue Zoroastrismus war die unzeitgemäße Wiederheraufholung des alten Zoroastrismus, wie er im alten Persien gewesen war. Diese Religion wurde in das neue Persien versetzt und existierte ungefähr bis in das Jahr 1000. Die Flammen der Heiligtümer erlöschen im 11. Jahrhundert. Ihr ganzer Stolz war es, daß diese Altäre 1.000 Jahre gebrannt haben. Dieser neue Zoroastrismus war die Staatsreligion im neuen Persischen Reich. In dieser sassanidischen Staatskirchenform gab es auch verschiedene Richtungen, die aber für unser Problem nicht weiter relevant sind.

W.W.: Über den in Persien verbreiteten Nestorianismus haben wir bereits gesprochen. Inwieweit lebte in Gondischapur und Umgebung der Neuplatonismus?

H.H. Schöffler: Der Neuplatonismus ist immer eine Sache der einzelnen Philosophen gewesen. Vor allem waren die Äbte in den Klöstern die Träger des Neuplatonismus. Aber das war nur eine kleine Gruppe von Menschen.

W.W.: Befruchteten sich diese verschiedenen Weltanschauungen gegenseitig?

H.H. Schöffler: Es ist eine Feststellung moderner Religionssoziologen, daß die Verschiedenartigkeit von konfessionellen Zusammenhängen immer anregend wirkt. Dabei ist es gleich, ob dies in einer Persönlichkeit vor sich geht oder durch das Nebeneinander von Menschen verschiedener Weltanschauungen. Max Weber und Ernst Troeltsch haben diese Ansicht

Heilung eines Schlangenbisses. Motiv aus Galens „Buch über den Theriak“, persische Handschrift, 13. Jh.

Apotheke. Aus Avicennas „Kanon der Medizin“, 15. Jh.

vertreten. Mein Vater war Schüler von beiden und hat Weber und Troeltsch immer in bezug auf diesen Punkt angeführt.

Etwas Ähnliches sieht man auch im 18. Jahrhundert in der schlesischen Dichterschule. Die Träger dieser Dichterschule waren von ihrer Herkunft her Lutheraner, das Land wurde katholisch regiert, und deswegen mußten sie zum Studium auswandern und studierten im calvinistischen Leiden. Sie hatten also eine dreifache Anregung. Einen Beleg, daß unterschiedliche Weltanschauungen anregend auf den Menschen wirken, sehen wir dann ab dem Jahre 1740, als Friedrich der Große Schlesien einnimmt und den Katholizismus ausschaltet, so daß einzig das Luthertum übrigbleibt. Denn die schlesische Dichterschule geht danach zu Ende.

Im Persischen Reich war es ähnlich. Vor der Stadt Gondischapur stand z.B. ein kleiner Tempel der Zoroastriker. In diesem Tempel mußte das Hausfeuer gereinigt werden, und die Menschen schritten mit ihrem Hausfeuer in den Tempel, um diese Prozedur zu vollziehen. Diese Altarfeuer waren über das ganze Land verteilt. Bei dem Gang zum Altarfeuer begegnete man auch den Menschen anderer Weltanschauungen, und es gab manche freundschaftliche, aber auch feindliche Auseinandersetzung.

Die Akademie von Gondischapur

W.W.: Wann und von wem wurde in Gondischapur die erste Akademie begründet?

H.H. Schöffler: Das ist heute noch sichtbar. In Ahwaz gibt es ein 1957 gegründetes „Gondischapur College". Die Universität hat auf ihrem Briefkopf rechts oben das Münzbild Schapurs I. Von dieser Universität habe ich einen Brief erhalten, nachdem ich ihnen mein Buch „Die Akademie von Gondischapur" (Stuttgart 1979) zugeschickt habe. Man erkennt die sassanidischen Könige an ihrer Kronenform, und die Kronenform auf diesem Briefkopf ist diejenige von Schapur I. Das zeigt, daß dort noch das Bewußtsein lebt, daß Schapur I. im 3. Jahrhundert der Gründer der Akademie von Gondischapur war. Zuerst war dort eine Klosterschule, etwas später kamen die aus Antiochien deportierten Ärzte und Philosophen hinzu.

W.W.: Können Sie die Akademie und die Fakultäten, die im Laufe der Jahrhunderte entstanden, ein wenig beschreiben?

H.H. Schöffler: Im Grunde gab es ähnliche Akademien schon sehr lange. Die Juden, die nach der babylonischen Gefangenschaft geblieben waren, hatten ähnliche Akademien, z.B. in Nisibis und am Tigris gegenüber von Bagdad. Von Schapur I. wurden diese Juden hin und wieder einbestellt und mußten z.B. mit Manes (215–274) geistig konkurrieren. Das ging über alle Fächer. Manes war nicht nur Religionsstifter, sondern auch ein großer Universalgelehrter. – In Gondischapur lag ein Schwerpunkt auf der Medizin, bedingt durch die Zuwanderung der Ärzte. Daraus entstand der weltweite Ruhm der ersten Medizin-Akademie der Welt.

Der Einfluß des Islam in Gondischapur

W.W.: 641 erreichten die islamischen Heere Gondischapur. Das persische Reich war bereits so geschwächt, daß es bis zum Jahr 651 dem Ansturm der Araber völlig unterlag. Was wurde nach dem Sieg der islamischen Heere aus der zoroastrischen Kirche, und wie wurden die nestorianischen Christen von den Moslems behandelt?

H.H. Schöffler: In der ersten Zeit mit größter Toleranz. Ihnen wurde kein Haar gekrümmt, sie mußten nur etwas mehr Steuern zahlen, und damit war die Sache im Grunde erledigt. Allerdings blieb es nicht immer so. Ich habe aber den Eindruck, daß die Akademie wegen ihrer großen Verdienste um die Medizin eine Sonderbehandlung erfahren hat. Das Krankenhaus von Gondischapur hieß Bimaristan. 753 wurde Bagdad gegründet, und wenn man sich heute Karten dieser Stadt anschaut, dann liest man etwa 40mal den Namen Bimaristan, das zeugt also von einer großen Wirksamkeit des medizinischen Impulses von Gondischapur.

W.W.: Der Lehrbetrieb in Gondischapur wurde von den Moslems also nicht behindert?

H.H. Schöffler: Nein, überhaupt nicht. Dazu war die Akademie zu angesehen.

W.W.: Und die Lehrenden waren weiterhin nestorianische Christen?

H.H. Schöffler: Ja.

W.W.: Kamen auch Moslems als Lehrende hinzu?

H.H. Schöffler: Nein.

W.W.: Das Umaijadenreich errichtete das Kalifat von 661 an in Damaskus. Der letzte Umaijadenkalif wurde 750 auf der Flucht ermordet. 754 beginnt das Kalifat in Bagdad, der erste Kalif ist al-Mansur (754–775). Später folgten u.a. Harun ar-Raschid (786–809) und dessen Sohn al-Ma'mun (813–833). In diesen etwa 100 Jahren – von 754 an – entstand in Bagdad eine ungeheure Blüte der Wissenschaften. Können Sie diese etwas näher beschreiben?

Christus aus der Deesis. Hagia Sophia, Istanbul, um 1260

H.H. Schöffler: Bereits in den ersten Jahrzehnten dieser Zeit zeigte sich in Bagdad der zunehmende Einfluß des griechischen Gedankenguts. Der Einfluß der griechisch-hellenistischen Geistigkeit wurde vor allem durch eine immer stärkere Übersetzungstätigkeit vorangetrieben. Der Kalif al-Ma'mun gründete im Jahre 830 das Bait al-hikma, das Haus der Weisheit. In diesem Haus der Weisheit waren 100 Wissenschaftler tätig, die mit nichts anderem beschäftigt waren als mit der Übersetzung griechischer Schriften. Diese Menschen haben Unglaubliches geleistet, sie haben alles übersetzt, was damals griechische Wissenschaft war. Sie haben allerdings keine Zeile Euripides, keine Zeile Homer und auch nichts von den anderen griechischen Dichtern übersetzt. Das hat sie nicht interessiert, denn sie hatten ihre eigene Mythologie aus ihrem Volksbereich. Was ihnen aber fehlte, war die Wissenschaft, und die brauchten sie dringend. Das ist der Hintergrund für ihre fleißige Übersetzertätigkeit.

Die neuen Wissenschaften durchdrangen schon sehr bald das alltägliche Leben in Bagdad, so daß sich diese Stadt sehr schnell zu einem erstrangigen Zentrum auf allen Lebensgebieten entwickelte. Aber diese Blüte blieb nicht nur auf Bagdad beschränkt, denn die Wissenschaften entwickelten sich auch in anderen arabisierten Einflußbereichen, wie z.B. in den Städten Córdoba und Sevilla in Spanien. Auch das waren herausragende Zentren der Wissenschaft. In Córdoba gab es z.B. nächtliche Gasbeleuchtung, viele Bimaristans, eine phantastische Architektur und vieles mehr.

Die Ärzte aus Gondischapur

W.W.: Kalif al-Mansur fordert den leitenden Arzt des Bimaristans in Gondischapur, Girgis ibn Gibril ibn Bahtischu (†768) auf, nach Bagdad zu kommen. Wie standen die nestorianischen Christen zu dieser Entsendung?

H.H. Schöffler: Die nestorianische Kirche hatte gar keine Wahl, sie mußte ihn entsenden. Aber der nestorianische Katholikos stand auch voll hinter dieser Entsendung und forderte Girgis ibn Gibril auf, die Reise sofort anzutreten. Daran erkennt man die enge Zusammenarbeit zwischen Kirche und Bimaristan. Dieser Girgis ibn Gibril ibn Bahtischu ist übrigens Stammvater einer berühmten Arztfamilie, die bis ins 11. Jahrhundert nachzuweisen ist.

W.W.: War diese Entsendung rein politische Taktik, oder hatte man seitens der nestorianischen Kirche auch die Hoffnung, mit einem Vertreter der eigenen Religionsgemeinschaft einen missionarischen Keim an den Kalifenhof zu schicken?

H.H. Schöffler: Beides spielte sicherlich eine Rolle. Aber das läßt sich heute nicht mehr sicher feststellen. – Als später Gibril ibn Bahtischu (†827) aus Gondischapur von Harun ar-Raschid als Leibarzt nach Bagdad gerufen wurde, fragte ihn der Kalif: „Was verstehst du von der Heilkunde?" Darauf erwiderte Gibril: „Ich kann Heißes kühlen und Kühles erwärmen. Trockenes kann ich feucht machen und trocknen das Feuchte, das von der Natur abweicht." Daraufhin brach der Kalif in schallendes Gelächter aus und fügte ironisch hinzu, daß dies wohl das Äußerste sei, was man in der Medizin an Fertigkeit erlangen könne. Hinter den Äußerungen von Gibril stand nichts anderes als die Lehre der vier Elemente von Aristoteles. – Die Ärzte aus Gondischapur hatten eine herausragende Stellung in Bagdad. Sie standen am Hof des Kalifen in höchstem Ansehen

W.W.: Die höchste Blüte der Wissenschaften entwickelte sich unter dem Kalifen al-Ma'mun. Die starke Übersetzungstätigkeit haben Sie schon erwähnt, dazu gehörten z.B. auch die Werke von Ptolemaios, die al-Ma'mun bei der Eroberung von Alexandria in die Hände bekam. Welche Wissenschaftsgebiete wurden unter al-Ma'mun entwickelt?

H.H. Schöffler: Die Gelehrten erarbeiteten im Grunde alle damaligen Wissenschaften, um damit ihre Wissenslücken aufzufüllen und ihr Weltbild höchstmöglich zu vervollständigen. Zu diesen Wissenschaftsgebieten gehörten die Arithmetik, die Algebra, es wurden Grundlagen in der Integral- und Differentialrechnung gelegt, die Null wurde eingeführt, es wurde ein Himmelsatlas erstellt, man berechnete die Größe der Erde und vieles mehr. Das alles waren ungeheure geistige Leistungen.

Hunain ibn Ishaq

W.W.: Eine herausragende geistige Figur dieser Jahrzehnte war der schon erwähnte Hunain ibn Ishaq (801–873), ein nestorianischer Araber aus Hira. Warum bezeichnen verschiedene Historiker ihn als die größte Figur des 9. Jahrhunderts?

H.H. Schöffler: Er sprach vier Sprachen: Das Arabische kannte er aus Hira, in Gondischapur mußte er das Mittelpersische beherrschen, und zusätzlich lernte er Syrisch und Griechisch. Das ermöglichte ihm den Zugang zu allen damals relevanten Kulturen. Er galt als einer der größten Intelligenzen seiner Zeit. Schon in jungen Jahren studierte er Medizin und war unter dem Kalifen al-Mutawakkil (847–861) als Leibarzt tätig. Nebenbei übersetzte er eine ungeheure Fülle von philosophischen, mathematischen, astrologischen und magischen Schriften aus dem Griechischen ins Arabische. Er übersetzte auch aus dem Syrischen ins Arabische. Er übersetzte weit mehr als alle anderen und war in seiner Zeit der führende Mann.

W.W.: Verfaßte er auch eigene Werke, oder übersetzte er nur?

H.H. Schöffler: Hunain ibn Ishaq schildert in seiner Autobiographie, daß er 100 Schriften verfaßt habe, und davon seien ungefähr 30 % seine eigenen gewesen, weitere 30 % Übersetzungen, die anderen Mischwerke. Dabei übertreibt er wahrscheinlich in der Zahl, denn im Vorderen Orient war es üblich, daß man bei Zahlenangaben grundsätzlich übertrieb. Trotzdem hat er sicher einige eigenständige Werke verfaßt.

Aristoteles auf dem Weg über den Orient nach Europa

W.W.: Welchen Weg nahmen die griechischen Schriften, bis sie schließlich im Mittelalter in lateinischer Übersetzung vorlagen, und welche Schwierigkeiten traten bei den Übersetzungen auf?

H.H. Schöffler: Die griechischen Werke kamen zunächst in den Orient und wurden erst ins Syrische übersetzt. Aus dem Syrischen wurden sie ins Mittelpersische und dann ins Arabische übersetzt bzw. gleich aus dem Syrischen ins Arabische. Aus dem Arabischen wurden sie dann später wieder ins Lateinische übersetzt, manchmal auch auf dem Umweg über das Spanische. Durch diese ganzen Stufen kamen naturgemäß inhaltliche Verzerrungen bei der Übersetzung heraus. Wir brauchen nur ein Wort zu nehmen: „Nesbi“ heißt im Griechischen „die Pflanze“. Der erste griechische Buchstabe dieses Wortes ist ein Ny; im Syrischen wird daraus ein V. Als diese Übersetzung schließlich im Mittelalter auf Lateinisch vorliegt, macht Albertus Magnus aus diesem „Vespi“ eine „Vespa“. Aus einer harmlosen Gartenpflanze wurde somit eine bösartige Gartenhummel. Dicke Hunde dieser Art sind Hunderte in den Texten enthalten.

W.W.: Man hat bei der Übersetzung vom Griechischen ins Syrische und weiter ins Arabische oftmals auch nur Wort für Wort übersetzt, ohne den Gesamtzusammenhang zu erfassen. Die Anforderungen an einen Übersetzer – Beherrschung beider Sprachen und Erfassung des Sinnzusammenhanges – waren oftmals nicht erfüllt.

H.H. Schöffler: Genau. Ein kritischer Betrachter dieser Übersetzungen sagt z.B.: „Und so wurde denn der schon von seiner gewöhnlichen Form her nicht sehr formschöne Ausdruck der aristotelischen Schrift zu einer noch weniger geschmackvolleren Schrift des Mittelalters." Der aristotelische Schreibstil ist tatsächlich etwas Furchtbares, die Sprache ist holprig und wirklich sehr schwer zu übersetzen. Allein schon die Übersetzung vom Griechischen ins Syrische ist außerordentlich schwierig, und bei der Übersetzung ins Arabische treten weitere Schwierigkeiten hinzu. Oftmals fehlten im Arabischen die Begriffe, so daß die Übersetzung nur durch Hinzunahme von Fremdwörtern geleistet werden konnte.

W.W.: Dann kann man also davon sprechen, daß die aristotelischen und andere griechische Werke auf dem Umweg über das Arabische schließlich im Mittelalter teilweise sinnentstellt im Lateinischen vorlagen?

H.H. Schöffler: So kann man das sagen. Oftmals war der Sinn gar nicht mehr richtig zu erfassen. Deswegen entstand auch die Frage, wieso der junge Thomas von Aquin den Sinn der übersetzten aristotelischen Schriften trotz aller Übersetzungsfehler so gut erfassen konnte. Er konnte den Sinngehalt aus diesen Schriften viel genauer herauslesen als seine anderen Ordensbrüder. Ich höre Josef Pieper, den großen Kenner der Scholastik, vor 300 Studenten in Göttingen noch sagen: „Das, meine sehr verehrten Kommilitonen, war nur möglich aufgrund einer höchst weitgehenden Identität in der Seele des jungen Thomas von Aquin mit der des Aristoteles."

Das Wissen von 2.000 Jahren auf einen Schlag

W.W.: Rudolf Steiner beschreibt in seinen Vorträgen in GA 184, daß in der Akademie von Gondischapur im 7. Jahrhundert, speziell im Jahre 666, eine verfrühte, automatische Entwicklung der Bewußtseinsseele möglich gewesen wäre dadurch, daß der Seele Wissensinhalte gegeben worden wären, die erst im Laufe der nächsten ca. 2.000 Jahre durch Eigenleistung der Individualität errungen werden sollten. Dabei handelt es sich um die drei okkulten Fähigkeiten: eugenetischer, hygienischer und mechanischer Okkultismus. Wie hätte dieses umfangreiche Wissen auf die damaligen Menschen gewirkt?

H.H. Schöffler: Rudolf Steiner schildert diese Möglichkeit so, daß einige Genies mit einem umfassenden Wissen aufgetreten wären. Dieses Wissen wäre über die Akademie und bei der Begegnung der Menschen an vielen Orten mehr verbreitet worden. Wie ein Schneeballsystem wäre dieses Wissen weitergereicht worden. Das wäre eine immense geistige Akzeleration gewesen. Dieses geistige Wissen hätte durch rein geistige Kontamination Auswirkungen auf die Menschen gehabt. Die Menschen wären von diesem Wissen angesteckt worden, es hätte verführerisch gewirkt, und die Gedanken der Menschen wären natürlich in vollkommen andere Richtungen abgeleitet worden, als es ohne dieses Wissen geschehen ist, das sich die Menschheit erst über Jahrhunderte erringen mußte.

W.W.: Steiner schildert in diesem Zusammenhang, daß die Bewußtseinsseele automatisch ausgebildet worden wäre und daß der Mensch keine weitere höhere geistige Seelenausbildung hätte erlangen können. Es ist mir nicht ganz klar, wie die Menschen durch ein ungeheures Wissen in ihrer Seele gelähmt worden wären, so daß sie sich nicht hätten weiterentwickeln können. Wie ist das zu verstehen?

H.H. Schöffler: Die Menschen hätten sich in der Tat nicht weiter zum Geistselbst und zu höheren Geistesstufen entwickeln können. Das Dianoetikon hätte ihnen genügt. Wenn ein Mensch sehr viel kann, sehr viel weiß, dann gerät er in die Gefahr, in seiner Entwicklung stehenzubleiben.

W.W.: Ich versuche, mir das immer wieder vorzustellen: Es treten also einige Genies mit ungeheurem Wissen auf, sie verbreiten dieses Wissen, es zieht immer breitere Kreise, aber ich kann mir nicht vorstellen, wie dadurch das ganze Abendland auf alle Zukunft hin in seiner Seelenentwicklung hätte behindert werden können.

H.H. Schöffler: Das ist in der Tat schwer vorzustellen, aber man kann daraus ableiten, wie gewaltig und überwältigend dieser Impuls gewesen wäre. Das wäre eine unglaubliche, für uns heutige Menschen kaum zu begreifende Situation gewesen. Man braucht sich beispielsweise nur vorzustellen, was die Menschheit in diesem Jahrhundert im Bereich der Naturwissenschaft und Technik oder der Medizin entwickelt hat. Wenn die Menschen am Ende des letzten Jahrhunderts dieses Wissen als Inhalt ihrer Seele mitgeteilt bekommen hatten, so wäre das gewiß ein Schock gewesen. Für die Menschen im 7. Jahrhundert wäre dieser Schock oder die Verführung durch das Wissen noch unfaßbar größer gewesen.

Sorath

W.W.: Diese Inhalte – so Rudolf Steiner – wären durch das geistige Wesen Sorath gegeben worden. Wer ist Sorath?

H.H. Schöffler: Jeder Planet hat einen Genius und einen Antigenius. Sorath ist der Antigenius der Sonne. Eigentlich sollte man den Namen Sorath nicht unbedacht aussprechen, sondern man sollte immer, wenn man ihn ausspricht, die Intention haben, sich innerlich stark mit Christus zu verbinden. Sorath ist die böse widerchristliche Aktionskraft der Sonne.

W.W.: Was hat Sorath mit der Zahl 666, dem Jahr 666 und allen weiteren 666er-Jahresrhythmen zu tun?

H.H. Schöffler: Der Name Sorath entstammt dem Hebräischen Alef-Beth, in dem jeder Konsonant seinen eigenen Zahlenwert hat. Der lateinische Buchstabe S heißt im Hebräischen Samek und hat den Zahlenwert 60; entsprechend ist es mit den anderen Buchstaben: o = U (V = Vav, 6), Ra (Resch, 200), Th (Thav, 400). Insgesamt ergeben diese Zahlenwerte die Zahl 666. Sorath erscheint als das Tier, das aus der Erde aufsteigt, so wird es im 13. Kapitel der Apokalypse des Johannes geschildert.

Rudolf Steiner weist darauf hin, daß Sorath alle 666 Jahre eine besondere Wirkenskraft hat. Im Jahre 666 nach Christus war es sein Bestreben, die Inhalte, die die Menschheit bis zur Mitte des Zeitalters der Bewußtseinsseele entwickeln würde (ca. 2500), einigen wenigen Genies an der Akademie von Gondischapur frühzeitig einzugeben. Dieses Wissen wäre speziell einem Menschen offenbart worden, der als Lehrer an der Akademie wirkte. In die Akademie von Gondischapur ist von außen eingewirkt worden, und zwar auf übersinnliche Weise. Diese übersinnliche Einflußnahme hat aber nur der Initiat Rudolf Steiner bemerkt.

Das zweite Einwirken Soraths im Mittelalter, also im 14. Jahrhundert, steht mit der Folterung und Ausrottung der Templer in Zusammenhang. Bei diesem grausigen Geschehen bemerkt man die übersinnliche Einflußnahme Soraths z.B. in den Aussagen der gefolterten Templer. Jetzt am Jahrhundertende jährt sich die Zahl 666 zum dritten Mal, und wir haben Sorath-besessene Menschen. Das beginnt bereits mit der Russischen Revolution. 1998 ist zwar das Wirkenszentrum des Sorath, aber man darf sein Wirken nicht auf dieses eine Jahr beschränken, sondern man muß einen größeren Zeitraum vor und auch nach diesem Jahr miteinbeziehen.

W.W.: Warum wirkt Sorath alle 666 Jahre?

H.H. Schöffler: Das ist sein eigener Rhythmus und hängt mit der Qualität des Zahlenwertes dieser vier Konsonanten zusammen.

W.W.: Wen meint Rudolf Steiner mit dem unbekannt gebliebenen Lehrer von Gondischapur, der der größte Gegner des Christus gewesen sei und der das Wissen Soraths empfangen hätte?

H.H. Schöffler: Es ist bis heute unbekannt, wer dieser Lehrer gewesen ist. Sämtliche diesbezüglichen Geschehnisse im Jahre 666 vollzogen sich im Übersinnlichen.

W.W.: Dieser größte Gegner des Christus, der unbekannt gebliebene Akademielehrer von Gondischapur, müßte ja eigentlich ein nestorianischer Christ gewesen sein?

H.H. Schöffler: Sehr wahrscheinlich.

W.W.: Wie wirkte der Islam auf den Sorath-Impuls von Gondischapur?

H.H. Schöffler: Steiner stellt z.B. in seinem Vortrag vom 12.10.1918 (GA 184) dar, daß der Islam als Gegengewicht gegen den Impuls von Gondischapur wirkte. Religion und Wissenschaft standen sich hier gegenüber. Weil sich breite Volksmassen dem Islam zuwandten, wurde die ahrimanische Kraft Gondischapurs abgestumpft.

Averroes und Thomas von Aquin

W.W.: Schlagen wir jetzt einen Bogen von Gondischapur bis ins Mittelalter zu den arabisierten Philosophen, z.B. zu Averroes (1126–1198). Wie verstanden die arabisierten Philosophen die Intelligenz? Wie nimmt ihrer Ansicht nach der Mensch die Intelligenz während des Lebens auf, wie individualisiert er sie während des Lebens, und was geschieht beim Tod mit diesen Intelligenzkräften?

H.H. Schöffler: Averroes hat die Formulierung gebracht: „Wenn das Denken in der Welt ist, so geschieht es mit einer einzigen Seelengeste." Averroes war der Ansicht, daß der Mensch seine Intelligenz aus einer großen umfassenden Weltenintelligenz schöpfte, und daß die persönlichen Intelligenzkräfte des Menschen nach seinem Tod wieder in diese Weltenintelligenz eingehen. Thomas von Aquin (1225–1274) hat dagegen seine Schrift „De unitate intellectus contra Averroistas" („Über die Einheit des Geistes – gegen die Averroisten") verfaßt.

W.W.: Ist dieses monopsychistische Denken des Averroes und anderer Philosophen bereits in Gondischapur vorgeprägt worden?

H.H. Schöffler: Das weiß ich nicht. Ich kenne nur das Gespräch zwischen Chosrau I. und dem griechischen Akademielehrer, auf das wir schon eingegangen sind. Die Quellenlage gibt nichts weiter her. Averroes und andere arabische Philosophen wollten den Menschen klarmachen, daß die Erde ein allgemeines Gedankenleben umgibt, daß die Intelligenz etwas Allgemeines ist. Sie sprachen insofern nicht von einer einzelnen menschlichen Intelligenz, natürlich auch nicht von einer persönlichen Unsterblichkeit. Die Scholastiker betonten dagegen die Individualität des Menschen, ebenfalls seine persönliche Intelligenz und damit auch seine individuelle

Unsterblichkeit. Ihre Gedanken zeigen den Keim der sich entwickelnden Bewußtseinsseele.

W.W.: Rudolf Steiner schildert das Denken von Averroes und anderen arabisierten spanischen Gelehrten in etwa so, daß sich nach ihrer Überzeugung aus dem Kosmos der allwaltenden Intelligenz ein Tropfen herauslöst und während der Inkarnation im Menschen lebt, so daß der Mensch auf der Erde Anteil an der allgemeinen, kosmischen Intelligenz hat. Stirbt der Mensch, so geht dieser mittlerweile individualisierte Intelligenztropfen in die allgemeine kosmische Intelligenz zurück. Alle Gedanken und Begriffe, die der Mensch während des Lebens gebildet hat, gehen nach seinem Tod in das Reservoir der allgemeinen kosmischen Intelligenz zurück. Das kann sich aber – wie wir heute mit Sicherheit wissen – nur auf seine Intelligenzkräfte beziehen, nicht auf seine Seele als solche. Trotzdem hört man immer wieder, und liest dies sogar in der anthroposophischen Sekundärliteratur, daß sich die individuellen Seelen der Araber – ihrer angeblichen Überzeugung entsprechend – nach dem Tod in einer kosmischen Seele auflösen würden. Wie kann man auf so etwas kommen?

H.H. Schöffler: Das ist natürlich ein komplettes Mißverständnis. Niemals kann davon gesprochen werden, daß sich eine einzelne Seele auflösen würde, denn diese unterliegt schließlich der Reinkarnation, was man anhand von einzelnen Beispielen im arabischen Raum verkörperter Menschen auch in den Karmavorträgen Rudolf Steiners nachlesen kann. Auch der Koran spricht schließlich vom Aufenthalt der Seele in einem nachtodlichen Sein, z.B. dem Paradies oder der Hölle. Bei der Auseinandersetzung zwischen den arabisierten Philosophen und den Scholastikern geht es im wesentlichen um eine andere Ansicht in bezug auf die Intelligenz, und was mit ihr nachtodlich geschieht.

W.W.: Steiner behandelt diesen Gegensatz mit äußerster Toleranz, sowohl die Ansicht von Averroes als auch die des Thomas von Aquin. Die arabisierten Philosophen wußten von den im Weltenäther lebenden Gedanken, also von der Sphäre, in die der mit Gedanken durchsetzte Ätherleib des Menschen nachtodlich eingeht. Das ist in etwa der Bereich der allgemeinen Weltenintelligenz, den Averroes beschreibt. Averroes glaubte, daß die Erde ein allgemeines Gedankenleben umgebe, während die Scholastiker den Menschen von dieser Allgemeinheit emanzipieren wollten. Averroes beschreibt im Grunde nur eine Sichtweise, wie sie bis zu seiner Zeit alle Menschen hatten. Selbstverständlich waren sie davon überzeugt, daß der Mensch nachtodlich weiterlebt, nicht aber das Wertvollste von ihm, nämlich sein geistiges Vermögen, sein Wissen. Averroes sah die alte kosmische Intelligenz. Diese aber beginnt etwa im 8./9. Jahrhundert zur Erde zu tropfen, um als persönliche Intelligenz im Bewußtsein des Menschen zu wirken. Das war das, was die Scholastiker beschrieben. Sowohl die arabischen Philosophen als auch die Scholastiker beschrieben also eine geistig-seelische Entwicklung in der Menschheitsgeschichte: die einen einen älteren Zustand, die anderen einen gerade beginnenden.

H.H. Schöffler: Damit kennzeichnen Sie den Beginn der Bewußtseinsseelenentwicklung, die sich z.B. dadurch auszeichnet, daß der Mensch individuelle geistdurchdrungene Gedanken eigenständig in seinem Denken bewegen kann. Dies sollte durch den Impuls von Gondischapur, also den Sorath-Impuls, verhindert werden. Der Mensch hätte dann nicht selbst in seiner Seele gedacht, sondern weil ihm die Bewußtseinsseelenkräfte gefehlt hätten, wäre er gedacht worden. Und das ist das Tierische, das durch Sorath in Gondischapur versucht worden ist.

Die Fortentwicklung des Gondischapur-Impulses

W.W.: Der Gondischapur-Impuls ist laut Steiner in zweifacher Weise abgeschwächt worden, zum einen durch das Mysterium von Golgatha im vorhinein, zum anderen etwa zeitgleich durch den Islam. Trotz dieser Abschwächung ist durch Sorath damals etwas geschehen und hat sich über die Jahrhunderte fortentwickelt. Wie zeigt sich der Gondischapur-Impuls in der heutigen Zeit?

H.H. Schöffler: Dieser Impuls kann nicht umfassend genug gedacht werden. Es gibt das Drama von Guenther Wachsmuth: „Erzengel im Konzil“. Darin gibt es eine Szene, die in der sizilianischen Klingsor-Burg Caltabellotta spielt. In dieser Burg werden im Keller Menschen gefoltert, und die Anhänger Klingsors sind mit der Wissenschaft von Gondischapur geschult. Die Akteure sind Naturwissenschaftler, vor allem Mediziner. Das kann uns ein Bild dafür sein, daß Sorath in alledem, was schwarze Magie ist, lebt, und auch in manchem, was wir heute als Auswirkungen der materialistischen Naturwissenschaft haben. Ich sehe auch in dem Zusammenwirken von Religion und Naturwissenschaft – sowohl im arabischen Raum als auch in manchen christlichen Klöstern, z.B. bei Roger Bacon – teilweise einen Impuls von Gondischapur.

W.W.: Wo lebt der Gondischapur-Impuls in der Gegenwart?

H.H. Schöffler: In der modernen Medizin kommt er am stärksten zum

Vorschein, auch in der Physik. Ich denke z.B. an den Bereich der Chirurgie, wo man mittlerweile unglaubliche Dinge leisten kann. Im Vergleich zu dem, was man heute kann, ist die Chirurgie z.B. aus dem Jahre 1920 reine Stümperei. Das kann man einerseits begrüßen, andererseits wird hier ein Wissen offenbar, das zwar faszinierend ist, aber auch erschreckend.

W.W.: In der anthroposophischen Autorenschaft herrscht ein teilweise grauenhaftes Verständnis des Islam. Man liest in der Sekundärliteratur z.B., daß der Islam die Eingebung eines luziferischen Formgeistes sei; das Tier 666 zeige sich im Islam, so daß damit eine Milliarde Moslems mit dem Widersacher des Christus in Verbindung gebracht werden; die Ahrimanschule wirke in der islamischen Welt, der Gondischapur-Impuls würde verhüllt im Islam weitergetragen; die muslimischen Seelen verlören nachtodlich ihre Individualität und würden sich auflösen; die Allah-Gläubigkeit führe zu Geiselnahmen, Attentaten usw., und dies sei das wahre Gesicht des Islam; Wilson hätte seine 14 Punkte aus dem Koran entnommen und vieles mehr. Warum herrscht bei vielen Anthroposophen ein derart katastrophales Islam-Bild?

H.H. Schöffler: Obwohl Rudolf Steiner auch sehr tolerant über den Islam gesprochen hat, gibt es eine problematische Äußerung aus den „Konferenzen mit den Lehrern der Freien Waldorfschule in Stuttgart" (GA 300a–c). Er sagt dort: „Der Mohammedanismus ist die erste ahrimanische Manifestation, die erste ahrimanische Offenbarung nach dem Mysterium von Golgatha." (GA 300a/1975/S.130) Diese Angabe ist natürlich sehr problematisch, und ich kann mir vorstellen, daß durch das Lesen einer solchen Aussage bei vielen Anthroposophen manche Vorurteile gewachsen sind, die dann zu solchen Irrtümern wurden, wie Sie sie eben dargestellt haben. Man müßte natürlich jeder einzelnen Aussage nachgehen, um Klarheit zu schaffen.

W.W.: Und wieso wird Sorath oft fälschlicherweise mit dem Islam in Verbindung gebracht, obwohl doch der Islam gerade ein Gegengewicht gegen den Sorath-Impuls gewesen ist?

H.H. Schöffler: Die Christen früherer Zeiten hielten jeden Araber für einen Diener Soraths, für einen Diener des Sonnendämons.

Das Wirken von Sorath heute

W.W.: Rein auf die Jahreszahl bezogen jährt sich 1998 zum dritten Mal das 666. Jahr. Wird man in diesem Jahr mit einem besonderen

Sorath-Wirken zu rechnen haben, oder sind die Sorath-Impulse längst offenbar?

H.H. Schöffler: Wenn Sie sich die Nazizeit anschauen, dann finden Sie reihenweise Sorath-besessene Menschen. Solche Menschen treten also nicht erst in diesem Jahr auf, sondern wirken im Grunde schon im ganzen 20. Jahrhundert und werden auch noch im 21. Jahrhundert wirken. Rudolf Steiner schildert diese Menschen in seinem Kurs „Apokalypse und Priesterwirken" (GA 346) als solche, die alles, was geistiger Art ist, verspotten und bekämpfen. Er sagt sogar, daß diese Sorathmenschen äußerlich erkenntlich sein und eine Art von Tierantlitz tragen werden. (vgl. GA 346/1995/ 12.09.1924/S.122)

Als junger Mensch konnte ich es Steiner nicht verzeihen, daß er nicht vor Adolf Hitler gewarnt hatte. Da er aber zu den Priestern der Christengemeinschaft speziell über den Zusammenhang des Jahres 1933 mit Sorath gesprochen hat, kann man im nachhinein in gewisser Weise auch sagen, daß es gut war, daß diese Vorträge bis zur Nazizeit nicht veröffentlicht wurden. Wahrscheinlich wäre der jungen Christengemeinschaft dann noch viel Übleres durch die Nazis widerfahren.

W.W.: Wo sehen Sie diese Sorathmenschen heute?

H.H. Schöffler: Wenn ich die jüngsten Ereignisse im Irak betrachte, dann wird mir ganz mulmig. Ich will nicht sagen, daß dort Sorathmenschen auftreten, aber wenn man sich überlegt, daß dort biologische Kampfmittel vorhanden sind, die einen großen Teil der Menschheit auslöschen könnten, muß das ein Anlaß zu größter Sorge sein. Das Fortleben der Menschheit, und damit der Erdenentwicklung, steht auf dem Spiel. Und die Massenvernichtungswaffen sind meines Erachtens ein Sorath-Impuls, denn sie sind ein Ergebnis materialistisch-naturwissenschaftlicher Forschungsarbeit. – Allgemein würde ich sagen, daß 1998 nicht unmittelbar etwas geschehen muß, die Sorath-Impulse sind ohnehin in der Welt, wirken sich seit längerem aus und werden auch noch längere Zeit weiterwirken. Es kommt also auf jeden einzelnen Menschen an, diesen Sorath-Impulsen zu begegnen.

W.W.: Wie kann man den Sorath-Impulsen heute als Individualität und als Gemeinschaft entgegenwirken?

H.H. Schöffler: Indem man z.B. Anthroposophie arbeitet und diese geistige Arbeit so intensiv wie möglich steigert.

Die Akademie von Gondischapur

Wolfgang Weirauch

Wenn in anthroposophischen Kreisen die Zahl 666 bzw. das Wesen Sorath zur Erwähnung kommt, werden im gleichen Atemzug meist die Akademie von Gondischapur, der Arabismus und der Islam genannt. Warum eigentlich?

Der Zusammenhang ist sehr geheimnisvoll und vor allem sehr mißverständlich. Man versteht ihn nur, wenn man sich die Kulturgeschichte der Menschheit in den letzten 2.500 Jahren etwas genauer anschaut: von der Antike bis zur Gegenwart. Allerdings macht die Geschichte keine gradlinige Entwicklung durch, auch die Kulturgeschichte nicht, also z.B. die Entwicklung der Philosophie, der Medizin und der Naturwissenschaften. Die Geschichte macht Schleifen, geht Umwege. Erkenntnisse scheinen zu versiegen und im Strudel kulturhistorischer Umbrüche verlorenzugehen, werden dann aber doch zu späterer Zeit von ganz anderen Menschen mit unterschiedlicher Denkungsart und Religiosität erneut aufgegriffen und fügen sich in verwandelter Form wieder in die ursprüngliche Kulturgeschichte ein. So erging es dem Kulturgut der Antike, das größtenteils vernichtet, verschüttet oder vergessen worden wäre, wenn es nicht durch den arabischen Kulturraum vom 7. bis zum 9. Jahrhundert aufgenommen worden wäre, ehe es dann mit Beginn des Mittelalters nach Europa zurückfloß.

Dieser grandiose, welthistorisch bedeutende Zusammenhang ist die Grundlage für das Verständnis der Entwicklung von antiker Wissenschaft bis zur modernen und auch zukünftigen Naturwissenschaft, des Zusammenspiels von islamischer und christlicher Religion, von Arabismus und dem Wirken Soraths.

Vorurteile gegenüber dem Islam

Leider durchzieht einen großen Teil der anthroposophischen Sekundärliteratur zum Thema Islam ein schwerwiegendes Mißverständnis über die Zusammenhänge von Sorath und Islam bzw. Arabismus. Teilweise sind es einseitige Bilder, teilweise Unkenntnis der Materie, mitunter aber auch Falschinformationen und Vorurteile, die jeglicher Grundlage entbehren.

Auch einige Äußerungen Rudolf Steiners zu diesem Thema – aber nicht alle – bieten Anlaß zu Mißverständnissen.

Damit deutlich wird, wie die Kultur und Wissenschaft des Arabismus, die Religion Islam sowie die Araber und Moslems durch einseitige Darstellungen verkannt und mitunter auch diffamiert werden, möchte ich einige Zitate bringen. Es beginnt mit Karl Heyer:

„Auch im Arabertum haben wir die Polarität von starker Blutsgebundenheit, Leben in streng abgeschlossenen Familien- und Stammeszusammenhängen einerseits und das Element eines äußerst scharfsinnigen, gehirngebundenen intellektuellen, die Bewußtseinsseele antizipierenden Denkens andererseits, das die Araber schon im Mittelalter zu den Vorfahren und Wegbereitern der modernen intellektualistischen Wissenschaft werden ließ. Und ganz besonders in diesem arabischen oder arabistischen Wesen klafft zwischen den beiden mondenzugeordneten menschlichen Wesenspolen die große Lücke, die sich auch beim Judentum zu dessen weltgeschichtlichen Unheil öffnete und nicht schließen wollte. Das Menschlich-Mittlere wird gleichsam abwechselnd überwältigt durch den kalten egoistischen Intellekt des Kopfes und die heiße Stoffwechselwillensregion.

Das Arabertum wurde der Boden, auf dem wie durch eine weltgeschichtliche Anomalie noch in nachchristlicher Zeit eine neue Religion erstand, eben der Islam, der den Christus-Impuls nicht aufnahm und daher in starkem Maße der ahrimanischen Macht verfallen mußte.“ (Heyer, S.57. In der 3., überarbeiteten Auflage, Stuttgart 1986, S.46 f., sind diese Passagen etwas abgemildert, aber nicht wesentlich.)

Hier wird also ein Pauschalurteil über „die Araber“ – und über die Juden gleich mit – gefällt, daß ihnen mehr oder weniger die menschliche Mitte fehle und sie statt dessen durch kalten egoistischen Intellekt oder durch heiße Triebe gelenkt würden. Das zweite Pauschalurteil ist die Stigmatisierung des Islam als etwas, das angeblich der ahrimanischen Macht verfallen mußte.

Etwas Ähnliches lesen wir auch bei Wilhelm Maas:

„Die arabischen Völker leben auch heute noch im Angesicht des krassen Gegensatzes von einsamer, lebensbedrohender Wüste und lebensspendender Oase mit Wasser und Dattelpalmen, von glühender Sonnenhitze des Tages und eisiger Kälte der sternklaren Mondnacht. Ein Drittes, ein Mittleres, gibt es nicht. Die Gesetze von Natur und Landschaft aber prägen den Menschen wesentlich. So entspricht dem krassen äußeren Gegensatz die innere polare Struktur der Psyche des Arabers: sie schwankt zwischen heißer Leidenschaft und kalt berechnendem Intellekt, zwischen abstraktem Denken und fanatischer, sinnlicher Triebhaftigkeit. Und so wie es zwischen Oase und Wüste keinen sanften Übergang, keine Mitte, gibt, weil das ausgleichende Element des Wassers fehlt, so auch nicht zwischen glühender Sinnlichkeit und berechnendem Intellekt. Es fehlt die ‚Herz-Mitte' des menschlichen Fühlens. [...] Von geistiger ‚Über-Zeugung' blieb die physisch-organische Zeugung übrig. Das Kalte, Mondenhafte hatte über das Sonnenhafte gesiegt. Übrig blieb das Kalte, das schöpferische Sonnenlicht des Geistes nur noch passiv abspiegelnde Mondenhafte des toten, erstarrten, abstrakten, formalistischen, letztlich zum Materialismus führenden Denkens. Aus der Mitte der Sonne des Herzens konnten keine schöpferischen Impulse mehr in den Geist hinaufsteigen, nur noch nach ‚unten'. Das Gehirn wird zur ‚Schädelstätte' des Geistes. Diese Entwicklung ist im Arabismus/Islam mit absoluter, tödlicher Konsequenz vorangetrieben worden, und zwar in allen Bereichen des Lebens, auch im religiösen." (Maas, S.171 f.)

Weiter geht es mit Fred Poeppig:

„Während das Christentum vorwiegend die menschliche Seele ansprach, wendete sich der Arabismus an den menschlichen Kopf. Hierin liegt seine eigentliche Größe und Gefahr. Die abendländische Wissenschaft, die ohne die Befruchtung durch den Arabismus nicht denkbar wäre, hat sich von dieser einseitigen Prägung bis heute nicht befreit.

Ein Bild von der Leidenschaftlichkeit dieser Kämpfc auf rcligiösem Gebiete geben jene Darstellungen, die als Symbol der Überwindung der arabischen Strömung durch die christlichen Scholastiker oft zu sehen sind: Der Fürst der Scholastik, Thomas Aquino, steht auf dem arabischen Gelehrten Averroes, der sich zu seinen Füßen (oft in Wurmgestalt abgebildet) krümmt.

Dieser Kampf ging um die Unsterblichkeit der menschlichen Seele. Obwohl die Unsterblichkeit vom Islam nicht geleugnet wird, so entspricht die mohammedanische Auffassung keiner individuellen Unsterblichkeit, sondern einer pantheistischen Rückkehr der Seele in die allwaltende Geistigkeit des Universums. Etwa wie der Regentropfen verdunstet wieder zum Himmel aufsteigt, so kehrt die Seele ins All zurück, ohne ihre individuelle Existenz zu bewahren.

Mit einer solchen Auffassung wurde die Christus-Tat ausgelöscht." (Poeppig, S.96)

Neben den schon bekannten Klischees und der Verwendung eines zeitbedingten Freskos greift Poeppig das immer wieder Mißverständnisse hervorrufende Vorurteil auf, nach Ansicht der Moslems bzw. einiger arabischer Philosophen würden die Seelen nachtodlich ihre Individualität verlieren.

In einem überarbeiteten Vortrag von Walther Bühler lesen wir folgende Spekulation über Gabriel, der als Vermittler Allahs Mohammed den Koran geoffenbart habe:

„Ja, wer war denn dieser ‚Gabriel'? Verehrte Zuhörer, ich glaube mit aller Sicherheit sagen zu können, niemals war das der Erzengel Gabriel, aber das Wesen, das mit unglaublicher Vollmacht im richtigen Zeitpunkt und 23 Jahre lang diesen Menschen zu seinem Gefäß machte, um eine religiöse Welteroberung einzuleiten, das hatte m.E. eine weit höhere Stufe als ein Erzengel. [...] Der Inspirationsgeist von Mohammed hatte die Höhe eines Elohim, eines Geistes der Form, und hatte absolut luziferischen Charakter." (Bühler, S.11)

Und weiter heißt es dann:

„Mit dem naturwissenschaftlichen Denken, so wie es heute ist, kann die Menschheit nicht an das Erdenziel gelangen. Und man könnte hinzufügen, liebe Freunde, würde der Mohammedanismus die ganze Menschheit, jedenfalls die entscheidende für den Fortschritt, an sich heranziehen und überschwemmen mit dem, was der Islam ist, dann kann das Erdenziel auch nicht erreicht werden, das darf man ganz ohne Emotion und sachlich aussprechen. [...] So könnte man vieles finden, was die Weltgefahr des Islam charakterisiert." (ebd., S.12 f.)

Auf die fatale Gleichsetzung von Wissenschaft und Religion, von Arabismus – in welchem nach Steiner in abgeschwächter Form die Impulse von 666 leben – und Islam gehe ich später noch näher ein. – Ganz unter die Gürtellinie geht es dann, wenn Bühler über das Küchenpersonal eines Altersheims in Öschelbronn spricht:

„Mir wurde vom Altenheim in Öschelbronn erzählt, daß sie dort jetzt statt deutscher Mitarbeiter in der Küche und im ganzen Haus nur noch Türken haben. Ich erwiderte: Dann werden Sie jetzt wohl mit viel mehr Schlamperei und menschlichen Schwierigkeiten zu tun haben? Die Antwort war: ‚Im Gegenteil! So unglaublich das zu sein scheint. Alles ist sauber und wird fleißig und ordentlich gemacht.'" (ebd., S.14)

Den Vogel aber schießt Athys Floride ab: Er glaubt z.B., daß sich der Impuls von Gondischapur – gemeint ist damit das Wirken Soraths im 7. nachchristlichen Jahrhundert – im Islam eingenistet habe:

„Der Impuls von Gondishapur ist verhüllt, umhüllt worden durch den Islam. Er hat sich sozusagen in ihm eingenistet und konnte sich so nicht vollkommen entfalten und seine Ziele verwirklichen.“ (Floride, S.132)

Weiter schreibt Floride:

„Aber gleichzeitig haben die arabischen Philosophen, Ärzte und andere Wissenschaftler eine Wissenschaft getrieben, die innerhalb des Islam so gewirkt hat, daß die Einzelseelen zu einem Abbild der großen Seele wurden und sich nach dem Tode in diese große kosmische Seele auflösten. Polar entgegengesetzt, aber gleichzeitig zusammenwirkend, stehen diese beiden Impulse da, derjenige von Gondishapur und derjenige des Islam.“ (ebd.)

Richtig verstehen kann man diesen Passus eigentlich nicht, aber scheinbar glaubt Floride tatsächlich, daß sich eine arabische oder moslemische Seele nach dem Tod auflöse. Immerhin spricht der Koran vom nachtodlichen Sein der Seele, also vom Paradies, der Hölle und dem Jüngsten Tag. Ob Floride glaubt, daß die arabischen Philosophen keine frommen Moslems waren? – Im weiteren geht er auf den Sorath-Rhythmus von 666 Jahren (666 – 1332 – 1998) ein und kommt zu folgendem Schluß:

„Der Gondishapur-Impuls, der sich gemäß diesem kosmischen Rhythmus im letzten Jahrzehnt des zwanzigsten Jahrhunderts entfalten soll, braucht es, daß der Islam im Bewußtsein der heutigen Menschheit wieder gegenwärtig ist. Das ist ein dem Anfang dieses Rhythmus im siebten Jahrhundert polar entgegengesetzter Prozeß.

Der Islam, der in den letzten Jahrhunderten im Vergleich zu den ersten siebenhundert Jahren, vom siebten bis vierzehnten Jahrhundert, zur Ruhe gekommen war, muß sich kurz vor dem Erscheinen der 3 x 666 wieder stark zeigen. Der Mond muß sich sozusagen öffnen und sein wahres Gesicht zeigen, bevor das Tier selbst erscheinen kann.

Zu dem wahren Gesicht des Islam gehört etwas, was sich in der letzten Zeit stark gemacht hat. Es ist die Gesinnung, daß der einzelne Mensch auf der Erde keine voll unabhängige göttlich-individuelle Stellung hat, sondern im Verhältnis zum Göttlichen oder zu dem einzigen Gott, Allah, ein Vorübergehender ist. Wenn eine solche Gesinnung tief in der Seele lebt, kann sie bei denen, die so empfinden, Taten wie Geiselnahme, Attentate, Flugzeugentführungen begründen. Der Islam hat selbstverständlich auch positive Seiten, die nicht zu übersehen sind. Hier jedoch muß man die Schattenseiten unterstreichen, die sich auf diese Ausführungen beziehen.

Die Macht, welche die Völker, in denen die islamische Religion lebt, stark macht, ist eine Kraft, deren Geheimnis noch zu erforschen ist. Sie hängt mit einer unterirdischen, untersinnlichen ahrimanischen Schule zusammen, die Ahriman als die der übersinnlichen Michael-Schule entgegenwirkende Schule gegründet hat." (ebd., S.133 f.)

Über die Michaelschule und die entgegenwirkende Ahrimanschule lesen Sie bitte im Artikel von Frank Linde in diesem FLENSBURGER HEFT. – Ebenso spekulativ ist es, wenn Floride eine durch nichts begründete Verbindung zwischen der Ahrimanschule und dem Erdöl herstellt:

„Will man die Umwege herausfinden, durch die diese ahrimanische Schule ihre Wirkung ausübt, kann man z.B. eine Substanz, die ungeheuer wichtig geworden ist, und mit der sich die Menschheit im letzten Jahrhundert restlos verbunden hat, betrachten: das Erdöl." (ebd., S.134)

Über 300.000 Nebenprodukte würden aus Erdöl hergestellt, und deshalb, so Floride, dürften die Länder, die Erdölvorkommen hätten – gemeint sind wohl insbesondere die arabischen, auch wenn das nicht explizit ausgedrückt wird –, dieses Erdöl nicht als ihren eigenen Besitz ansehen, sondern müßten es der ganzen Menschheit zur Verfügung stellen:

„So muß man in bezug auf das Erdöl sagen, daß kein Volk das Recht hat, mit dieser irdischen beziehungsweise unterirdischen Substanz willkürlich umzugehen. Ein Volk kann nicht allein die richtigen Entscheidungen für die Verwaltung von etwas treffen, das bei allen anderen Völkern eingedrungen ist und für diese Völker eine notwendige Substanz des Wirtschaftslebens geworden ist. Es ist geistig gesehen, also real gesehen, nicht richtig, daß die Völker, indem sie ein Stück Menschheitserde bewohnen, den Anspruch erheben, willkürlich mehr oder weniger Erdöl aus anderen Gründen als aus wirtschaftlichen zu fördern. Sie dürfen es nicht aus politischen, religiösen oder gar rassischen Gründen tun. Das klingt sehr utopisch. Aber wir sollten solche Gedanken doch pflegen, da sie zu einer Gesinnung führen, die zur Überwindung des Bösen beitragen kann." (ebd., S.135)

Vorurteile gegen den Islam, Moslems oder die Araber sind in unserer Gesellschaft heutzutage häufig anzutreffen. Um so trauriger ist es, daß man auch entsprechende Platitüden in der anthroposophischen Sekundärliteratur findet.

Wie kann man Araber und Moslems ohne jede Differenzierung in einem Atemzug nennen? Hat man sich niemals damit beschäftigt, daß es zahlreiche unterschiedliche Strömungen im Islam und die verschiedensten arabischen und moslemischen Staaten und Völker gibt? Ein Sunnit ist nicht einfach mit einem Schiiten gleichzusetzen, ein Sufi nicht mit einem

Ismaeliten oder Drusen. Ein koptischer Christ ist wahrscheinlich ein ägyptischer Araber, aber kein Moslem. Viele Akademielehrer in Gondischapur und am Kalifenhof in Bagdad waren Araber, aber Christen, andere Staatsbedienstete waren Moslems, aber Perser.

Wie kann man den Arabismus immer wieder mit dem Islam verwechseln bzw. gleichsetzen? Zum Arabismus gehört die arabische Sprache sowie die kulturelle Entwicklung in Kunst, Philosophie und Wissenschaft. Steiner meint damit eine ganz bestimmte Denkrichtung, die keineswegs auf die Araber beschränkt ist, sondern sehr viel mehr auf unsere heutige abendländische Kultur zutrifft. Der Islam ist dagegen eine Religion, die sich seit Mohammed über viele Völker und Länder ausgebreitet hat und oftmals im schärfsten Gegensatz zu den Früchten des Arabismus stand.

Wie kann man Millionen von Menschen, ganze Völker oder eine komplette Religion mir nichts, dir nichts mit dem Bösen in Verbindung bringen? Hat sich das Christentum während der Kreuzzüge und der Inquisition etwa vorbildlich und tolerant Andersdenkenden gegenüber verhalten? Angesichts der Blutspur, die die christliche Kirche in der Welt hinterlassen hat, sollte man lieber schweigen, ehe man Andersgläubige aburteilt. Statt dessen wäre es angebracht, sich an die Gedanken der Ringparabel aus „Nathan der Weise“ zu halten.

Selbst wenn man der Meinung ist, daß im Islam einseitig gewisse Entwicklungsmöglichkeiten fehlen, die man im Christentum findet, so ist es absurd anzunehmen, daß sich das Böse – sei es nun Luzifer, Ahriman oder Sorath – ganzer Völker oder Religionen annehmen würde. Sollten wir nicht statt dessen auf den individuellen Menschen und nicht auf seine Volks- oder Religionszugehörigkeit schauen? Niemand wird wohl so vermessen sein zu behaupten, daß die Irakis, Israelis oder Inder bessere oder schlechtere Menschen wären als die Dänen, bloß weil die einen vorwiegend Moslems, Juden oder Hindus, die anderen aber größtenteils Christen sind. Also sollte man doch eher das Individuum mit seinen jeweiligen Stärken und Schwächen betrachten, ehe man Pauschalurteile fällt; und jeder einzelne Mensch hat sich aufgrund seines Unvermögens partiell dem Bösen geöffnet, hat aber auch durch eigene Anstrengung dem Guten entgegengestrebt. Niemand ist nur böse oder nur gut.

So wie man nicht Arabismus und Islam verwechseln oder gleichsetzen kann, so darf man auch nicht allgemein Wissenschaft und Religion verwechseln. Gerade ein Anthroposoph sollte die notwendigen Unterscheidungskriterien parat haben. Die Anthroposophie als Geisteswissenschaft

Kreuzfahrer nehmen den Reichtum des Orients in Augenschein

verträgt sich innerhalb des individuellen Menschen ohne weiteres mit jeder Religion, weil Religion und Wissenschaft unterschiedliche Wesensschichten im Menschen ansprechen. Insofern kann ein Anthroposoph genausogut ein Katholik, Buddhist oder Moslem sein. Umgekehrt kann auch das, was Steiner Arabismus nennt, was er unter arabistischer Wissenschaft versteht, genausogut von einem Christen wie von einem Hindu, Juden oder Moslem vertreten werden. (siehe dazu Gädeke)

Und dann ist da noch das Erdöl. Wie man das Erdöl mit dem Bösen bzw. der unterirdischen Ahrimanschule in Verbindung bringen kann, bleibt mir schleierhaft. Es entbehrt zwar nicht einem gewissen Charme zu denken, daß das Erdöl allen Menschen gehöre, aber warum gerade das Erdöl? Warum nicht die Fische, das Gold oder alle Turmaline? Wie wäre es ferner mit Kühen, Kaffee und Kohlköpfen? Aber das Erdöl wird bei Floride schließlich in einem bestimmten Zusammenhang genannt: bezogen auf den Sorath-Impuls, der sich im Arabismus und im Islam zeige. Da liegt es nahe, daß eigentlich das Erdöl der arabischen Staaten gemeint ist. Oder sollten die Leser in diesem Zusammenhang auch an das Erdöl Venezuelas, der USA, Rußlands oder Norwegens und der Nordsee denken? Lauert das Grauen etwa auch in der Tiefe der Nordsee? Steigt das Tier Sorath etwa bald aus den Fluten der Nordsee oder aus den Fjorden Norwegens auf?

Das Ende des hellenistischen Geisteslebens

Im 4. nachchristlichen Jahrhundert begann sich der Schwerpunkt des Römischen Reiches nach Osten zu verlagern. Konstantin der Große (Regierungszeit von 306–337), der das Christentum als gleichberechtigte Religion gelten ließ, verlegte seinen Regierungssitz in den Jahren 326–330 von Rom nach Byzanz (Konstantinopel). Nur einige Jahrzehnte später (391) wurde das Christentum unter Theodosius I. (379–395) offizielle und einzige Staatsreligion. Und damit begann die Phase der Intoleranz gegenüber anderen Religionen, gegenüber den sogenannten Heiden. Die Erben der antiken Geistesschätze, die hellenistischen Philosophenschulen, bekamen dies vehement zu spüren.

Edessa – heute in der Südost-Türkei nahe des Euphrats gelegen – fiel nach der Teilung des Römischen Reichs an das Oströmische Reich. Diese Stadt spielte eine bedeutende Rolle für die Geschichte der christlichen Kirche, vor allem durch die dort stark vertretenen Nestorianer, die 431 auf dem Konzil zu Ephesus verdammt wurden. 489 zerstörte der oströmische Kaiser Zenon Isaurikos (474–475 und 476–491) die Schule der Nestorianer in Edessa, und die Gelehrten flohen an die persische Akademie in Gondischapur.

Eine der bedeutendsten Kulturstädte des Altertums (etwa 300 v.Chr. bis 500 n.Chr.) war Alexandria. Kulturmittelpunkt der Stadt war das Mouseion, in welchem die Gelehrten studierten und lehrten. Für den öffentlichen gemeinschaftlichen Gebrauch dienten zwei von den Ptolemäern angelegte Bibliotheken. Zwar verbrannte die dem Mouseion angeschlossene Bibliothek mit 700.000 Rollen bei der Belagerung durch Julius Cäsar (47 v.Chr.); doch der Verlust wurde teilweise durch die 200.000 Bände aus der Bibliothek von Pergamon ersetzt, die Antonius Kleopatra (51–30 v.Chr.) schenkte.

Bis zum 2. nachchristlichen Jahrhundert war Alexandria Mittelpunkt des hellenistischen Geisteslebens, und die bedeutendsten Ärzte, Philosophen, Mathematiker und Astronomen erhielten dort ihre Ausbildung. Der Niedergang begann im 3. Jahrhundert, als Caracalla (211–217) das Mousei-

Justinian mit kaiserlichem Ornat und Heiligenschein. Ravenna

on aufhob und die Pensionen der Gelehrten einzog. Fanatischer gingen die Christen vor. Der Patriarch Theophilos – in der Regierungszeit von Theodosius I. – ließ 390 das andere berühmte Kulturinstitut, das Serapeion, niederbrennen. Aus den Trümmern entstand wiederum eine neue Bibliothek und Philosophenschule, die aber im 6. Jahrhundert von Justinian (527–565) geschlossen wurde.

Er war es auch, der 529 die Platonische Akademie in Athen schließen ließ. In der Zeit Justinians sah sich der Papst in Rom zwar noch als Oberhaupt der Kirche, der Patriarch von Konstantinopel war in seiner Position aber nicht schwächer, denn er residierte in der Hauptstadt des Reichs und besaß den Titel „Ökumenischer Patriarch" und wurde auch als Oberhaupt der Gesamtkirche angesehen. Außerdem war er Berater des Kaisers, der sich als unumschränkter Herrscher in weltlichen und kirchlichen Dingen verstand. Justinian redete zwar in die Fragen der Kirche hinein, war aber zugleich ein engagierter Verfechter ihrer Interessen. Folgerichtig setzte er mit aller Härte den Staat für den Kampf gegen das Heidentum ein. So untersagte er Unterricht und Lehre durch Nichtchristen mit schonungslosen Verfolgungsedikten:

„Der Bannstrahl richtete sich ohne Rücksicht auf Tradition oder Reputation gegen sämtliche Unterrichtsstätten, die als heidnisch galten. An der Spitze dieser Institutionen stand die berühmte Akademie Platons in Athen, deren Vorlesungen in Philosophie und Rechtswissenschaft er im Jahre 529 verbot, den gesamten Lehrbetrieb untersagte, die Pforten der Akademie schließen ließ und ihr Vermögen zugunsten des Staates beschlagnahmte. Ob die förmliche Schließung durch ein eigenes Edikt des Kaisers angeordnet wurde, ist fraglich und läßt sich durch kein Dokument zweifelsfrei belegen. Doch die Tatsache selbst ergibt sich als Folge des nachweisbaren Verbots jedes heidnischen Unterrichts durch den Kaiser und durch die Konfiskation des beträchtlichen Stiftungsvermögens der Akademie. Die Vernichtung der finanziellen Grundlage machte es unmöglich, den Gesamtbetrieb aufrechtzuerhalten; abgesehen von dem kaiserlichen Verbot mußte der Unterricht aus schlicht ökonomischen Gründen erlöschen." (Diwald, S.335)

Die sieben letzten Akademielehrer verließen zwei Jahre später die Stadt und flohen ins Persische Reich zum sassanidischen König Chosrau I. (531–579). Die Schule von Athen, einst von Plato (427–347) 387 v.Chr. gegründet, hatte ihre goldenen Zeiten allerdings seit langem hinter sich, war sogar mehr oder weniger zur Bedeutungslosigkeit herabgesunken. Denn alles, was in der Welt der Gelehrten Rang und Namen hatte, versammelte sich in Alexandria.

Der kulturell sehr gebildete Chosrau I. hatte jahrelang gegen Justinian Krieg geführt. 532 kam es zum Friedensschluß. Auf Wunsch des Perserkönigs wurde in den Friedensvertrag eine Klausel aufgenommen, die den sieben Akademielehrern von Athen die Rückkehr in ihre Heimat ermöglichte. Der zeitgenössische Dichter und Historiker Agathias schreibt dazu:

„Als die Philosophen wieder zurückkehren wollten, hatten sie gleichwohl einen Vorteil von ihrem Aufenthalt in der Fremde. Denn da zu dieser Zeit Römer und Barbaren Frieden und Verträge untereinander geschlossen hatten, war in diesen Abmachungen auch die Bedingung enthalten, jene Männer sollten nach der Heimkehr ohne Furcht vor der Zukunft für sich leben dürfen und nicht gezwungen werden, etwas anderes zu denken als das, was sie selbst billigten, oder gar ihre von den Vätern übernommene Meinung zu ändern." (Diwald, S.343)

Vermutlich aus Heimweh kehrten die sieben Akademielehrer 533 zurück.

Die Ausbreitung des Islam

Während in Europa nach der Völkerwanderung die Reiche der Franken und Westgoten entstanden waren, lag Byzanz in ständigem Konflikt mit dem persischen Sassanidenreich. In Südarabien brachen im 6. Jahrhundert verschiedene Kleinstaaten zusammen, und Äthiopien und Persien kämpften um die Hegemonie in Südarabien. Die Einwohner der arabischen Halbinsel waren größtenteils Nomaden, und jeder Beduinenstamm hatte seine eigenen guten und bösen Gottheiten.

Da vollzog sich in den ersten Jahrzehnten des 7. Jahrhunderts ein Geschehen höchster Dramatik: Der Islam betrat die Bühne der Weltgeschichte.

570 wurde Mohammed in Mekka geboren. In seinem 40. Lebensjahr hörte er die Stimme des Erzengels Gabriel zum ersten Mal. Anfangs glaubte er an einen teuflischen Betrug, war dann aber doch von der Echtheit der Offenbarung überzeugt, und er zog sich zur Meditation auf den Berg Hira, nahe Mekka, zurück.

Etwa im Jahre 613 begann er zu predigen und bekam schon bald glühende Anhänger, erfuhr aber auch heftigen Widerstand, vor allem durch die Kaufleute seiner Heimatstadt. Deswegen verließ Mohammed Mekka im Jahre 622 und zog nach Medina, wo er Oberhaupt des Gemeinwesens wurde. 630 eroberte er Mekka, zerstörte in seinem Kampf gegen den Polytheismus die Götterbilder in der Kaaba und führte diese als zentrales Heiligtum des Islam ein. 632 starb Mohammed.

Ihm folgten die sogenannten vier rechtgeleiteten Kalifen Abu Bakr (632–634), Omar (634–644), Othman (644–656) und Ali (656–661). Noch zu Mohammeds Zeiten begannen die Eroberungen. Seine Nachfolger, besonders Omar, eroberten in wenigen Jahrzehnten im Kampf gegen Byzanz und Persien den Irak, Syrien, Palästina, später Persien und Ägypten bis nach Nubien. Mitte des 7. Jahrhunderts eroberten die islamischen Heere die gesamte nordafrikanische Küste bis zum Atlantik.

Bis zur Zeit Alis befand sich das Kalifat noch in Medina. Der Stadthalter von Damaskus, Muawija (661–680), machte ihm allerdings seine Stellung streitig. Im Jahre 657 wurde Ali von den Truppen Muawijas bei Aleppo besiegt und vier Jahre später ermordet.

Damit beginnt die Periode der Umaijaden (661–750), der Familiendynastie Muawijas. Während ihrer Herrschaft befindet sich das Kalifat in Damaskus. Das Umaijadenreich war rein arabisch. Während unter der Regentschaft Omars noch das Prinzip vertreten wurde, daß sich alle Unter-

Pilger vor der Kaaba in Mekka. Islamische Miniatur, 16. Jh.

tanen dem Islam anzuschließen hätten, galten bei den Umaijaden nur die Araber als staatstragendes Volk. Einzig sie konnten zum Islam übertreten.

Gegen Ende des 7. Jahrhunderts begann das Reich zu zersplittern, u.a. weil Husain, einer der Söhne Alis, auch Anspruch auf das Kalifat anmeldete. Seine Bemühungen blieben aber ohne Erfolg, und der Umaijade Abd al-Malik (685–705) stellte die Einheit des Reichs wieder her. Arabisch wird jetzt zur offiziellen Reichssprache, es entstehen prächtige Bauten, und die Eroberungswelle geht weiter. Der maurische Feldherr Tariq ibn Zijad eroberte 711 fast ganz Spanien, während man sich im Osten des Reichs Transoxanien bemächtigte.

Die Abbasiden

Der aus dem Irak stammende Familienclan der Abbasiden setzte dem Umaijadenreich ein Ende. Durch das Organisationstalent des Abu Muslim, eines Iraners aus Kufa, wurden die einzelnen Umaijadenherrscher der Reihe nach besiegt und getötet. Der letzte Umaijadenkalif, Marwan II., wurde 750 auf der Flucht in Ägypten ermordet. Die übriggebliebenen Familienmitglieder des Umaijadengeschlechts lud man zu einem Versöhnungsbankett nach Palästina ein, während dessen man sie aber rücksichtslos ermordete. Nur einer, Abdarrahman, entkam, floh nach Spanien und begründete dort ein neues Umaijadenreich, während die Abbasiden das übrige Reich beherrschten.

Den 14 Umaijadenkalifen folgten 37 Abbasidenkalifen in der Zeit von 749–1258. Die Abbasidenherrschaft im 8. Jahrhundert richtete sich gegen die angebliche Gottlosigkeit der Umaijaden, denn man machte sie für die allgemeinen Mißstände im Staat verantwortlich. Der zweite Abbasidenkalif, al-Mansur (754–775), verlagerte das Kalifat nach Bagdad, eine kreisrunde Stadt mit einer Moschee in der Mitte und vier Stadttoren nach allen vier Himmelsrichtungen, die den kosmischen Bezug und den Anspruch auf die Weltherrschaft symbolisieren sollten.

Der politischen und religiösen Expansion folgte ein kultureller Aufbruch, der einzigartig in der islamischen Geschichte, vielleicht sogar in der Menschheitsgeschichte überhaupt ist. In gut 100 Jahren entwickelte sich in den irakischen Städten, vor allem in Basra und Bagdad, eine beispiellose Blüte der Künste und Wissenschaften. Förderer waren die Kalifen, z.B. al-Mansur, Harun ar-Raschid (786–809) und ganz besonders dessen Sohn al-Ma'mun (813–833).

Die Kultur war arabisch und islamisch. Arabisch sprach man im gesamten Reich, weil man die eroberten Völker diese Sprache gelehrt hatte. Allerdings schritten Arabisierung und Islamisierung unterschiedlich intensiv voran. Die Christen in Syrien und Ägypten wurden sehr schnell arabisiert, aber sie nahmen nicht den Islam als Religion an. Die Ursprungsbevölkerung Persiens wurde dagegen rasch islamisiert, aber nur die geistige Elite lernte Arabisch. Das Gros der Bevölkerung blieb der Sprache ihrer Vorfahren treu.

Die Kultur wurde durch den Kalifenhof und die aufsteigende Klasse der Kuttab (Sekretäre) gefördert. Das waren arabisierte Iraner, die als Schreiber und Beamte die ganze Verwaltung in Bagdad organisierten. Sie sorgten u.a.

Harun ar-Raschid

dafür, daß sich das kulturelle Leben um den Hof herum kristallisierte. Dichter, Literaten, Märchenerzähler, Sänger und andere Künstler, auch aus dem einfachen Volk, versammelten sich am Hof und bereicherten das bunte Leben dort mit ihren Fähigkeiten. Die Kuttab sorgten dabei meist auch für die Bezahlung der Künstler.

Um den Kalifenhof entfaltete sich zum einen ein geistiges Leben, das originär aus dem arabisch-islamischen Staat geschaffen wurde – z.B. die Poesie, Prosa und die Geschichtsschreibung –, und zum anderen bemächtigte man sich mit ungeheurem Bildungshunger der Kultur der eroberten Gebiete und assimilierte durch Übersetzungen das Erbe der Antike, z.B. die Philosophie und Medizin.

Die *Dichtung* wurzelte in der arabischen Tradition, man pflegte beduinische Überlieferungen und lieferte Belegmaterial zur Erklärung des Koran. Durch die Sammlung frühislamischer Poesie haben die Philologen die alte Dichtung erhalten, die sonst verlorengegangen wäre. Die berühmtesten Anthologien werden noch heute in den arabischen Schulen gelesen. –

In der Zeit der ersten Abbasidenkalifen stießen aber auch zeitgenössische Dichter zum Hof. Der bedeutendste unter ihnen war Abu Nuwas (†815), ein Freund Harun ar-Raschids. Die damals moderne Dichtung wurde von den orthodoxen Theologen scharf abgelehnt und überlebte nicht.

Im Bereich der *Prosa* war al-Dschahiz (776–868) – ein Essayist – einer der bekanntesten originären Schöpfer der arabischen Literatur. Es wurden aber auch religiöse und Geschichtswerke verfaßt. Die bedeutendsten Geschichtswerke stammen z.B. von Ibn Ishaq (†767), z.B. die noch heute offizielle Biographie Mohammeds. Im 9. Jahrhundert entstanden viele Meisterwerke, u.a. über die Siegeszüge des Islam. Das historische Meisterwerk aber hat at-Tabari (839–923) verfaßt: die „Annalen der Propheten und Könige", eine chronologische Sammlung aller Ereignisse der islamischen Geschichte.

Die Wissenschaften, die sich in den ersten Jahrhunderten des Abbasidenreichs aufgrund des antiken Erbes ausbildeten, standen in Konflikt zur frommen Theologie. Man hatte erkannt, daß vieles aus der Antike nicht mit dem Islam zu vereinen war. Trotzdem besaß man die Toleranz anzunehmen, daß in jeder echten Wissenschaft, in jedem geistreichen philosophischen Gedankensystem ein wahrer und gültiger Kern enthalten ist. Glaube und Vernunft standen nicht – wie lange Zeit im Christentum – in einem Gegensatz, und die frommen Moslems nahmen demzufolge an, daß auch die Weisheiten alter Zeiten förderlich für ihren Glauben sein konnten. Interessant in diesem Zusammenhang ist ein Erlebnis, das der Kalif al-Ma'mun gehabt haben soll. Er spricht in einem Traum mit Aristoteles, der die Vernunft über die Religion stellt:

„Ich sagte: ‚Oh Weiser, kann ich dir eine Frage stellen?' Er sagte: ‚Frage!' Ich sagte: ‚Was ist das Gute?' Er antwortete: ‚Das, was die Vernunft für gut hält.' ‚Was kommt als nächstes?' fragte ich. Er antwortete: ‚Das, was das religiöse Gesetz für gut hält.' Ich sagte: ‚Was dann?' Er sagte: ‚Das, was in der Meinung des einfachen Volkes gut ist.' Ich fragte dann: ‚Was kommt als nächstes?' Er antwortete: ‚Danach kommt nichts.'" (Wilderotter, S.139)

Im Bereich der *Naturwissenschaften* bekamen die Araber die wichtigsten Erkenntnisse vor allem von den Griechen, z.B. die neue ptolemäische Astronomie und die dazugehörige Trigonometrie. Die Leistungen der Araber zeigten sich dagegen in der Verbesserung der Beobachtungsinstrumente und der Zusammenstellung exakterer Tafeln für astronomische und nautische Zwecke. Auch in der Optik leisteten die Araber eigenes, sie schufen z.B. sphärische und parabolische Spiegel sowie die Camera obscura.

Von den Indern eignete man sich Kenntnisse der *Mathematik* an. Vor allem übernahm man ihr Zahlensystem, das die Null enthielt – ein ungeheurer Vorteil gegenüber dem schwerfälligen römischen Zahlensystem. Ebenfalls übernahm man von den Indern die Quadrat- und Kubikwurzeln, die Zinsrechnung, bestimmte und unbestimmte Gleichungen und trigonometrische Sinustafeln.

Schwerpunkt der kulturellen Blüte waren aber Texte der *Philosophie* und der *Medizin* (siehe den nachstehenden Artikel „Die arabische Medizin als Mittler zwischen Antike und Neuzeit"), die man aus dem antiken Erbe übersetzte. Man übernahm nicht alle Erzeugnisse antiken Geistes, sondern nur das, was für die eigenen Probleme Lösungen versprach, und entwickelte sie weiter.

Die Rettung der antiken Geistesschätze

Eine Order von der Frankfurter Börse zum Kauf von Wertpapieren an der Wall Street in New York und die Bestätigung des Kaufs zurück nach Frankfurt dauert nur 22 Sekunden. Global sind die Menschen online oder über Satelliten miteinander verbunden, kommunizieren, treiben Handel, produzieren, planen und verschieben Daten aller Art.

In einer solchen Zeit ist es schwer, sich vorzustellen, wie mühsam es einmal war, ein handgeschriebenes Buch eines Landes für einen fremden Kulturraum mit anderer Sprache zugänglich zu machen. In dem Zeitraum, von dem wir sprechen, gab es noch keine Buchdruckkunst und keine Wörterbücher, die kulturellen Verschiedenheiten der Völker waren wesentlich größer als heute, und die Kommunikationsmittel, Logistik, Infrastruktur und die Verkehrsmittel selbst waren mehr als bescheiden.

Trotzdem wurden große Teile des hellenistischen Geistesguts – aus der Philosophie, Medizin und Naturwissenschaft – mit äußerster Akribie in andere Sprachen übersetzt. Allerdings begannen die Übersetzungen nicht erst mit dem Abbasidenreich. Schon in der ersten Hälfte des 5. Jahrhunderts übersetzten Syrisch sprechende nestorianische Christen antike Werke vom Griechischen ins Syrische und Mittelpersische. Das Hauptaugenmerk galt dabei vor allem den Werken des Aristoteles. Verstärkt wurden die Übersetzungsarbeiten im 6. und 7. Jahrhundert in Gondischapur, denn die Akademie von Gondischapur war zu dieser Zeit wichtigstes naturwissenschaftliches Zentrum und blieb es auch noch nach der Islamisierung im Jahre 641 für einige Zeit.

Unter islamischer Herrschaft verstärkte sich die Übersetzungstätigkeit. In einer ersten Phase bediente man sich der bereits im Syrischen vorliegenden Quellen und übersetzte sie ins Arabische. Erst später übersetzte man direkt vom Griechischen ins Arabische. Diese erste Übersetzungsphase ist durch wörtliches Übersetzen geprägt, eine mit Mängeln behaftete Methode. Eigentlich bedarf es für eine exakte Übersetzung der Kenntnisse beider Sprachen, und zusätzlich muß der Übersetzer noch den Sinn des Textes erfassen können. Aber diese Fähigkeiten hatte man damals nicht in dem nötigen Maß.

Das wurde in der zweiten Übersetzungsphase durch Hunain ibn Ishaq (801–873), einen christlichen Araber, anders. Er revolutionierte das Übersetzungswesen, indem er nicht mehr wörtlich übersetzte, sondern den Sinn des ganzen Satzes erfassen konnte. Während dessen Jugendzeit hatte Kalif al-Ma'mun in Anlehnung an die Akademie von Gondischapur in Bagdad das Bait al-hikma, das Haus der Weisheit, gegründet. Das Bait al-hikma wurde zu einem Forschungsinstitut, Lehrinstitut und zur Stätte für unzählige Übersetzungsarbeiten.

Das Multitalent Hunain ibn Ishaq wurde später unter al-Mutawakkil (847–861) sowohl zum Leibarzt des Kalifen befördert als auch Leiter des Bait al-hikma. Seinem Fleiß, seiner sprachlichen Meisterschaft und seiner Akribie, auf zahlreichen Reisen originäre Quellen für sein Übersetzungsbüro zu sammeln, ist es zu verdanken, daß viele antike Quellen nicht verlorengegangen sind.

Angeregt durch die Übersetzungen aus der griechischen Philosophie entwickelte sich im 9. Jahrhundert die *arabische Philosophie.* Der erste arabische Philosoph, al-Kindi (801–866), glaubte, daß die Inhalte des Korans in keinem Widerspruch zur griechischen Philosophie ständen. Mit al-Farabi, der Bagdad 942 verläßt, kam die Philosophie in Bagdad zum Ende, und ihr Schwerpunkt verlagerte sich mit Ibn Sina (lat. Avicenna, 980–1037) und Ibn Rushd (lat. Averroes, 1126–1198) nach Spanien und Marokko.

Im 10. Jahrhundert war in der arabischen Welt fast das komplette Werk des Aristoteles in Übersetzung zugänglich, ferner einige Dialoge Platos sowie Schriften von Johannes Philoponos, einem der letzten großen Vertreter der Schule von Alexandria vor der arabischen Eroberung. Außerdem lagen zahlreiche Werke der Stoiker und der Neupythagoreer sowie gnostische Schriften vor. – Aus der Medizin übersetzte man vor allem die Werke von Hippokrates, Galen und Dioskurides, im Bereich der Naturwissen-

Aristoteles, beim Studium einschlafend. Miniaturmalerei, 1507

schaften Werke von Euklid, Archimedes und Ptolemäos. Im Arabischen lagen mathematische, astronomische und geographische Schriften vor, Werke aus der Mechanik, Astrologie, Alchimie und Traumdeutung, kurz: fast alle bis dahin entwickelten Geistes- und Naturwissenschaften.

Der Eingriff Soraths im Jahre 666

Selbst wenn man einigermaßen ermessen kann, welche Geistesschätze bis zum 10. Jahrhundert in Bagdad vorlagen, selbst wenn man ahnt, welche geistige Potenz in einigen Jahrhunderten in Gondischapur, Bagdad und anderen Städten für Forschung, Lehre und Übersetzung aufgebracht worden ist, so ist die Dimension, geistige Tiefe und Kraft sowie die Auswirkung auf die damalige Gesellschaft aus heutiger Perspektive doch wohl nur schwerlich in ihrem ganzen Umfang zu erfassen. Aber vielleicht kann man trotzdem ein wenig die geistige Dichte spüren, die damals im irakisch-iranischen Raum des arabischen Reichs geherrscht haben muß. Diese geistige Intensität war ein Phänomen von wenigen Jahrhunderten, das sich örtlich annähernd im Raum der Akademie von Gondischapur zugetragen hat, zeitlich aber weitgehend nach dem von Steiner geschilderten Ereignis im Jahre 666. Ob und wie beides – das Einwirken Soraths im Jahre 666 und das Aufblühen von Geistes- und Naturwissenschaften in den Jahrhunderten danach – wirklich zusammenhängt, sollte man nur mit größter Vorsicht und Sorgfalt zu beurteilen versuchen.

Was hat es nun mit dem Gondischapur-Ereignis auf sich? Die südwestpersische Stadt Gondischapur wurde von dem Sassanidenkönig Schapur I. (241–272) gegründet. Sie entwickelte sich durch die Akademie – mit Schwerpunkt einer medizinischen Hochschule und einem angegliederten Krankenhaus – neben Nisibis zum zweiten wissenschaftlichen Zentrum des Persischen Reichs. Seit 555 lasen die Ärzte der medizinischen Fakultät dort die Schriften Galens auf syrisch. Sergius von Resch Aina (†536) hatte sie in Alexandria auf griechisch studiert und später in seine syrische Muttersprache übersetzt. Herausragend und kennzeichnend für die medizinische Fakultät der Akademie von Gondischapur war das Zusammenspiel von Theorie und Praxis: einerseits die Lehre, andererseits die praktische Anschauung und Anwendung im Krankenhaus.

Die Hochschullehrer waren nestorianische Christen, auch nach der Islamisierung. Besonders zu nennen ist hier die Familie Bahtischu, die das Amt des Direktors der medizinischen Akademie in Gondischapur in Erbfolge innehatte, die dort von der sassanidischen Zeit bis ins 11. Jahrhundert wirkte und von der einige Familienmitglieder als Leibärzte der Kalifen in Bagdad tätig waren. Auf jeden Fall kann man nicht entfernt davon sprechen, daß die Moslems den Akademiebetrieb der christlichen Universitätslehrer behindert hätten, ganz im Gegenteil sogar. Dieses Vorurteil wurde erst kürzlich wieder von Hans Peter von Manen im *Goetheanum* verbreitet, indem er schreibt:

„Die Araber der ersten Generation nach Mohammed traten religiösfanatisch auf. Auch das Persische Reich wurde nach schweren Kämpfen unterworfen und islamisiert. Das bedeutete auch das Ende der Schule von Gondischapur." (Manen, S.130)

Wenn geistige Wesen bestimmte Ziele verfolgen, planen sie langfristig. Das gilt sowohl für die sogenannten guten geistigen Wesen wie auch für die Widersachermächte. Für einen gewissen Abschnitt der Erden- und Menschheitsgeschichte kann man eine Art geistiges Duell im Kampf um die Menschheit ausmachen: die lange Vorbereitung des Sonnenwesens Christus, von der Sonne herabzusteigen und für drei Jahre in einem Menschen zu leben, und die wahrscheinlich zeitlich kürzer geplante Einwirkung des Sonnendämons Sorath für das Jahr 666 nach Christus.

Hätte Sorath im Jahre 666 seine Absichten verwirklicht, wären die Menschen dadurch korrumpiert und manipuliert und damit die gesamte Erdenentwicklung in eine andere Richtung gedrängt worden. Wie einem Kind in seiner persönlichen Entwicklung auch nur das entgegengebracht werden kann, was es seinem Alter entsprechend verkraften kann, so ist es auch mit der Menschheit. Überschüttet man ein Kind mit Lernstoffen oder setzt man es Ereignissen aus, die es nicht verstehen kann, wird man seine Seele schädigen. Ähnlich ist es auch mit der Menschheit. Stellen Sie sich vor, Sie hätten den Bewohnern Japans vor 2.000 Jahren erzählt, daß man einstmals mit zwei Bomben zwei ganze Städte ihrer Insel auslöschen würde. Oder Sie hätten den Einwohnern Palästinas zur Zeitenwende geschildert, daß es in 2.000 Jahren Maschinen geben werde, die am menschlichen Körper operieren. Oder Sie hätten den Ureinwohnern Nordamerikas zur selben Zeit dargestellt, daß es einstmals Maschinen geben werde, mit denen die Menschen verschiedener Kontinente miteinander in Sekundenschnelle kommunizieren könnten.

Was wäre passiert? Wahrscheinlich hätte man die Menschen in tiefste Verzweiflung und Furcht gestürzt, vielleicht hätten diese Utopien sie auch nur fasziniert. Aber eines ist klar: Sie wären für die Erkenntnis der jeweiligen Zusammenhänge nicht reif gewesen, denn sie hätten aufgrund ihrer Bewußtseinsentwicklung und ihrer Erkenntnisse von der Welt keinerlei Möglichkeit gehabt, die geschilderten technischen Errungenschaften zu durchschauen.

Etwas Ähnliches wäre geschehen, wenn Sorath mit seinen Absichten durchgedrungen wäre. Sein Ziel war es, den Menschen in kurzer Zeit ein ungeheures Wissen zu vermitteln, und zwar alles das, was die Menschheit bis zur Mitte des Bewußtseinsseelenzeitalters – das ist das Jahr 2493 – an Wissen erringen wird. Natürlich darf man sich das nicht so schematisch und primitiv vorstellen, als hätte Sorath vorgehabt, die Menschen zu lehren, wie man ein Automobil baue. Aber er hätte einzelne Menschen zum Gefäß seiner Absichten gemacht und ihnen Wissensschätze eingegeben, die die Menschen zu Genies gemacht hätten. Ohne eigene geistige Anstrengung und ohne die dazu nötige moralische Reife wären die Menschen mit einem Wissen begabt worden, das sie selbst heute – fast 1.1/2 Jahrtausende später – noch nicht besitzen. Steiner sagt dazu folgendes:

„Also Maschinen und so weiter würden die Menschen nicht gemacht haben, würden nicht experimentiert haben, nicht den Schleppgang gegangen sein, aber mit genialen Kräften würden sie alles vorher geahnt haben und vieles auch gemacht haben. Dieses Jahr 666 war bestimmt, die Menschheit geradezu zu überschwemmen mit einem Erkennen und mit einer Kultur, die von den der Menschheit ureigenen Göttern eben erst im 3. Jahrtausend der Menschheit zugedacht ist. Es ist nicht auszudenken, braucht auch nicht ausgedacht zu werden, in welche Situation die sogenannte gebildete Welt gekommen wäre, wenn sie in solcher Weise mit diesem sechshundertsechsundsechziger Wissen überschwemmt worden wäre. Die Menschen würden in ihrer mangelnden Selbstzucht verkommen sein." (GA 184/1968/11.10.1918/S.269 f.)

Die Gewalt dieses Wissens hätte die Menschen fasziniert und dadurch gelähmt, sich weiterhin durch eigene Anstrengung geistig zu entwickeln. Sie hätten Kräfte in ihre Verfügungsgewalt bekommen, z.B. die Kernspaltungsenergie, zu dessen Beherrschung sie noch nicht reif gewesen wären. Denn zu jedem Wissen gehört eine entsprechende Reife, und zu dem, was 666 den Menschen eingeträufelt werden sollte, bedarf es einer gewissen ausgebildeten Bewußtseinsseelenfähigkeit. Was bedeutet das? Steiner schildert das aus der Sicht eines Naturwissenschaftlers zu seiner Zeit, der mit Hochmut auf die gespenstergläubigen Menschen früherer Zeiten zurückblickt:

„Dieses Urteil, daß die Vorfahren an Gespenster geglaubt haben, das ist an sich eine halbe und deshalb eine außerordentlich gefährliche Wahrheit; denn halbe Wahrheiten sind oftmals schlimmer als ganze Irrtümer, weil man die ganzen Irrtümer leicht erkennt, die halben Wahrheiten aber in der Welt selbst gespenstisch spuken.

Es ist ja richtig: Wenn man zurückgeht ins frühere Zeitalter, zurückgeht in die Zeit vor und nach dem Mysterium von Golgatha und in noch länger zurückliegende Zeiten, ins dritte nachatlantische Kulturzeitalter, da findet man in der Hauptsache, daß die Menschen an Gespenster, an Dämonen glauben. [...] Aber diesem Zeitalter geht ein anderes voran, wo die Menschen auch von Gespenstern geredet haben, aber nicht in dem Sinne, wie sie in den eben charakterisierten Zeitaltern an diese Gespenster geglaubt haben. Sie haben geredet von den Gespenstern im zweiten, im ersten nachatlantischen Kulturzeitalter, indem sie sich bewußt waren: Das, was sie vorstellen, das ist ein Ergebnis ihrer Vorstellungskraft. Sie können sich nach ihrer Vorstellungskraft nur Gespenster vorstellen. Aber indem sie sich Gespenster vorstellen, sind die Gespenster Bilder von der dahinterstehenden geistigen Welt. [...]

So daß man sagen kann: Die Alten haben sich ihr Bewußtsein so ausgebildet, daß sie eben jene Kräfte zur Entwickelung brachten, die dem Bewußtsein gegeben waren, und sie beschränkten sich instinktiv darauf, in ihren Vorstellungen nichts anderes zu haben als Gespenster. In alten Zeiten haben sie durch die Gespenster die Götter vorgestellt, und später haben sie die Gespenster als Realitäten genommen. Nicht daß die Gespenster falsch gewesen wären, sondern die Ansicht der Menschen über die Gespenster ist falsch geworden.

Nun, daß die Vorfahren sich Gespenster vorgestellt haben und daß Gespenstervorstellen ein Aberglaube ist, das gesteht der moderne Mensch in seinem Urteile über die Alten zu, leckt sich die Finger ab in Selbstzufriedenheit und findet sich gescheit." (ebd./S.260 f.)

Im Zeitalter der Bewußtseinsseele soll der Mensch in Freiheit Fähigkeiten durch seine eigene Anstrengung ausbilden, die ihn einerseits in eine neue Verbindung zur übersinnlichen Welt versetzen, andererseits aber befähigen, sich geistig-seelisch mehr und mehr durch Selbstzucht zu schulen:

„Wir leben im sogenannten fünften nachatlantischen Zeitalter, das im 15. Jahrhundert begonnen hat und das sich ausdehnen wird bis zum Beginne des 4. Jahrtausends, bis zum Ende des 3. Jahrtausends. In diesem Zeitalter soll die Menschheit zu der Entwickelung der sogenannten Bewußtseinsseele kommen. Es werden also alle Angelegenheiten dieses Zeitalters zuletzt doch nach dem Ziel hindeuten, das man bezeichnen kann als die Ausbildung der Bewußtseinsseele. Schmerzliche und freudige Ereignisse, Prüfungsereignisse für die Menschheit und solche Ereignisse, die wir als göttliche Gaben auch zur Beseligung der Menschen bezeichnen können, alles Lichtvolle und Schattenvolle soll in diesem Zeitalter dazu dienen, den Menschen immer mehr und mehr aufzuklären über sich selbst und seinen Zusammenhang mit der Welt. Bewußt sich hineinstellen in die Welt und dadurch erst das erringen, wovon man in früheren Zeitaltern und bis heute so viel phantasiert hat, das man aber nie richtig erkannt hat, das erst erringen, erringen durch Selbstzucht, was man nennen kann die freie menschliche Persönlichkeit, die wirkliche, auf Selbsterziehung gegründete Handhabung des Willens: das wird, heranziehend, die Aufgabe der Menschheit in diesem Zeitalter sein. Man könnte sagen, wenn man sich populär ausdrückt: daß das so vor sich gehe, das ist der Ratschluß derjenigen göttlichen Wesenheiten, mit denen der Mensch von seinem Ausgangspunkte an verbunden ist, die ihn fortführen von Stufe zu Stufe, denen aber von zwei Seiten her widerstreben diejenigen Mächte, die wir gewohnt sind, die ahrimanischen und die luziferischen Mächte zu nennen." (ebd./12.10.1918/S.276 f.)

Hätte Sorath mit seinem Vorhaben Erfolg gehabt, wären die Menschen durch den Überfluß an Wissen so überwältigt worden, daß sie sich nicht mehr hätten anzustrengen brauchen, um neue Erkenntnisse zu erlangen. Dadurch wäre die Menschheitsentwicklung – so wie ich sie im Artikel über Sorath beschrieben habe – an ein Ende gekommen:

„Also, es hätte sozusagen etwas vorweggenommen werden sollen, was die Menschheit durch eigene Anstrengung im Laufe langer, langer Zeiten erst bekommen kann. Die Menschheit hätte es in unreifem Zustand erlangt. Man kann sich heute kaum ausmalen, wie die Geschichte der sogenannten zivilisierten Menschheit verlaufen wäre, wenn dieses Ereignis eingetreten wäre. Wie aus einem Instinkt, aber aus einem genialen Instinkt hätte die Menschheit ein unreifes Wissen erlangt. Ungeheure Verwirrung wäre angerichtet worden. Aber noch etwas anderes: Die Menschen wären auf einmal gewissermaßen überschüttet worden mit diesem Wissen, dadurch wie paralysiert, wie gelähmt, und ihre zukünftige Entwickelung wäre abgeschnitten worden. Sie wären nur dazu gekommen, jetzt nicht auf natürliche Weise, wie das hat geschehen sollen seit dem 15. Jahrhundert, sondern auf künstliche Weise schon im 7. Jahrhundert eingeimpft zu bekommen die Bewußtseinsseele; aber die ganze Entwickelung zum Geistselbst, Lebensgeist, Geistesmenschen würde dann weggefallen sein. Der Mensch würde ein außerordentlich vollkommener Erdenmensch geworden sein, aber seine Entwickelung zu höheren Stufen würde ausgeschlossen gewesen sein. [...]

Weise Menschen würden entstanden sein, aber materialistisch denkende Menschen, reine Erdenmenschen. Tief hinein hätten sie sehen können auch in das geistige Irdische, in das Übersinnlich-Irdische; aber abgeschnitten gewesen wären sie gerade von derjenigen Entwickelung, die dem Menschen zugedacht ist von seinen Schöpfern mit dem Geistselbst, Lebensgeist und Geistesmenschen. Und wer eine Ahnung hat von der Weisheit von Gondishapur, der wird sie zwar halten für eine der Menschheit im höchsten Sinne gefährliche, aber er wird sie zu gleicher Zeit halten für ein ungeheueres Phänomen. Und die Absicht bestand, nicht nur die Umgegend, sondern die ganze damals bekannte zivilisierte Welt, nach Asien und

Europa überall hin, mit dieser Gelehrsamkeit zu überschwemmen." (ebd./ S.278 ff.)

Steiner drückt es selbst aus, daß man sich nur schwer vorstellen kann, wie sich die Menschheitsgeschichte entwickelt hätte, wenn Sorath erfolgreich gewesen wäre. Insofern kann man nur ahnen, was das Wissen beinhaltet hätte, das Sorath den Menschen geben wollte. Aber Steiner gibt in diesem Zusammenhang (ebd./S.289 ff.) einen entscheidenden Hinweis: Es handelt sich vornehmlich um die Entwicklung von drei Fähigkeiten, die die Menschheit auch heute noch nicht besitzt, aber von nun an allmählich entwickeln soll. Das sind die drei okkulten Fähigkeiten: die mechanische, hygienische und eugenetische okkulte Fähigkeit. Dabei geht es um Erkenntnisse, die nur errungen werden dürfen, wenn die Menschen dazu reif sind, da sie sonst egoistisch angewandt werden und Unheil anrichten. Bei diesen drei Fähigkeiten geht es um gewisse Schwingungen in der Natur und um erweiterte Erkenntnisse in der Heilkunde und bei den Zusammenhängen von Geburt und Tod (siehe dazu den Artikel „Die drei okkulten Fähigkeiten" in diesem Band).

In bezug auf das Einwirken von Sorath habe ich immer nur im Konjunktiv gesprochen. Denn Sorath hat sein Ziel – die Menschen zu Genies zu machen und sie und die Erde von Christus und der zukünftigen Entwicklung abzuschneiden – nicht erreicht. Zweierlei hat ihn um seinen Sieg gebracht: der Islam und Christus.

Die Geistesschärfe der arabischen Wissenschaften, die großenteils aus der Antike gespeist sind, hat eigentlich gar nicht so viel mit dem Islam zu tun. Der Islam ist eine Religion, und diese wurzelt in den Glaubenskräften des Menschen, während die arabischen Wissenschaften vorwiegend auf den intellektuellen Kräften des Menschen basierten. Beide können ohne weiteres in demselben Menschen leben, auch wenn sie in einem gewissen Widerspruch zueinander stehen. Der Geist, der z.B. an den Akademien und Übersetzungsschulen geschärft wurde, wurde durch die religiöse Begeisterung der Moslems – die hin und wieder auch zum Fanatismus neigte – abgeschwächt und in eher gefühlsmäßige Bahnen gelenkt. Steiner drückt das folgendermaßen aus:

„Es wurde abgestumpft dasjenige, was von Gondishapur ausgehen sollte, zunächst durch das Auftreten Mohammeds. Indem Mohammed eine phantastische Religionslehre verbreitete, vor allen Dingen über diejenigen Gegenden, über die man verbreiten wollte die gnostische Weisheit von Gondishapur, nahm er sozusagen dieser gnostischen Weisheit von Gondishapur das Feld weg. Er schöpfte sozusagen den Rahm weg, und dann segelte dasjenige nach, was von Gondishapur kam, und konnte nun nicht durch dasjenige durch, was Mohammed getan hatte. Das ist gewissermaßen die Weisheit in der Weltgeschichte; man kennt auch den Mohammedanismus erst richtig, wenn man zu den andern Dingen noch weiß, daß der Mohammedanismus dazu bestimmt war, die gnostische Weisheit von Gondishapur abzustumpfen, ihr die eigentliche, stark ahrimanisch versucherische Kraft, die sie auf die Menschheit sonst ausgeübt hätte, zu nehmen." (ebd./S.283; Zeichensetzung in den ersten beiden Sätzen geändert, W.W.)

Und nun sollte man allerdings nicht vergessen – ich erinnere dabei an die zu Beginn dieses Artikels dargestellten Vorurteile gegen die Moslems –, daß die Lehrer in Gondischapur im Jahre 666 Christen waren. Auch der von Steiner besonders hervorgehobene Akademielehrer, „der größte Gegner des Christus Jesus" (ebd.), dessen Name unbekannt ist, wird also Christ gewesen sein. Die Akademieschüler, so ist zu vermuten, werden aber vor allem Moslems gewesen sein.

Wir haben also auf der einen Seite ein vehement gewachsenes arabisches Weltreich mit einer Bevölkerung, die sich mehrheitlich mit tiefer Frömmigkeit der islamischen Religion zugewandt hat, auf der anderen Seite eine christliche Lehrstätte – zumindest waren die Lehrer Christen –, wo der Sonnendämon Sorath versucht, über die christlichen Lehrer seine Geistespotenz zu vermitteln. Sicher wird er den einen oder anderen Akademielehrer und -schüler impulsiert oder zumindest beeinflußt haben, aber die große Wirkung blieb aus. Denn Sorath konnte keine Flächen- bzw. Massenwirkung entfachen, z.B. einem großen Teil der Weltbevölkerung ahrimanische Weisheit einzuträufeln, denn seine Wirkung mußte durch das Nadelöhr eines oder weniger Menschen gehen. Ihr Bewußtsein hat er zwar zu beeinflussen versucht, aber diese Menschen hätten dann ihrerseits eine Massensuggestion oder -faszination mit dem schier unbegreiflichen Wissen in der Bevölkerung hervorrufen müssen.

Aber dieser sorathische Prozeß war bereits in seiner Kraft gebrochen, bevor er überhaupt begann. Deswegen konnte er nur geschwächt initiiert werden, und ein Abglanz der sorathischen Weisheit ging von der Akademie von Gondischapur aus und lebt in der Entwicklung der materialistischen Naturwissenschaft bis heute fort.

Soraths Schwung wurde durch eine ganz bestimmte Kraft gebrochen: durch das, was während des Mysteriums von Golgatha im Jahre 33 n.Chr. geschehen ist. Das göttliche Wesen Christus hatte sich in Freiheit etwa drei

Jahre im Menschen Jesus inkarniert, um die Menschheit zu retten. Denn um die Zeitenwende verloren die Menschen mehr und mehr den Kontakt zur geistigen Welt: Das alte Hellsehen verschwand, und ihr Ichbewußtsein war noch nicht stark genug, sich einen neuen Weg zur geistigen Welt zu erarbeiten. Auch im nachtodlichen Bereich drohte den Menschen zunehmend eine Art Bewußtseinsdunkel, und Steiner deutet sogar an, daß sich die Menschen auf Dauer nicht mehr auf Erden hätten inkarnieren können, wenn nicht etwas Entscheidendes geschehen wäre.

Während des Mysteriums von Golgatha besiegt Christus den Tod, d.h. er schaffte es als erstes Wesen in menschlicher Gestalt überhaupt, nach dem Tod in dieser Leibgestalt weiterzuleben. Es gelang ihm, seinen eigenen Phantomleib – ein geistig-physischer Leib, der seit dem Einwirken Luzifers bei jedem Menschen einen Todeskeim in sich birgt, so daß er nach dem Tod eines jeden Menschen keinen Bestand mehr hat – nach dem Tod zu bewahren:

„Da trat das Mysterium von Golgatha ein, trat so ein, wie wir es charakterisiert haben, und durch dieses Mysterium von Golgatha ist in der Tat dasjenige geschehen, was so schwierig zu begreifen ist für jenen Verstand, der nur gebunden ist an den überwiegend mit den zerstörenden Kräften behafteten physischen Leib. Es ist eingetreten, daß dieser eine Mensch, der Träger des Christus war, einen solchen Tod durchgemacht hat, daß nach drei Tagen dasjenige, was am Menschen das eigentlich Sterbliche des physischen Leibes ist, verschwinden mußte und aus dem Grabe sich erhob jener Leib, der der Kräfteträger der physisch-materiellen Teile ist. Das, was eigentlich dem Menschen zugedacht war von den Beherrschern von Saturn, Sonne und Mond, das hat sich erhoben aus dem Grabe: das reine Phantom des physischen Leibes, mit allen Eigenschaften des physischen Leibes." (GA 131/1974/11.10.1911/S.167)

Die höheren Wesensglieder des Christus blieben in Verbindung mit seinen Phantomkräften, und diese Kräfte – Auferstehungsleib genannt – durchzogen die gesamte Erde. Dadurch wurden die physischen und ätherischen Leiber aller Menschen erfrischt. Jeder Mensch ist also durch die Christuskraft in seinen unteren Wesensschichten teilweise geheilt worden. Aber mit seinen höheren Wesensgliedern – Astralleib und Ich –, muß man sich durch Glaubens- und Denkkräfte bewußt mit dem real vorhandenen Auferstehungsleib des Christus verbinden, wenn man diese lebenserhaltenden Auferstehungskräfte auch in sein Gefühl und in seine Gedanken aufnehmen will.

Die bewußte Verbindung mit diesen Auferstehungskräften des Christus – z.B. durch den christlichen Kultus oder durch entsprechende Gedanken – ist ein Zukunftsweg der Menschheit. Ein anderer ist der des Sorath. Er möchte die Menschen veranlassen, daß sie mit ihrer Gedankenkraft nicht zu den Auferstehungskräften des Christus durchdringen und ihre gesamte geistige Potenz nur auf das Irdische, auf das leibliche Wohl oder sogar auf den Mißbrauch spiritueller Kräfte durch schwarze Magie richten. (Eine ausführliche Schilderung der Zusammenhänge der Auferstehung finden Sie in: Weirauch, S.56 ff.)

In diese Richtung sollte der Sorath-Angriff auf Gondischapur gehen, aber er wurde durch die Substanz des Christus, mit der er die Erde durchzogen hatte, und durch die geistige Kraft der spirituell mit Christus verbundenen Menschen abgeschwächt. Da sich das Mysterium von Golgatha 633 Jahre vor dem 666-Angriff Soraths ereignete, kann man sich natürlich fragen, warum Sorath seine Angriffe trotzdem vollzogen hat. Das gehört mit zur Blindheit intelligenter Wesen, wie es die ahrimanischen sind: Sie wirken zielgerichtet, verfolgen nur einen bestimmten Zweck und sehen dadurch nur einen bestimmten Ausschnitt des gesamten Umfeldes, nicht aber das Ganze.

Literatur:

Bühler, Walther: Vom Geisteskampf zwischen Islam und Christentum. Bad Liebenzell 1991.

Diwald, Hellmut: Die großen Ereignisse. Bd. 2, Laachen 1990.

Floride, Athys: Die Auseinandersetzung mit dem Bösen im Jahrhundertende und die Hilfe des ätherischen Christus. In: Stöckli, T. (Hg.): Wege zur Christus-Erfahrung. Dornach 1991.

Gädeke, Wolfgang: Anthroposophie und die Fortbildung der Religion. Flensburg 1990.

Heyer, Karl: Beiträge zur Geistesgeschichte des Abendlandes. Bd. 3: Die neuere Zeit. Kreßborn [2]1957.

Maas, Wilhelm: Arabismus – Islam – Christentum. Stuttgart 1991.

Manen, Hans Peter van: Angst vor 1998 – aber welche? In: Was in der Anthroposophischen Gesellschaft vorgeht. In: Das Goetheanum, Nr.18/1998.

Poeppig, Fred: Der Kampf der maurisch-mohammedanischen Strömung gegen die abendländisch-christliche Kultur. In: Pohl, J. (Hg.): Die Welt des Islam. Ein Lesebuch. Dornach 1989.

Weirauch, Wolfgang: Der Auferstehungsleib. Die Christustat und die Aufgabe des Menschen. In: FLENSBURGER HEFTE 52: Auferstehung. Von der Gegenwart Christi. Flensburg 1996.

Wilderotter, Hans: „Der hat den Grossen Kommentar gemacht" – Aristoteles, Averroes und der Weg der arabischen Philosophie nach Europa. In: Sievernich, G./Budde, H. (Hg.): Europa und der Orient: 800–1900. Gütersloh/München 1989.

Weitere Literatur siehe nach dem nächsten Artikel.

Die arabische Medizin als Mittler zwischen Antike und Neuzeit

Wolfgang Weirauch

Im Verlauf der religiösen und politischen Ausbreitung des Islam wurde fast das gesamte Wissen der griechischen Antike übernommen. Eine nahezu 1.000jährige Medizintradition des Abendlandes wurde vom Morgenland aufgenommen und vor dem Vergessen bewahrt. Durch die Berührung des Morgenlandes mit dem Abendland fanden diese Kulturgüter gegen Ende des Mittelalters ihren Weg zurück nach Europa.

Früher dachte man anders

Vor vielen Jahrtausenden verkehrten die Menschen noch unmittelbar mit den Göttern. Blitz und Donner waren Äußerungen von geistigen Wesen, im aufschäumenden Meer erhob ein Gott seine Stimme, und im wütenden Sturm oder dem sanften Morgentau erlebten die Menschen die Außenseite einer bestimmten Geistigkeit. Die Natur war beseelt und durchgeistigt von Naturgeistern, Engeln und Erzengeln, und die Menschen lebten in regem Kontakt mit ihnen und fühlten ihre Geschicke durch sie bestimmt. Ein Zweifel an der Existenz von Naturgeistern und Göttern wäre ihnen nie in den Sinn gekommen. Das ist die Zeit des Polytheismus, Steiner nennt sie das Zeitalter der Empfindungsseele.

Auch die Griechen lebten in den vorchristlichen Jahrhunderten noch in einem innigen Verhältnis zur Natur. Sie empfingen noch die Eindrücke der durchgeistigten Außenwelt und fühlten sich als Mikrokosmos in den großen Kosmos eingebettet. Da sie gegenüber dem Geistigen in den äußeren Naturerscheinungen noch nicht so verschlossen waren wie wir heute, hatten sie noch andere Wahrnehmungen. Wie selbstverständlich pflegten sie den Umgang mit Naturgeistern und Göttern, so wie man sie aus den griechischen Sagen kennt, aber zugleich entwickelte sich etwas heraus, das die griechischen Philosophen Nous nannten. Sie verstanden darunter den allgemeinen Weltenverstand. Das war allerdings nicht die abstrakte, intellektuelle Geisteskraft, die wir heute unter Verstand verstehen, also die Fähigkeit, mit der wir analysieren und systematisieren können, sondern die Griechen erlebten diesen Weltenverstand als etwas Objektives, als eine objektive Geistigkeit, die die Natur erfüllte und alle Welterscheinungen ordnete. Der allgemeine Weltenverstand durchströmte Erde und Kosmos, und der Mensch nahm mit seinem Bewußtsein an diesem Weltenverstand teil. In dieser 4. nachatlantischen Kulturepoche, dem Zeitalter der Verstandesseele, vom 8. vorchristlichen bis zum 15. nachchristlichen Jahrhundert, in der der Verstand als ein einziger, die ganze Welt umfassender objektiv erlebt wurde, entstanden die monotheistischen Religionen.

Ganz anders als heute wurde in dieser Epoche gedacht, und zwar in bezug auf den Denkvorgang und die moralisch-gewissenhafte Stellung zum Denkakt selbst:

„Heute hat der Mensch gar nicht das Gefühl, daß das Nachdenken in einer gewissen Seelenverfassung vollbracht werden sollte. Bis in das 15. Jahrhundert hatte der Mensch das Gefühl, daß er eigentlich nur etwas Schlechtes bewirkt in der Welt, wenn er nicht gut ist und doch nachdenklich wird. Er machte sich gewissermaßen einen Vorwurf, wenn er als ein schlechter Mensch nachdachte. Das ist etwas, was man gar nicht mehr so richtig gründlich empfindet. Heute denken die Menschen: Ich kann schlecht sein, wie ich will, in meiner Seele, ich denke halt nach. – Das haben die Menschen bis zum 15. Jahrhundert nicht getan. Die haben es eigentlich als eine Art Beleidigung des göttlichen Weltenverstandes empfunden, wenn sie in einer schlechten Seelenverfassung nachgedacht haben; sie haben also in dem Akte des Nachdenkens schon etwas Reales gesehen, sie haben sich darinnen gewissermaßen mit der Seele schwimmend gesehen in dem allgemeinen Weltenverstande.“ (GA 204/1979/29.04.1921/ S.169 f.)

Wenn man in der 4. nachatlantischen Kulturepoche nachdachte, wurde der Ätherleib mehr in Bewegung versetzt als heute, da er noch nicht so fest mit dem physischen Leib verankert war. Man dachte also weitgehend mit den ätherischen Kräften als Medium, und die Gedanken spiegelten sich am Ätherleib, wodurch sie dem Menschen bewußt wurden. Seit dem 15. Jahrhundert denkt der Mensch zunehmend mehr mit seinem physischen Leib, und seine Gedanken spiegeln sich am physischen Gehirn:

„Und das ist das Charakteristische, daß im 15. Jahrhundert angefangen wird, mit dem physischen Leib zu denken. Wir denken mit den Kräften, die der Ätherleib in den physischen Leib hineinsendet, wenn wir denken. Das ist also der große Unterschied, der sich ergibt, wenn man das Denken vor dem 15. Jahrhundert und nach dem 15. Jahrhundert betrachtet. Wenn man das Denken vor dem 15. Jahrhundert betrachtet, dann verläuft es im Ätherleib, gewissermaßen gibt es dem Ätherleib eine gewisse Struktur. Wenn man das Denken jetzt betrachtet, verläuft es im physischen Leib. Jede solche Linie des Ätherleibes ruft ein Abbild von sich hervor, und dieses Abbild ist dann im physischen Leib; es ist also gewissermaßen ein Siegelabdruck der ätherischen Tätigkeit im physischen Leibe, was seit jener Zeit in der Menschheit vor sich geht, wenn gedacht wird." (ebd./S.170)

Wer heutzutage angestrengt nachdenkt, ermüdet leicht. Je leichenhafter und abstrakter die zu denkenden Begriffe sind, desto schneller erschlafft man geistig. Aber auch beim Denken spiritueller Begriffe, z.B. während der Meditation, unterliegt man der Gefahr einzuschlafen. Eine wirkliche Erfrischung beim Denken zu erleben, ist schwer, aber möglich, wenn man wirklich in einen Prozeß des Denkens eintaucht. Einen solchen Moment höchster Klarheit und Befeuerung kann man schwer beschreiben, man muß ihn selbst erleben. Ähnliche Erlebnisse müssen die Menschen früher während des Denkens gehabt haben:

„Der Mensch fühlte sich im Denken zu gleicher Zeit erfrischt in jener älteren Zeit, er war froh, wenn er denken konnte, denn das Denken war ein Labetrunk der Seele für ihn." (ebd./S.171)

Die antike Heilkunst

Aus dem Eingebettetsein in den Kosmos, dem Miterleben der beseelten Natur und des Weltenverstandes entstand die griechische Heilkunst und Philosophie als eine der kostbarsten Blüten der Menschheitsgeschichte. Die älteren griechischen Philosophen, z.B. Pherekydes von Syros (6. Jh. v.Chr.) und Pythagoras (582–493), erlebten die Welt nicht mehr in dem Maße göttergelenkt wie in noch älteren Zeiten, denn an die Stelle der Götter trat jetzt mehr und mehr der Gedanke, der seinen Ursprung in der menschlichen Seele nahm. Obwohl sich das Erleben der zunehmenden Selbständigkeit der Seele von den Göttern und Naturvorgängen immer deutlicher herausschälte, war das Verhältnis der Menschen zum Kosmos und zur Natur in der Zeit dieser älteren griechischen Philosophen, wie z.B. auch bei Thales (624–546), Anaximander (611–550) und Heraklit (540–480), noch ein sehr inniges. Was man in der Natur erlebte, spiegelte sich zugleich in den Seelenprozessen.

Die griechische Medizin selbst ist allerdings kein Novum, denn auch sie hatte schon eine lange Tradition. Im Grunde ist sie ein Rest uralter medizinischer Anschauungen, die man in noch älteren Zeiten durch hellsichtige Schauungen gewann. (vgl. GA 312/1985/21.03.1920/S.16 ff.) Neu war nur die gedankliche Verarbeitung und schriftliche Niederlegung.

Aus dieser Verbindung der menschlichen Seele mit den Naturprozessen, die man zunehmend auch gedanklich zu erklären versuchte, entstanden konzeptionelle Vorstellungen über das Verhältnis von Gesundheit und Krankheit zur Natur. Alle Phänomene wurden rational erklärt. Das höchste Ziel für die Medizin war das Studium der Natur und ihre Nachahmung, denn man glaubte, daß die Natur selbst alle Heilungsvorgänge bewirke. Für einen Arzt wie Hippokrates galt deshalb z.B., daß neben einer genauen Untersuchung des Patienten auch alle Naturäußerungen mit einbezogen werden müßten, ehe die Diagnose gestellt würde.

Kennzeichen der griechischen Heilkunst waren die theurgische Medizin im Rahmen des Asklepios-Kultes, die Humoralpathologie – die Lehre von den Säften des menschlichen Körpers – und die Diätetik, die Regelung der Lebensweise.

Asklepios

Bei allen Krankheiten rief man in den Mittelmeerländern vom 5. vorchristlichen Jahrhundert bis zum 4. nachchristlichen Jahrhundert den Heilgott Asklepios an. Dieser war der Sage nach ein Sohn des Apoll. Homer berichtet in seiner Ilias von einem König Asklepios, der zugleich ein Arzt war und sein Wissen von dem Zentaur Chiron erworben hatte. Er kämpfte auch im Trojanischen Krieg mit, aber als er versuchte, Tote wiederzuerwecken, wurde er von Zeus durch einen Blitz erschlagen.

Einer anderen Sage zufolge brachte Koronis, die Geliebte des Apoll, in Epidauros Asklepios als ihr gemeinsames Kind zur Welt. Auf den bildlichen Darstellungen wird Asklepios als die Schlange dargestellt, die sich um den Stab ringelt. Von Epidauros aus verbreitete sich der theurgische Asklepios-Kult, unter anderem auf die Insel Kos. Die Kranken suchten die Asklepios-Heiligtümer auf, wurden dort in einen Heilschlaf versetzt und erwarteten, während des Schlafs durch Asklepios geheilt zu werden. Oder sie befragten das Orakel. Der eigentliche Heilgott aber ist Apoll, ein Engel, der von Christus durchseelt war. (vgl. GA 149/1977/30.12.1913/S.58 f.) Der Asklepios-Kult ist also ein Heilungsvorgang, der sich durch den innigen Kontakt mit dem Göttlich-Geistigen vollzieht. Christus ist das geistige Wesen, welches in der vorchristlichen Zeit diese Heilungen begleitet und impulsiert hat.

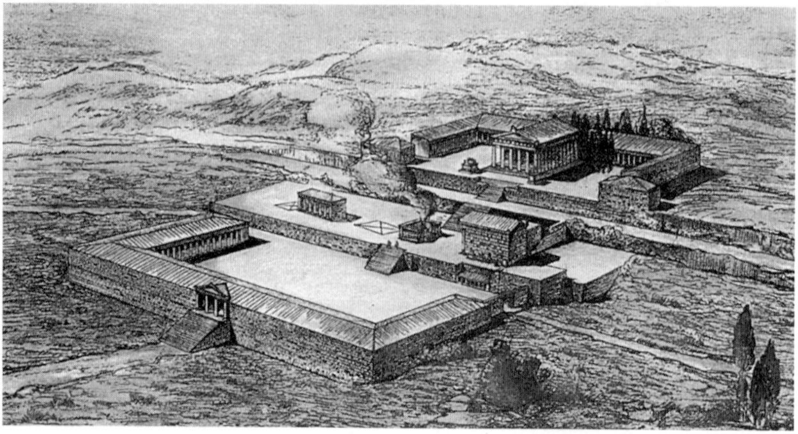

Asklepios-Heiligtum von Kos

Hippokrates

Hippokrates, der neben Galen berühmteste Arzt der Antike, bricht mit der an die Religion gebundenen Medizin, dem theurgischen Medizinkonzept. Er wurde um 460 v.Chr. auf Kos geboren und starb etwa 375 im thessalischen Larissa, wo noch heute sein Grabstein steht. Er beginnt mit der Aufzeichnung des medizinischen Wissens, das sich letztlich in einer 60 Schriften umfassenden Textsammlung, dem Corpus Hippocraticum, niederschlägt. Hippokrates selbst hat aber nur einen kleinen Teil davon verfaßt, denn das Corpus Hippocraticum wurde bis Anfang des 2. nachchristlichen Jahrhunderts immer wieder ergänzt.

Kennzeichnend für die hippokratische Medizin ist die Humoralpathologie, die eigentlich erst von Polybos, dem Schwiegersohn des Hippokrates, in seiner Schrift „De natura hominis" voll entwickelt worden ist. Diese Säftelehre besagt, daß alles im Menschen wie in der Natur aus mehreren wirkenden Faktoren zusammengesetzt ist, die durch die Qualitäten Warm und Kalt, Trocken und Feucht charakterisiert werden. Auf den Menschen bezogen heißt dies, daß er vier Säfte – Blut, Schleim, gelbe und schwarze Galle – in sich trage, durch deren Mischungsverhältnis Gesundheit und Krankheit bestimmt werde. Steiner sagt dazu:

„Die Hippokraten suchten alles Kranksein in einer nicht gehörigen Mischung derjenigen Flüssigkeitskörper, die im menschlichen Organismus zusammenwirken. Sie wiesen darauf hin, daß in einem normalen Organis-

Büste des Hippokrates, 2. Jh. v.Chr.

mus die Flüssigkeitskörper in einem bestimmten Verhältnisse stehen müssen, daß sie in dem kranken Körper eine Abweichung von diesen ihren Mischungsverhältnissen erleiden. Als Krasis bezeichnete man die richtige Mischung, als Dyskrasis die unrichtige Mischung. Nun suchte man selbstverständlich dann einzuwirken auf die unrichtige Mischung, um sie wieder zurückzuführen in die richtige Mischung. Die vier Bestandteile, die man in der Außenwelt sah als konstituierend alles physische Sein, das waren ja Erde, Wasser, Luft und Feuer – Feuer aber war dasselbe, was wir heute einfach Wärme nennen. Für den menschlichen Organismus – auch für den tierischen – sah man spezialisiert diese vier Elemente als schwarze Galle, gelbe Galle, Schleim und Blut. Und man dachte sich, daß aus Blut, Schleim, schwarzer und gelber Galle in der richtigen Mischung der menschliche Organismus funktionieren müsse." (GA 312/1985/21.03.1920/S.16 f.)

Mit Hippokrates findet die noch ältere, aus alter Hellsicht entwickelte Heilkunst eine neue Sprache. Sie wird organisiert, gegliedert und systematisiert und emanzipiert sich als eigenständige Wissenschaft. Heinrich Schipperges schreibt dazu:

„Um dieses vielschichte, widerspenstige Corpus Hippocraticum als Ganzes in den Blick zu bekommen, muß man es einmal wirklich mit seinen

Quellenlandschaften und in seinem unermeßlichen Wirkungsradius gesehen haben. Erst im Spiegel säkularer Strömungen steht plötzlich der erste Wurf einer wissenschaftlichen Medizin vor Augen: das antike Haus der Heilkunde.

Gehalten und gegliedert wird dieses Gehäuse durch drei wichtige Pfeiler: Die Medizin ist Physiologie oder die Lehre vom gesunden Menschen; sie ist Pathologie oder die Lehre vom Kranken; sie ist drittens Therapie oder die Lehre von den Heilmöglichkeiten. Diese therapeutische Architektonik hat der römische Schriftsteller Celsus im Sinn, wenn er rekapituliert: ‚In drei Teile wurde die Heilkunde gegliedert. Der erste umfaßt die Behandlung der Lebensweise, der zweite die Behandlung durch Arzneien, der dritte die Behandlung mit der Hand. Den ersten Teil nannten die Griechen Diätetik, den zweiten Pharmazeutik, den dritten Chirurgie.'

Mit dieser Schematik aber, die sich durch das ganze arabische und lateinische Mittelalter und bis in die neueren Jahrhunderte hat halten können, ist zugleich auch schon die Hierarchie des Eingriffs gegeben, die zunehmend vom Wort über die Arznei bis zum Messer reicht. Nicht von ungefähr schließen die ‚Aphorismen' des Hippokrates mit dem Spruch: ‚Was Arznei nicht heilt, heilt Eisen; was Eisen nicht heilen kann, heilt Feuer; was aber das Feuer nicht heilt, das muß als unheilbar gelten.'" (Schipperges [a], S.34)

Die Alexandrinische Schule

Im 3. vorchristlichen Jahrhundert wurde Alexandria das Zentrum der antiken Medizin. Im Mouseion, dem Sammelpunkt griechischer Heilkunde, wirkten Wissenschaftler aus Ägypten, Griechenland, Indien und dem Vorderen Orient. Die riesige Bibliothek besaß fast alle damals verfügbaren medizinischen Schriften. Botanische Gärten und zoologische Sammlungen ermöglichten das Pflanzenstudium und Tiersektionen.

Die herausragenden Vertreter der Alexandrinischen Schule waren Herophilos von Chalkedon (um 300 v.Chr.), der die ersten Pulsmessungen durchführte, in der Nervenphysiologie zwischen sensiblen und motorischen Lähmungen unterschied und Schriften über Anatomie, die Augen und ein Hebammenbuch verfaßte, und Erasistratos von Keos (250 v.Chr.), der als Begründer der experimentellen Physiologie gilt. Er führte z.B. Sektionen an den Leichnamen zum Tode verurteilter Verbrecher durch und beschrieb den Aufbau des Gehirns und den Mechanismus der Herzklappen.

Herophilos von Chalkedon

Galen

Galenos, der neben Hippokrates berühmteste Arzt vergangener Jahrtausende, wurde 129 n.Chr. in Pergamon geboren. Sein Name bedeutet „Der Friedliche". Er machte ihm alle Ehre, denn kaum einer soll streitsüchtiger als er gewesen sein. Wahrscheinlich zeigten sich in ihm Wesenszüge seiner Mutter, die als so jähzornig geschildert wird, daß sie mitunter sogar ihre Mägde biß. Galen, der wie Hippokrates in der heutigen Medizin keine Bedeutung mehr hat, galt noch bis Anfang des 19. Jahrhunderts als mehr oder weniger unfehlbar. Während Paracelsus ihn als „Plackscheißer" charakterisierte, maßen die Scholastiker ihm fast bibelartige Autorität zu. – Nach seiner Studienzeit wirkte er zuerst als Arzt in Kleinasien, ging dann aber nach Rom und fungierte an den Höfen der Herrschenden, unter anderem als Leibarzt von Marc Aurel und dem Kaisersohn Commodus. Er starb 199 in seiner Heimatstadt.

Galen

„Gewiß, Galen war zu Rom der große ‚Matador' geworden, ein Modearzt, wie er im Buche steht, geschäftstüchtig und ruhmselig, ein Prahlhans, der allen modernen Historikern und mehr noch den klassischen Philologen auf die Nerven geht, weil ihnen hier gewiß nicht die klare Einfalt und stille Größe und in keiner Weise ein hippokratisches Ethos begegnen. Eines aber kann bei aller Kritik an der Persönlichkeit des Galen nicht wegdisputiert werden: das ist das Werk selber – ein enzyklopädisches Opus von über vierhundert Schriften zur Philosophie und Rhetorik, in seinem Kern jedoch konzentriert auf die Heilkunde." (Schipperges [b], S.41)

Obwohl ein Teil seiner Werke 191 bei einem Feuer im Forum Romanum vernichtet wurde, blieb ein beeindruckendes Kompendium seines von ihm zusammengestellten medizinischen Wissens übrig. Sein Werk behandelte fast alle Bereiche der Heilkunde, und er versuchte, Medizin und Philosophie zu einem Gesamtkonzept zu vereinen. Seine Leitfiguren waren Hippokrates und Aristoteles, aber ansonsten identifizierte er sich mit keiner der medizinischen Schulen, stellte aber aus der Fülle aller Richtungen das „Galenische System" zusammen.

Er ordnete die Krankheiten in seiner Krankheitslehre nach bestimmten Gesichtspunkten, für die Heilung grenzte er vorbeugende Therapie, ursächlich heilende und symptomatische voneinander ab, forschte, experimentierte und machte aufgrund seiner Erfahrungen die individuelle Dosierung der Medikamente berechenbar. An lebenden Tieren nahm er Sektionen vor und entdeckte, daß in den Adern venöses und arterielles Blut fließt.

Das Werk Galens kann als die Synopse der gesamten antiken Medizin bezeichnet werden, aber mit Galen endet auch die schöpferische Epoche antiker Heilkunst.

Byzanz

Die byzantinischen Wissenschaftler sammelten fleißig medizinische Schriften, stellten sie zusammen und schrieben auch eigene Werke. Herausragende Vertreter waren z.B. Oreibasios von Pergamon (um 325–400), der unter anderem die „Iatrikai synagogei" („Medizinische Sammlung") verfaßte, in der er hauptsächlich Galens Werke zusammenstellte, und Aetis von Amida (um 500–570), der ebenfalls galenische Werke zusammenfaßte und zum Leibarzt von Justinian wurde.

Die goldene Ära der arabischen Medizin

Für die Medizin begann im Abbasidenreich eine neue Zeit, es ist die goldene Ära der Heilkunst vom 8. bis 13. Jahrhundert. Überall im islamischen Reich entstanden Wissenschaftszentren mit Bibliotheken, Übersetzungsbüros und Krankenhäusern.

Das antike Wissen war von Alexandria über Antiochia, Edessa, Nisibis nach Gondischapur und Bagdad gekommen. In unermüdlicher Fleißarbeit wurden die Werke der Antike übersetzt, z.B. von Hunain ibn Ishaq, der zusammen mit einem seiner Enkel 129 Schriften Galens ins Arabische übersetzte. Bereits um 900 besaßen die Araber ein komplettes System einer theoretisch fundierten Medizin.

Als es im christlichen Abendland noch kein einziges Krankenhaus gab, wurde die Bevölkerung des Orients – zumindest in den größeren Städten – kostenlos in den zahlreichen Krankenhäusern versorgt. Harun ar-Raschid war es, der in Bagdad eines der ersten Krankenhäuser bauen ließ. Die kostenlose Behandlung der Kranken speiste sich aus den Almosen der Reichen.

872 gründete Ahmad ibn Tulun das erste öffentliche Krankenhaus in Fostat bei Kairo. 982 stiftete der Bujidenfürst Adudaddaula das Adudi-Krankenhaus in Bagdad, in dem 24 Ärzte – Internisten, Chirurgen und

Augenärzte – fest angestellt waren und wo erstmals in der Medizingeschichte die ärztliche Ausbildung in Theorie und Praxis gleichzeitig stattfand. Angegliedert waren eine Bibliothek, eine Apotheke, und was besonders wichtig war: Es gab dort fließend Wasser.

Weitere berühmte Ausbildungszentren für Ärzte und Krankenhäuser entstanden später in anderen Gegenden des arabischen Reichs, z.B. das noch heute existierende Nuri-Bimaristan in Damaskus. Es besteht aus vier Krankensälen in Kreuzform. Die Ausbildung fand auch dort am Krankenbett mit anschließendem theoretischen Unterricht statt.

Das berühmteste Krankenhaus wurde das 1284 vom Mameluckensultan Mansur al-Qala'un in Kairo gegründete Mansuri-Krankenhaus. Dort gab es vier Krankensäle mit Springbrunnen als Klimaanlage für Infektöse, Augenleiden, für die Chirurgie und für Durchfallkranke.

Die arabischen Ärzte

Als arabischer Hippokrates gilt Abu Bakr Muhammad ibn Zakarija ar-Razi (lat. Rhazes), der 865 in Raj bei Teheran geboren wurde. Er leitete Krankenhäuser in Raj und Bagdad. Ar-Razi, der noch heute als einer der größten Ärzte des Mittelalters gilt, erwarb sein Wissen zuerst durch das Studium, dann durch praktische Erfahrung. Er hinterließ ein sehr umfangreiches Werk, in dem er fast das ganze überlieferte Wissen der Medizin zusammentrug und es durch eigene klinische Beobachtungen und Krankheitsbilder ergänzte.

Ar-Razi äußerte sich auch mit theologischen, astronomischen, alchimistischen und philosophischen Schriften. Er war von der Gleichheit aller Menschen überzeugt und kritisierte den wissenschaftlichen und theologischen Dogmatismus verschiedener Autoritäten, auch den von Galen. Er beschrieb als erster die Pocken und Masern, und als hervorragender Sänger und Zitherspieler empfahl er Frauen während ihrer Schwangerschaft, ausgiebig Musik und Gesang zu praktizieren. 925 starb er verarmt und erblindet in seiner Heimatstadt.

Ishaq ibn Sulaiman al-Isra'ili (lat. Isaac Judaeus, um 855–955) aus Kairo wurde als Leibarzt des Aglabidenfürsten nach Kairouan gerufen. Dort verfaßte er berühmte Schriften wie die Fieber- und die Urinschrift sowie eine über Diätetik.

Der berühmteste arabische Arzt war wohl der Perser Ibn Sina (lat. Avicenna, 980–1037). Er wurde Leibarzt der Kalifen in Bagdad und verfaßte den fünfbändigen „Kanon der Medizin“. In diesem für viele Jahrhunderte genutzten Standardwerk der Medizin beschrieb er in perfekter Gliederung die allgemeine theoretische Medizin, Arzneistoffe, eine Krankheitslehre von Kopf bis Fuß, Chirurgie, eine Fieber- sowie eine Arzneimittellehre. Ibn Sina glaubte, daß mit diesem Werk das Wissen der Heilkunde abgeschlossen sei.

Weitere berühmte Ärzte waren Ibn al-Dschazzar (†979), Ali ibn al-Abbas (†994), Ibn Ruschd (†1198) und Maimonides (†1204).

Die arabischen Ärzte waren hervorragende Kliniker und Chirurgen, sie verbesserten zahlreiche Operationsmethoden und entdeckten viele Krankheiten, z.B. Querschnittslähmung, Gallen-, Nieren- und Blasensteine, Schilddrüsenkrebs, Schwindsucht, Gehirnhautentzündung und verschiedene Infektionskrankheiten. Die größten Fortschritte machten sie in der Augenheilkunde, z.B. entwickelten sie eine neue Methode der Star-Operation durch das Aufsaugen mittels einer Hohlnadel.

Bei der großen Ausdehnung des arabischen Reichs – vor allem bis nach Indien – war es möglich, die verschiedensten pflanzlichen und tierischen Rohstoffe zu sammeln, um aus ihnen Arzneimittel herzustellen, und man entwickelte unterschiedliche neue chemische Verfahren, z.B. die Destillation und Kristallisation.

Während dieses goldenen Zeitalters der arabischen Medizin herrschte große religiöse Toleranz. Die Theologen duldeten, daß eine fremde, aus anderen religiösen und gesellschaftlichen Zusammenhängen stammende Medizin geltende Lehre in den eigenen Reihen wurde, und man ertrug die Widersprüche. Beispielsweise übernahm man auch den hippokratischen Eid, bei dem Asklepios angerufen wurde, und ehe ein Arzt eine Praxis in einer arabischen Stadt aufmachen durfte, mußte er ihn bei dem jeweiligen Marktaufseher, einem Juristen, ablegen.

Dieser Einklang von Arabismus und Islam, die Duldung fremder, aber arabisierter Wissenschaften durch die Theologen währte allerdings nicht sehr lange. Nach 1100 gewannen die orthodoxen Theologen immer mehr an Einfluß. Es entstand in Anlehnung an die Hadith-Literatur – eine Sammlung überlieferter Aussprüche Mohammeds – die sogenannte Prophetenmedizin, die sich ausschließlich auf den Koran stützte und nicht-islamische Quellen ablehnte. Diese religiöse Heilkunst bestand vorwiegend aus magischen und abergläubischen Heilpraktiken. Im 14. Jahrhundert verdrängte die Prophetenmedizin die wissenschaftliche Heilkunde ganz.

Arabische Medizin in Spanien

Die Ausbreitung des islamischen Reichs nach Westen begann Anfang des 8. Jahrhunderts. Nach den großen Eroberungen in Asien und Afrika griff der Islam auch auf Süditalien, Sizilien, Malta und Andalusien über. Schon bald war die iberische Halbinsel bis zu den Pyrenäen – mit Ausnahme eines schmalen Streifens im Nordwesten Spaniens – in arabischer Hand. Der Schwerpunkt der islamischen Kultur verlagerte sich damit zunehmend in das islamische Umaijadenreich Andalusiens. Durch die unmittelbare Berührung mit der christlichen abendländischen Kultur begann nun ein neues Kapitel in der Philosophie- und Medizingeschichte: der Weg vom Morgenland zurück ins Abendland. Der Ring schloß sich, aber die geistige Substanz hatte verschiedenste Metamorphosen durchlebt.

In Andalusien entstand das gleiche Phänomen wie im Orient: Es entwickelte sich in wenigen Jahrzehnten eine außerordentliche kulturelle Blütezeit. Bezeichnend für diese Epoche sind nicht nur die künstlerischen maurischen Bauwerke, die Pflege der Landwirtschaft durch die Einführung der künstlichen Bewässerung, fremder Pflanzen und neuer Anbaumethoden sowie die intensive Beschäftigung mit Philosophie, Medizin, Astronomie und Mathematik, sondern es wehte dort bereits der Atem des Kosmopolitismus. Das maurische Spanien war eine damals beispiellose Oase des Friedens und der religiösen und kulturellen Verschmelzung. Mit größtmöglicher Toleranz lebten Araber, Juden und Christen zusammen, obwohl die christlichen Könige Spaniens immer wieder Krieg gegen die Araber führten.

756 wurde aus der umaijadischen Provinz das Emirat von Córdoba. Dort herrschte seit 749/50 der geflohene Umaijadenprinz Abdarrahman I. (731–788). Abdarrahman III. (889–961) proklamierte 929 Córdoba als Gegenkalifat zu Bagdad. 1031 löste sich das maurische Reich in viele kleine Fürstentümer auf, z.B. Granada, Sevilla, Toledo und Valencia. An diesem Schwachpunkt setzte die Reconquista an und eroberte Spanien Gebiet um Gebiet für die spanischen Könige zurück. Es begann mit Toledo im Jahre 1085 und endete mit der Vertreibung der Araber aus Granada 1492. Schon vorher hatte die Phase der beispiellosen Intoleranz der katholischen Kirche eingesetzt. Juden und Araber wurden verfolgt, während der Inquisition hingerichtet, oder sie wurden gezwungen, zum katholischen Glauben überzutreten. Im 16. Jahrhundert wurden sie gänzlich aus Spanien vertrieben.

Wissenschafts- und Handelszentrum des Umaijadenreichs war Córdoba, eine Kulturmetropole mit zeitweise einer Million Einwohnern. Auch nach dem Ende des Kalifats blieb diese Stadt geistiges Zentrum. Erst als die Christen 1236 Córdoba erobert hatten, verfiel und verarmte die Stadt. Zentrum der geistigen Metropole war die Mezquita, eine Moschee, die nicht nur 50.000 Moslems Platz bot, sondern auch Ort der Wissenschaft war, an dem gelernt und gelehrt wurde. Im Mittelpunkt dieser wissenschaftlichen Tätigkeit stand die Heilkunde.

Da die meisten Schriften der Antike übersetzt in Bagdad und in anderen islamischen Städten vorlagen, brauchte man für ihren Gebrauch im maurischen Spanien keine neue Übersetzung anzufertigen, sondern sie nur abzuschreiben und nach Spanien zu bringen. Dieser Aufgabe widmete sich vor allem Hakam II. während seiner Regierungszeit (961–976). Er schickte Kopisten nach Bagdad, Damaskus und Kairo, und so wurden in Kürze fast alle damals verfügbaren Werke der Antike, die in arabischer Übersetzung vorlagen, sowie die originären arabischen Werke kopiert und nach Córdoba gebracht. In der Bibliothek in Córdoba wurden schon bald 500.000 Bücher aufbewahrt. Damit waren die antiken Werke über den Orient zurück nach Europa gelangt, flossen aber noch nicht ins christliche Abendland ein.

Als berühmte arabische Ärzte wirkten in Spanien z.B. der Leibarzt Hakam II., Abu l-Qasim (lat. Abulcasis, †1009), der 30 Bücher, vor allem über Chirurgie, verfaßt hatte und Ibn Ruschd (lat. Averroes, 1126–1198). Der eher als Philosoph bekanntgewordene Averroes war ein großer Verehrer von Aristoteles und hat 38 Kommentare zu den aristotelischen Schriften verfaßt. Die Anregung zu diesen Kommentaren ging vom marokkanischen Almohadensultan Abu Ja'kub Jusuf in der Mitte des 12. Jahrhunderts aus. Dessen Leibarzt, Ibn Tufail, veranlaßte eine Begegnung zwischen dem Sultan und dem jungen Averroes:

„Von der ersten Begegnung mit dem Kalifen besitzen wir einen kurzen Bericht, den ein Schüler Ibn Ruschds von seinem Lehrer gehört haben will: ‚Als ich beim Beherrscher der Gläubigen eintrat, fand ich ihn allein mit Ibn Tufail [...] Nachdem er mich nach meinem Namen, dem Namen meines Vaters und meiner Familie gefragt hatte, eröffnete der Emir das Gespräch mit der Frage: ‚Welche Meinung haben die Philosophen vom Himmel? Ist er eine ewige Substanz oder hatte er einen Anfang in der Zeit?‘ Ich war von Furcht ergriffen und suchte einen Vorwand, um nicht antworten zu müssen; ich leugnete, mich jemals mit Philosophie beschäftigt zu haben. Ich wußte nicht, ob er mit Ibn Tufail verabredet hatte, mich auf die Probe zu stellen. Der Beherrscher der Gläubigen verstand meine Schwierigkeiten, wandte sich Ibn Tufail zu und begann, über die Frage, die er mir gestellt hatte, einen kleinen Vortrag zu halten. Er legte alles dar, was Aristoteles, Platon und die anderen Philosophen über diesen Gegenstand gesagt hatten; unter anderem trug er auch die Argumente der muslimischen Theologen gegen die Philosophen vor. Ich bemerkte, daß er über ein Wissen verfügte, das ich selbst bei den Gelehrten, die sich ständig mit diesen Dingen beschäftigen, nicht erwarten würde. Der Emir verstand es auf diese Weise, mir meine Furcht zu nehmen, so daß ich selbst zu sprechen begann und er sehen konnte, über welche philosophischen Kenntnisse ich verfügte.'

Kurze Zeit später wurde Ibn Ruschd zu Ibn Tufail gerufen, der ihm erzählte, er habe heute den Beherrscher der Gläubigen Klage führen hören über die dunkle Ausdrucksweise des Aristoteles und seiner Übersetzer. Der Emir habe den Wunsch, jemand möge diese Bücher kommentieren, sie so den Menschen leichter zugänglich machen. Er selbst, meinte Ibn Tufail, sei zu alt, um sich dieser Aufgabe zu unterziehen; Ibn Ruschd jedoch sei genau der richtige Mann. ‚Auf diese Weise', so Ibn Ruschd, ‚bin ich dazu gekommen, die Bücher des Aristoteles zu kommentieren.'" (Wilderotter, S.133 f.) (Über die unterschiedliche bzw. scheinbar gegensätzliche Auffassung von Averroes und Thomas von Aquin über den Verstand, die kosmische Intelligenz und die persönliche Unsterblichkeit lesen Sie bitte im Artikel von Frank Linde in diesem FLENSBURGER HEFT.)

Übersetzungen ins Lateinische

Die antiken und arabischen Geistesschätze eroberten allmählich auch den lateinischen Sprachraum. Das erfolgte über zwei Zentren: Spanien sowie Sizilien und Süditalien.

So wie es in der zweiten Hälfte des ersten Jahrtausends Grenzgänger zwischen den Kulturen gab, Menschen, die Brücken zwischen der hellenistischen und arabischen Kultur geschlagen haben, so gab es in der ersten Hälfte des zweiten Jahrtausends ebenfalls Brückenbauer, die dem damaligen Europa die arabische Kultur vermittelten. Einer von ihnen war der aus Karthargo stammende Moslem Constantinus Africanus (1018–1087), der zum Christentum konvertierte und 1067 Benediktinermönch in Monte Cassino wurde. Von Beruf war er Arzneimittelhändler, und er lernte auf

Constantinus Africanus

seinen Reisen Griechisch und Latein. Er hat einen wesentlichen Teil der arabischen Medizintexte ins Lateinische übersetzt; z.B. die Fieber-, die Urinschrift sowie die über Diätetik von Isaac Judaeus, die medizinische Enzyklopädie von al-Abbas und Werke von al-Dschazzar.

Basierend auf diesen Übersetzungen entstand der Ruhm der Medizinschule von Salerno im 12. Jahrhundert. An dieser medizinischen Hochschule wurden die Grundlagen der weltlichen Schulmedizin gelegt, und sie ermöglichte zum ersten Mal in einem nichtarabischen Land das Medizinstudium, das das antike Wissen miteinbezog. Anatomie und Chirurgie waren Schwerpunkte des salernitanischen Lehrbetriebs, auch Tiersektionen wurden durchgeführt, und um 1200 entstand dort das „Antidotarium Nicolai", ein über Jahrhunderte benutztes Apothekerhandbuch.

Diese erste europäische Universität soll sogar Roger II. (1130–1154), den König von Sizilien, in der Weise beeinflußt haben, daß er 1140 eine erste einfache Approbationsordnung für Ärzte erließ. Aber bereits im 13. Jahrhundert ging die Glanzzeit Salernos zu Ende, und die Universitäten von Padua und Montpellier übernahmen die geistige Führerschaft.

Das zweite Zentrum von Übersetzungen aus dem Arabischen ins Lateinische war Spanien. 1085 wurde Toledo im Zuge der Reconquista erobert und von Alfons VI. zur Hauptstadt Kastiliens erhoben. Toledo war in der arabischen Zeit neben Córdoba wichtigstes Zentrum wissenschaftlicher Forschung, und so entfalteten sich hier nach der Eroberung enorme Übersetzungsaktivitäten. Aus vielen Ländern Europas, besonders aus Italien und England, kamen die Gelehrten, um die arabischen Weisheiten zu sichten und zu übersetzen. Von hier aus hielt das von den Arabern bewahrte Wissen Einzug in das mittelalterliche europäische Abendland.

Der Förderer dieser Arbeit war der Erzbischof Raimund von Toledo (1125–1151). An der von ihm gestifteten Übersetzerschule von Toledo arbeiteten jüdische, christliche und moslemische Gelehrte. Es wurden Texte von ar-Razi, Ibn Sina, Abu l-Qasim, Aristoteles, Hippokrates und Galen übersetzt. Bedeutendster Übersetzer war der Leiter dieser Schule, der Italiener Gerhard von Cremona (1135–1187): Er übersetzte z.B. den „Kanon der Medizin" Ibn Sinas, das „Lehrbuch der Medizin" von ar-Razi, die medizinische Enzyklopädie von Abu l-Qasim und Schriften Galens.

Ein anderer bedeutender Übersetzer war Michael Scotus, der in Toledo mit Hilfe eines spanischen Juden aus dem Arabischen übersetzte. Später ging er nach Rom und wurde ab 1227 Hofphilosoph Friedrichs II. in Palermo. Dort übersetzte er sieben der 38 Aristoteles-Kommentare des Averroes.

Manche der Texte wurden zuerst ins Kastilische übersetzt, ehe man sie in die lateinische Sprache übertrug. Allgemein läßt sich sagen, daß die Übersetzungen wegen der ungenügenden Kenntnis der Sprachen teilweise sehr mangelhaft waren. Man übernahm z.B. einzelne Wörter aus dem Arabischen, ohne sie überhaupt zu übersetzen. Erst im 13. Jahrhundert wurden die Übersetzungen neu überarbeitet, oder es wurde direkt aus dem Griechischen übersetzt, soweit die Quellen noch zugänglich waren. Im 14. Jahrhundert stellte man die Übersetzungsarbeiten weitgehend ein.

Nach und nach zog das Geistesgut der Antike und der arabischen Wissenschaftler ins europäische Geistesleben ein, z.B. an die ersten Universitäten. 1111 entstand in Bologna eine Juristenuniversität, 1187 bildete sich in Montpellier aus der dortigen Ärzteschule eine medizinische Universität, in Paris wurde 1200 eine Theologen- und Artistenuniversität eröffnet, und 1224 gründete Friedrich II. in Neapel die erste staatliche Universität. Studienfächer waren die Artes liberales: Grammatik, Rhetorik, Dialektik, Geometrie, Arithmetik, Astronomie und Musik. An den medizinischen Universitäten kamen Anatomie, Pathologie, Therapie und Hygiene hinzu.

Klostermedizin

Mitteleuropa war bis zur Jahrtausendwende weitgehend Entwicklungsland. Das Gros der Bevölkerung bestand aus Bauern, die in Dörfern lebten, denn die meisten Städte wurden erst im 12. Jahrhundert gegründet. Von medizinischer Grundversorgung konnte keine Rede sein, und man stützte sich auf volkstümliche oder magische Heilmethoden.

Zentren der Heilkunst waren eigentlich nur die Klöster. Man versorgte nicht nur die eigenen Leute, sondern auch die Bevölkerung in eigens dafür eingerichteten Krankenstuben. In dem Akt christlicher Nächstenliebe liegt die eigentliche Bedeutung der Klostermedizin.

Mittelpunkt dieses barmherzigen Wirkens von Naturheilkunde und Krankenpflege war Hildegard von Bingen (1098–1179), eine Schwester des Benediktinerordens. Im Zeitalter des aufkommenden Arabismus verkörperte diese erste deutsche Ärztin und Apothekerin den Höhepunkt der Klostermedizin. Sie verfaßte viele Schriften, die auf der Humoralpathologie Galens basierten und in denen sie den Menschen in den Mittelpunkt der christlichen Schöpfung stellte. Krankheiten erklärte sie als Folge des Sündenfalls oder Übertretung der Gebote.

Sie entwickelte eine Ganzheitsmedizin, denn alle Krankheiten basierten ihrer Ansicht nach auf einem physisch-psychischen Wechselspiel: Körperliche Leiden können seelische Krankheiten hervorrufen und umgekehrt.

Die sogenannte Hildegard-Medizin erlebt heute eine Renaissance und wird in Kreisen der Naturheilbewegung als Alternative zur modernen Medizin gesehen.

Sind wir alle Arabisten?

Ziehen wir jetzt noch kurz Fazit und blicken zurück: Zum einen haben wir eine kulturelle Blüte und Konzentration von Weisheit im Orient, zum anderen haben wir Rudolf Steiners Aussagen, daß sich durch das Einwirken Soraths im 7. Jahrhundert zumindest ein Abglanz seiner Wirkungen in den arabischen Wissenschaften niedergeschlagen habe. Leider drückt Steiner diese Zusammenhänge in manchen Vorträgen – ähnlich wie in der zitierten anthroposophischen Sekundärliteratur – sehr einseitig, mißverständlich und wohl auch unzutreffend aus. Ich denke dabei vor allem an die beiden Vorträge vom 11. und 12.09.1924 aus dem Zyklus „Apokalypse und Priesterwirken“ (GA 346). Er spricht in diesen Vorträgen davon, daß der Islam die stärkste Polarität zum Christentum sei und in ihm der Wille zum Beseitigen aller Freiheit liege. Im Arabismus liege die Gefahr, das Geheimnis der Sonne als Geheimnis des Christus zu vergessen. Hinter den Kulissen der arabischen und mohammedanischen Taten wirke Sorath, der Sonnendämon. Steiner spricht weiterhin darüber, daß der Apokalyptiker Johannes die Vertreter des Arabismus in Europa als dem Sonnendämon ergebene Menschen bezeichnet hätte, daß aus dem Arabismus alles aufsteige, was den Menschen in seinen Anschauungen und Willensimpulsen an die Tierheit heranbringe, und daß der Arabismus die Lehre des Sonnendämons sei. (vgl. GA 346/1995/12.09.1924/S.117)

Aus diesen Äußerungen ergeben sich viele Probleme. Allgemein unterscheidet Steiner in vielen Vorträgen nicht sauber zwischen Arabismus, Islam und Mohammedanismus, mischt diese Begriffe mitunter sogar willkürlich bzw. erweckt den Eindruck, sie seien beliebig austauschbar. In manchen Vorträgen und Schriften differenziert er aber sorgfältiger. Arabismus ist für ihn die Wissenschaft und eine damit zusammenhängende Art des Denkens, die von Gondischapur ausging, in der Zeit des Kalifats in Bagdad von vielen Menschen weiter ausgebildet wurde und sich im Laufe der Jahrhunderte zu der heutigen einseitigen, den Geist ausschließenden Naturwissenschaft entwickelt hat.

Der Begriff Islam wird heutzutage religiös, aber auch politisch und kulturell verwendet. Islam bedeutet Ergebung, und darin drückt sich die Haltung der Gläubigen Allah gegenüber aus. Es müßte näher untersucht werden, wie Steiner diesen Begriff im einzelnen charakterisiert. Beschränken wir uns darauf, daß er darunter die Religion der Moslems versteht.

Mohammedanismus ist ohnehin ein problematischer Begriff, denn nicht Mohammed steht im Mittelpunkt der islamischen Religion, sondern Allah. Mohammed ist lediglich sein Gesandter.

Steiner nährt mit den Äußerungen aus GA 346 leider Vorurteile und leichtfertige Kombinationen, daß Sorath, das Tier, das Böse schlechthin von Gondischapur ausgehend angeblich im Islam, in den arabischen Wissenschaften und unter den Moslems wirke bzw. gewirkt habe. So zu kombinieren wäre fatal, unheilvoll, beleidigend und falsch. Leider finden sich bei einigen anthroposophischen Autoren – wie im voranstehenden Artikel dargestellt; und es könnten noch mehr Autoren genannt werden – bedenkliche Vorurteile.

Im Band „Anthroposophische Leitsätze" (GA 26) kann man Steiners wirkliche Ansicht nachlesen. Dort liegt sein geschriebenes Wort vor, nicht aber eine vielleicht etwas unbedachte oder womöglich auch falsch überlieferte Vortragsäußerung. In dem Kapitel „Das scheinbare Erlöschen der Geist-Erkenntnis in der Neuzeit“ (GA 26/1982/S.243 ff.) schildert er, wie die Menschen in älteren Zeiten durch ihre Erkenntnis in einer bewußten und lebendigen Berührung mit der geistigen Welt gestanden hätten. Seit einigen Jahrhunderten habe sich aber die Richtung der Erkenntnis geändert: Man erforschte die Natur und richtete seinen Blick nicht mehr auf die geistige Welt. Dadurch sei ein Bruch zwischen dem geistigen Leben des Menschen und dem Naturerkennen entstanden, und das Geistige lebte nur noch in der Tradierung alter Zusammenhänge:

„Entzwei gespalten wurde das menschliche Seelenleben. Vor dem Menschen stand die Natur-Erkenntnis, immer weiter strebend auf der einen Seite, in lebendiger Gegenwart sich entfaltend. Auf der anderen Seite war das Erleben eines Verhältnisses zur geistigen Welt, für das die entsprechende Erkenntnis in älteren Zeiten erflossen war. Für *dieses* Erleben verlor sich allmählich alles Verständnis, wie die entsprechende Erkenntnis in der Vorzeit zustande gekommen ist. Man hatte die Überlieferung, aber nicht mehr den Weg, auf dem die überlieferten Wahrheiten *erkannt* worden sind. Man konnte nur an die Überlieferung *glauben.*

Der Mensch, der sich in voller Besonnenheit etwa um die Mitte des neunzehnten Jahrhunderts die geistige Situation überlegte, hätte sich sagen müssen: Die Menschheit ist dazu gekommen, sich nur noch für fähig zu halten, eine Erkenntnis zu entfalten, die mit dem Geiste nichts zu tun hat. Was über den Geist gewußt werden kann, hat eine frühere Menschheit erforschen können; die Fähigkeit zu dieser Erforschung ist aber der menschlichen Seele verlorengegangen.“ (ebd./S.243 f.)

Im weiteren geht Steiner auf die Akademie von Gondischapur und das hellenistische Geistesleben ein, das von der Strömung des Arabismus aufgenommen wurde. Diesen Arabismus und die Menschen, die in dieser Strömung stehen, kennzeichnet Steiner folgendermaßen:

„Der Arabismus ist nach der einen Seite seines Wesens eine verfrühte Entfaltung der Bewußtseinsseele. Er bot durch das in der Richtung der Bewußtseinsseele zu früh wirkende Seelenleben die Möglichkeit, daß sich in ihm von Asien aus über Afrika, Südeuropa, Westeuropa eine geistige Welle ergoß, die gewisse europäische Menschen mit einem Intellektualismus erfüllte, der erst später kommen durfte; Süd- und Westeuropa bekamen im siebenten, achten Jahrhundert geistige Impulse, die erst im Zeitalter der Bewußtseinsseele hätten kommen dürfen.

Diese geistige Welle konnte das Intellektuelle im Menschen wecken, nicht aber das tiefere Erleben, durch das die Seele in die Geist-Welt taucht.“ (ebd./S.245)

Es geht also nicht um etwas an sich Böses, sondern um eine zu früh eingesetzte Entwicklung. Vom Islam ist keine Rede, und die Menschen, die Steiner der arabistischen Strömung zuordnet, bezeichnet er – wie auch an anderer Stelle – als europäische Menschen. Vielleicht meint er damit auch die Bewohner des maurischen Spaniens, vielleicht auch die in Europa wiederverkörperten Araber, aber wahrscheinlich ist doch wohl, daß wir alle angesprochen sind, die in der naturwissenschaftlichen Strömung der Neuzeit drinnenstehen. Auf jeden Fall meint Steiner nicht ausschließlich die Moslems oder die Araber zur Zeit des Kalifats in Bagdad.

Im weiteren beschreibt Steiner die Art der Wirkung des Arabismus bzw. der intellektuellen Denkart auf den Menschen, z.B. in der Zeit der Scholastik:

„Wenn nun der Mensch im fünfzehnten bis zum neunzehnten Jahrhundert sein Erkenntnisvermögen in Tätigkeit brachte, so konnte er nur bis zu einer Seelentiefe untertauchen, in der er noch nicht auf die geistige Welt stieß.

Der in das europäische Geistesleben einziehende Arabismus hielt die erkennenden Seelen von der Geist-Welt zurück. Er brachte – verfrüht – den Intellekt zur Wirksamkeit, der nur die äußere Natur fassen konnte.

Und dieser Arabismus erwies sich als sehr mächtig. Wer von ihm erfaßt wurde, in dem begann ein innerer – zum großen Teile ganz unbewußter – Hochmut die Seele zu ergreifen. Er empfand die Macht des Intellektualismus, aber er empfand nicht das Unvermögen des *bloßen* Intellektes, in die Wirklichkeit einzudringen. So überließ er sich denn der äußeren sinnenfälligen Wirklichkeit, die sich durch sich selbst vor den Menschen hinstellte; aber er kam gar nicht darauf, an die geistige Wirklichkeit heranzutreten.

Dieser Lage sah sich das mittelalterliche Geistesleben gegenüber. Es hatte die gewaltigen Überlieferungen von der Geist-Welt; aber sein Seelenleben war durch den – man möchte sagen: im geheimen – wirkenden Arabismus intellektualistisch so imprägniert, daß sich der Erkenntnis kein Zugang bot zu den Quellen, aus denen der Inhalt dieser Überlieferung doch zuletzt stammte.

Es kämpfte nun vom frühen Mittelalter an das, was instinktiv in den Menschen als geistiger Zusammenhang gefühlt wurde, mit der Gestalt, die das Denken durch den Arabismus angenommen hatte.“ (ebd./S.245 f.)

In einem Vortrag, den Steiner den Ärzten und Medizinstudenten in Dornach gehalten hat, spricht er auch über die Strömung des Arabismus – vor allem in bezug auf die Medizin – und stellt ihr den noch zu erarbeitenden christlichen Heilerwillen gegenüber, der bei richtigem Verständnis des Lukasevangeliums entwickelt werden könne. In der heutigen Medizin und Naturwissenschaft lebe der Arabismus unter Ausschluß des Christentums. Die heutige Medizin stütze sich nur auf die Vererbungskräfte der Menschen, nicht aber auf seine Verbindung zum gesamten Kosmos. Ein christlicher Heilerwille könne aber dadurch entwickelt werden, daß man bei der Krankheit eines Menschen vor allem seine Individualität und sein Karma berücksichtige. (vgl. GA 316/1980/24.04.1924)

Da die oben beschriebene Art zu denken – die ganze Verstandeskraft auf die Sinneswelt und nicht mehr auf die Geisteswelt zu richten – fast unsere gesamte heutige Kultur und Wissenschaft zuwege gebracht hat, und da Steiner diese Denkungsart als Arabismus bezeichnet, wären wir in diesem Sinne heute alle mehr oder weniger Arabisten. Insofern wirkt der Abglanz der Wirksamkeit Soraths in uns, in unserer westlichen Zivilisation, in unserem Denken und nicht in dem der Moslems oder nur in dem der arabischen Wissenschaftler und Philosophen des Kalifats in Bagdad oder des maurischen Spaniens.

Etwas überzeichnet könnte man sogar fragen, ob wir nicht heute im christlichen Abendland eine islamische Religionsauffassung haben: Der Vatergott steht im Vordergrund, ein wirkliches Christus- und Auferstehungsverständnis fehlt weitestgehend, Jesus Christus wird lediglich als Mensch gesehen, und in großen Teilen der katholischen und orthodoxen Kirche finden wir eine überzeichnete Marienverehrung. Der Islam sieht in Allah den einzigen Gott, lehnt die Gottessohnschaft und Auferstehung Christi ab, verehrt aber im Koran sowohl Maria als auch Jesus (vgl. Fuhlendorf, S.124 und S.253 ff., und Linde, S.155 ff.)

Der Impuls von Gondischapur, der nur abgeschwächt zur Entfaltung gekommen ist, darf auf keinen Fall mit dem Bösen schlechthin gleichgesetzt werden. In ihm lag ein unzeitgemäßer Impuls, der die normale Entwicklung beschleunigen und vereinseitigen wollte. Die daraus entsprungene Geisteshaltung ist nicht per se böse, sondern sie kennzeichnet vorwiegend die eine Seite der Wirklichkeit. Zur Sprache der Naturwissenschaft muß also die Sprache der Geisteswissenschaft hinzugelernt werden, und beide Sprachen müssen fortan gesprochen werden.

Literatur:

Fuhlendorf, Hans-Diedrich: Rückkehr zum Paradies oder Erbauen des Neuen Jerusalem? Geschichtsbetrachtungen in apokalyptischer Zeit. Flensburg 1992.

Linde, Frank: „Christus Jesus, der Sohn Marias" – Das Jesusbild des Islam. In: FLENSBURGER HEFTE 39: Christus. Flensburg 1992.

Schipperges, Heinrich (a): Hippokrates. In: Wiench, P. (Hg.): Die großen Ärzte. München 1982.

Schipperges, Heinrich (b): Galenos. In: Wiench, P. (Hg.): Die großen Ärzte. München 1982.

Wilderotter, Hans: „Der hat den Grossen Kommentar gemacht" – Aristoteles, Averroes und der Weg der arabischen Philosophie nach Europa. In: Sievernich, G./Budde, H. (Hg.): Europa und der Orient: 800–1900. Gütersloh/München 1989.

Weitere Literatur:

Antes, Peter: Der Islam. Stuttgart/Berlin/Köln 1991.

Aronstam-Wieser, Hana: Die Jahresfeste in der Weisheit der hebräischen Sprache. Dornach 1996.

Cahen, Claude: Fischer Weltgeschichte. Der Islam I. Frankfurt a.M. 1984.

Crombie, Alistair C.: Griechisch-arabische Naturwissenschaften und abendländisches Denken. In: Sievernich, G./Budde, H. (Hg.): Europa und der Orient: 800–1900. Gütersloh/München 1989.

Ende, Werner/Steinbach, Udo: Der Islam in der Gegenwart. München 1991.

Geiss, Imanuel: Geschichte griffbereit. Bd. 1, Epochen. Die universale Dimension der Weltgeschiche. Dortmund 1993.

Khoury, Adel Theodor: Der Islam. Sein Glaube, seine Lebensordnung, sein Anspruch. Freiburg 1988.

Linde, Frank: Ergebnisse einer „anthroposophischen Forschung": Über das Wirken des Bösen am Jahrhundertende. In: Ravagli, L. (Hg.): Jahrbuch für anthroposophische Kritik 1993. München 1993.

Schöffler, Heinz Herbert.: Die Akademie von Gondischapur. Aristoteles auf dem Wege in den Orient. Stuttgart 1979.

Schott, Heinz: Die Chronik der Medizin. Dortmund 1993.

Speck, Josef (Hg.): Grundprobleme der großen Philosophie. Göttingen 1972.

Tibi, Bassam: Islamischer Fundamentalismus, moderne Wissenschaft und Technologie. Frankfurt a.M. 1992.

Michael und die Entwicklung der Intelligenz

Frank Linde

Versucht man, sich auf der Grundlage der Anthroposophie ein Bild über die geistige Situation der Menschheit am Jahrtausendende zu erarbeiten, wird deutlich, daß wir mit einem verstärkten Eingreifen der Widersachermächte zu rechnen haben, wie ich es in dem vorangegangenen FLENSBURGER HEFT nachgezeichnet habe.[1]

Das Bild aber bleibt unvollständig und einseitig, wenn nicht ebenso auf jene geistige Strömung hingeschaut wird, die den Menschheitsfortschritt im guten Sinne vorantragen möchte. Auch diese Strömung soll nach Aussagen Rudolf Steiners am Ende des 20. Jahrhunderts zu einem Höhepunkt ihres Wirkens kommen: Es handelt sich um die sogenannte „Michaelströmung", eine in der Geschichte seit Jahrhunderten wirkende geistige Strömung, die unter der Leitung des Erzengels Michael steht und die geistige Wesenheiten der höheren Hierarchien ebenso wie zahlreiche Menschen vereint. Den gewaltigen Eingriffen der Widersachermächte stehen damit jene Impulse gegenüber, die von der Michaelströmung ausgehen. Über diese hat Steiner erst in den letzten Monaten und Wochen vor seinem Tod gesprochen und auch geschrieben. Als Quellen stehen die Vorträge vom 01.07. bis 28.09.1924 (in GA 237, 238 u. 240) sowie zahlreiche Aufsätze über „Das Michael-Mysterium" vom 17.08.1924 bis 12.04.1925 (in GA 26) zur Verfügung. Aus diesen Bänden möchte ich einige Hauptmotive referieren, um dem Leser einen ersten Einblick in dieses weite Gebiet zu eröffnen, das im Hinblick auf die Auseinandersetzungen am Jahrtausendende von großer Bedeutung ist.

Rudolf Steiner behandelt die Thematik unter der Fragestellung nach den karmischen Zusammenhängen der anthroposophischen Bewegung, auf die ich aber nicht im Detail eingehen werde. Dafür erfährt der Leser einiges über Michaels Aufgabe im Zusammenhang mit der „kosmischen Intelligenz", sein Wirken vom vorangegangenen bis zum gegenwärtigen Michaelzeitalter und der übersinnlichen Vorbereitung der Anthroposo-

1. FLENSBURGER HEFTE 60: Die Impulse des Bösen am Jahrtausendende. Flensburg 1998.

phie, die am Ende des 20. Jahrhunderts nach Steiner eine „Kulmination" erfahren soll. All dies steht in Zusammenhang und ist abhängig vom Wirken der Menschen auf Erden. Blickpunktartig wird dazu auf die geistigen Impulse des Aristoteles und Alexanders, Harun ar-Raschids und Averroes' hingeschaut. Die Ausführungen münden schließlich in die Frage nach unseren eigenen inneren Lebensmotiven, die wir in der geistigen Welt im vorirdischen Dasein aufgenommen haben und die wir hier auf Erden wiederfinden und verwirklichen wollen.

Michael und die Erzengelherrschaften

Michael ist ein Wesen aus der Hierarchie der Archangeloi, der Erzengel. Während die Angeloi oder Engel, jene Hierarchie, die eine Stufe über dem Menschen steht, intim mit dem Menschen in Verbindung stehen, so daß sie ihn durch das Schicksal im Erdenleben leiten, sind die Erzengel mit größeren Menschengruppen verbunden. Als die „dirigierenden Volksgeister der Erde" wirken sie in den Impulsen, die im Leben und Charakter der Völker ihren Niederschlag finden. In der geistigen Atmosphäre der Erde wirken als nächsthöhere Stufe die Archai, die Geister der Persönlichkeit, mit ihrem Ich. Unter ihnen befinden sich die sogenannten Zeitgeister. Als „Geist der Epoche" gibt der Zeitgeist einer ganzen Kulturepoche die Gesamtsignatur.

In dem Wechselverhältnis des Menschen zu diesen Wesen der sogenannten dritten Hierarchie – Angeloi, Archangeloi, Archai – spielen sieben Erzengel eine besondere Rolle. Nach Steiner wird die Kulturentwicklung, die als Ganzes gesehen unter einem bestimmten Zeitgeistwirken steht, von den sieben Erzengeln Oriphiel, Anael, Zachariel, Raphael, Samael, Gabriel und Michael jeweils für etwa 300 Jahre geleitet. (vgl. Linde, S.174 ff.) Von ihnen gehen die für die jeweilige Zeit maßgeblichen Impulse für den Menschheitsfortschritt aus. Ihr Wirken steht damit in enger Beziehung zum umfassenderen, allgemeineren Wirken der Zeitgeister. Innerhalb einer Kulturepoche von 2.160 Jahren wechseln sich die sieben Erzengel nacheinander in dieser Herrschaft ab, so daß nach etwa 2.160 Jahren derselbe Erzengel wieder zur Herrschaft kommt.

Eine Aufstellung von 20 Erzengelperioden findet sich bereits in einer kleinen Schrift des Benediktiners Johannes Trithemius (1462–1516), zuletzt Abt in Würzburg, Lehrer und Freund von Agrippa von Nettesheim (1486–1535). In der Einleitung heißt es dort:

„Nach der allgemeinen Anschauung der Antike lenkt Gott, die höchste Intelligenz, die untere Welt durch die Vermittlung nachgeordneter Intelligenzen, die Geister der sieben Planeten, die schon am Beginn der Schöpfung eine hohe Stufe der Vollkommenheit erreicht haben. Diese Geister oder Erzengel der Planeten regeln den Lauf der Welt der Reihe nach in Perioden von 354 Jahren und 4 Monaten. Diese Anschauung, die auch in der Gegenwart von vielen Eingeweihten geteilt wird, soll hier vorgetragen werden." (zit. nach Hoerner, S.257)

Für Michael, den Erzengel der Sonne, sind drei Herrschaftszeiten angegeben: 3077–2723 v.Chr., 599–245 v.Chr. und 1879–2233 n.Chr. (vgl. ebd., S.258) Steiner bestätigt aus seiner okkulten Forschung, daß Michael im Jahre 1879 die geistige Lenkung der Menschheitsgeschichte übernommen hat. Seine Herrschaft wird bis zum Jahre 2300 dauern. Am Ende des 20. Jahrhunderts ist damit etwa ein Drittel des Michaelzeitalters, das nun seinem Höhepunkt entgegengeht, erreicht.

Nun kommt Michael eine besondere Stellung unter den anderen Erzengeln zu, denn er ist ihnen in seiner Entwicklung weit voraus. Steiner bezeichnet Michael als den Ranghöchsten, den Obersten und Fortgeschrittensten unter den Archangeloi. Seine Entwicklung ist so weit fortgeschritten, daß er inzwischen zur Würde eines Zeitgeistes im Range eines Archai aufgestiegen ist. Er geht dadurch in eine leitende Stellung über, „wird eine leitende Wesenheit, wird Zeitgeist, leitende Wesenheit für die ganze Menschheit". (GA 152/1980/18.05.1913/S.60) Diese Rangerhöhung erfährt Michael, der in früheren Zeiten in einer besonderen Beziehung zu Jahve, dem Gott des Alten Testaments stand, dadurch, daß er jetzt zum Sendboten des Christus geworden ist:

„Das ist das Neue, das Große, was wir für uns in ein Gefühl verwandeln sollen. Wenn man früher sprechen konnte von Jahve-Michael, dem Leiter des Zeitalters, können wir jetzt sprechen von dem Christus-Michael. Michael hat eine Erhebung in eine höhere Stufe, vom Volksgeist zum Zeitgeist durchgemacht dadurch, daß er vom Sendboten Jahves zum Sendboten des Christus geworden ist." (ebd./20.05.1913/S.72)

Merkmale der Michaelherrschaft

Die verschiedenen Erzengelherrschaften unterscheiden sich sehr wesentlich voneinander. So ging dem jetzigen Michaelzeitalter die Herrschaft des Erzengels Gabriel voran. Die von ihm ausgehenden Kräfte wirken in allem, was als Geistiges der physischen Fortpflanzung zugrunde liegt. Michael hat dagegen vor allem mit den geistigen, den intellektuellen und gedankenbezogenen Fähigkeiten des Menschen zu tun. Er wirkt in allem, was die geistige Kultur und die geistige Entwicklung der Menschheit betrifft, wie sie in der Philosophie, der Wissenschafts- und Kunstentwicklung zum Ausdruck kommt.

Ein zweites Grundmerkmal der Michaelherrschaft ist das sogenannte „kosmopolitische Prinzip", man könnte es ein allgemein-menschlich wirkendes Prinzip nennen. Gabrielherrschaft zieht immer ein die Menschen Trennendes, Differenzierendes nach sich. Die Ausbreitung der nationalistischen Tendenzen des 19. Jahrhunderts, d.h. im bereits begonnenen Michaelzeitalter, bezeichnete Steiner als „Nachwehen des Gabrielzeitalters". Erst im Laufe der Zeit machen sich mehr und mehr die Impulse Michaels geltend:

„Immer aber dann, wenn das Michael-Zeitalter anfängt, beginnt für die Menschheit auf der Erde eine Sehnsucht, alle völkischen Unterschiede zu überwinden und über die verschiedenen Völker, die zu dieser Zeit die Erde bevölkern, dasjenige auszubreiten, was als die höchste Kultur, als der höchste Geistesinhalt in einem bestimmten Zeitalter entstanden ist. Die Michael-Herrschaft bezeichnet immer das Überhandnehmen eines kosmopolitischen Prinzips, bezeichnet immer die Ausbreitung eines höchsten Geistesstandes auf der Erde unter denjenigen Völkern – gleichgültig, welche Sprache sie haben –, die für diesen Geistesstand zugänglich sind." (GA 240/1977/19.07.1924/S.165 f.)

Das nächste, vor dem unsrigen liegende Michaelzeitalter endete nach Steiner 200 v.Chr., reichte also ins 5. bis 6. Jahrhundert der vorchristlichen Zeit zurück. Diese Epoche umfaßt die Blüte des griechischen Geisteslebens. Man kann sie als die Zeit des Erwachens des menschlichen Gedankenlebens bezeichnen. Sie setzt mit Pherekydes und Thales (?650–560 v.Chr.) ein und erreicht in Plato (427–347 v.Chr.) und Aristoteles (384–322 v.Chr.) ihren Höhepunkt. Dieses Michaelzeitalter fand nach Steiner in den kosmopolitischen Taten der Alexanderzüge seinen Abschluß.

Es sei nur kurz daran erinnert, wie eng Plato, Aristoteles und Alexander der Große (356–323 v.Chr.) miteinander verbunden waren. Aristoteles, 384 v.Chr. in Stagira in Makedonien geboren, kam mit 18 Jahren nach Athen und wurde der größte Schüler Platos. 20 Jahre lang war er Schüler der Platonischen Akademie. Nach dem Tod Platos weilte Aristoteles zunächst drei Jahre in Assos in Kleinasien, bis ihn im Jahre 343 König Philipp von Makedonien als Erzieher seines damals 13jährigen Sohnes Alexander an seinen Hof rief. So wurde Alexander durch Aristoteles der Zugang zur griechischen Bildung eröffnet. Nach dem Regierungsantritt Alexanders kehrte Aristoteles nach Athen zurück und eröffnete hier eine eigene Schule, Lykeion genannt.

Es war, wie Steiner in seinen Vorträgen ausführlich darstellt, ein umfassendes „Naturgeist-Wissen", das Aristoteles an seinen Schüler Alexander weitergegeben hatte. Auf dem Wege des großen Alexanderzuges gelangte dieses Wissen in den Orient. Rund 70 Städte hatte Alexander in den eroberten Gebieten gegründet, als erste und bedeutendste die Stadt Alexandria im Jahre 331. Was zunächst in Griechenland an Geisteskultur entwickelt worden war, erfuhr auf diese Weise eine kosmopolitische Ausbreitung: „Und als die Stadt Alexandria im Norden von Afrika aufblüht, da ist dieses Aufblühen in einem gewissen Sinne die Krönung jenes damaligen Michael-Zeitalters." (ebd./S.166)

Michaels Aufgabe: die Verwaltung der kosmischen Intelligenz

Für uns ist es eine selbstverständliche Gewißheit, daß wir unsere Gedanken und Ideen selbst hervorbringen. Jeder Mensch hat heute das Gefühl: Ich bilde die Gedanken. In früheren Zeiten war das anders, da trat die Ideenwelt wie „von oben", durch Inspiration an den Menschen heran. Der Mensch nahm den Gedanken außerhalb seiner selbst wahr, er empfing die Ideen aus dem geistigen Inhalt des Kosmos. Dieses Erleben war, wie wir noch sehen werden, auch noch in der Alexanderzeit vorherrschend, und Nachklänge davon haben sich bis in die nachchristliche Zeit erhalten. Worauf beruht die Veränderung des Denkens?

Wenn es auch richtig ist, daß wir heute die Gedanken durch eigene innere *Tätigkeit* hervorbringen, so müssen wir andererseits zugeben, daß der *Inhalt* der Gedanken viel weniger von uns abhängig ist als von der äußeren Welt. Denn wir gewinnen ihn anhand der Beobachtung und Wahrnehmung der Sinneserscheinung. Wie uns durch die Wahrnehmung Farben und Töne usw. der Außenwelt erfahrbar werden, so durch das Denken der gedankliche Zusammenhang, der aber nicht von uns selbst abhängig ist, sondern von den Sinneserscheinungen selbst. Die Gedanken sind im Sinne von Steiners Erkenntnistheorie gewissermaßen in den Dingen selbst enthalten. Was sich auf diese Weise als das innere, unsichtbare, nur dem Denken zugängliche Wesen der äußeren Dinge zeigt, ist in Wahrheit geistiger Natur. Von der geistigen Welt heißt es schon in Steiners Buch „Theosophie“ (GA 9), daß sie aus demselben Stoff gewoben sei, aus dem der menschliche Gedanke bestehe. Doch verhalte sich der Gedanke nur wie ein Schattenbild seiner wirklichen Wesenheit. „Wenn nun der *geistige* Sinn des Menschen erweckt ist, dann nimmt er diese Gedankenwesenheit wirklich wahr, wie das sinnliche Auge einen Tisch oder einen Stuhl wahrnimmt. Er wandelt in einer Umgebung von Gedankenwesen.“ (GA 9/ 1987/S.121)

Es sind also geistige Wesenheiten, die aus Gedankensubstanz bestehen und in der Natur und den Naturkräften wirken. Steiner führt dazu an anderer Stelle aus:

„Gedanken, welche Wesen sind, sprechen mit anderen Gedanken, welche auch Wesen sind.

Das menschliche Gedankenleben ist das Spiegelbild dieses geistigen Gedankenwesenlebens.“ (GA 17/Tb. 1972/S.125)[2]

Mit dem in der Welt ausgebreiteten Gedankeninhalt, wir können jetzt sagen, den lebendigen schaffenden Gedankenwesen der geistigen Welt, haben wir den Begriff der „kosmischen Intelligenz“ annähernd erfaßt. Michaels Aufgabe ist es, diese kosmische Intelligenz zu verwalten:

„Nun müssen wir bedenken, was Michael eigentlich im Ganzen des geistigen Kosmos zu verwalten hat: Er hat dasjenige zu verwalten, was zwar spirituell ist, was aber dann gipfelt in dem intellektuellen Begreifen des Menschen. Michael ist nicht etwa derjenige Geist, welcher die Intellektualität pflegt; aber alles, was er gibt als Spiritualität, das will in Form von Ideen, in Form von Gedanken – aber in Form von Ideen und Gedanken, die das Geistige ergreifen – der Menschheit einleuchten. Michael will, daß der Mensch ein freies Wesen ist, das in seinen Begriffen und Ideen auch einsieht, was ihm als Offenbarung von den geistigen Welten aus wird.“ (GA 240/1977/19.07.1924/S.166 f.)

Die kosmische Intelligenz als Sonnenintelligenz

Als ein weiterer Gesichtspunkt muß hinzugefügt werden, daß die geistigen Wesenheiten das Geistig-Innere dessen darstellen, was wir als Kosmos verstehen. Wo wir das äußere Dasein der Planeten und Sterne wahrnehmen, deren Bewegungen und Konstellationen, schaut der geistig Wahr-

2. Diesen Zusammenhang habe ich in FLENSBURGER HEFTE 60 näher dargestellt. (siehe Linde, S.35 f.)

nehmende das Wirken der höheren Hierarchien. Schaut dieser zu einem Stern hinauf, so ist das Physische nur wiederum das Äußere; das Innere aber erscheint ihm als eine Ansammlung von wirkenden geistigen Wesen.

Im Hinblick auf die Erde kommen zunächst die Verhältnisse unseres Planetensystems mit dem Zentralgestirn der Sonne in Betracht. Mit der Sonne und den Planeten sind jeweils verschiedene geistige Wesenheiten verbunden: Steiner spricht von Sonnenintelligenz und Planetenintelligenzen, die zusammen die kosmische Intelligenz bilden. Und so wie die äußere Sonne im Mittelpunkt unseres Planetensystems steht, so kommt auch der geistigen Sonne eine zentrale Mittelpunktstellung zu. Die Sonnenintelligenz wird von Michael verwaltet, während die Planetenintelligenzen unter der Herrschaft der sechs anderen Erzengel stehen.[3]

„Aber es war immer so, meine lieben Freunde, daß man nicht sagen konnte, Michael verwalte die Sonnenintelligenz allein. Sondern die ganze kosmische Intelligenz ist spezifiziert in Sonnenintelligenz und in den planetarischen Intelligenzen: Merkur, Venus, Mars und so weiter. Die kosmische Intelligenz wird von den einzelnen Wesen der Archangeloi-Hierarchie mitverwaltet, aber über allen zusammen waltet immer wieder Michael, so daß die gesamte kosmische Intelligenz von Michael verwaltet wird." (GA 237/1975/08.08.1924/S.170)

In manchen Redewendungen kommt der Zusammenhang unserer Intelligenz mit der Sonne bzw. dem Lichtelement bildhaft zum Ausdruck. Wenn wir eine „zündende Idee" gefaßt haben, für die wir uns „be-geistern", sprechen wir auch von „Geistesblitz"; haben wir einen Gedankengang verstanden, sagen wir: „Das leuchtet ein", oder: „Es ist mir ein Licht aufgegangen." In der „Besonnenheit" kommt schließlich eine seelische Haltung zum Ausdruck, die darauf deutet, daß wahre Sonnenintelligenz nicht eine Sache des kühlen Kopfes ist, sondern des Herzens. Vergleichsweise könnte man sagen: So wie die äußere Sonne alles sichtbar macht, so daß wir die Dinge der Welt in ihren Farben und Gestaltungen wahrnehmen können, so erhellt uns die innere Geistessonne unser Denken und unser Herz, damit wir die Welt verstehen.

Wenn wir von der kosmischen Intelligenz sprechen, die Michael als ein Sonnengeist zu verwalten hat, so zeigt sich diese kosmische Intelligenz in ihrer Realität als die „gegenseitigen Verhaltungsmaßregeln der höheren

3. Merkur – Raphael   Jupiter – Zachariel
Venus – Anael   Mond – Gabriel
Mars – Samael   Saturn – Oriphiel

Hierarchien". Darüber hinaus stellt sie eine intellektuelle Welle dar, die von der Sonne aus auf die Erde strömt. Steiner führt dazu aus:

„Was ist denn Intelligenz? Man darf sich natürlich nicht vorstellen, wenn man hinaufkommt in die höheren Reiche, daß man da die Intelligenz so greife, wie man hier in der physischen Welt Bäume und Sträucher greift. Was ist das: ‚Intelligenz'? Solche Allgemeinheiten gibt es natürlich nicht in Realität. Intelligenz sind die gegenseitigen Verhaltungsmaßregeln der höheren Hierarchien. Was die tun, wie sie sich zueinander verhalten, wie sie zueinander sind, das ist kosmische Intelligenz." (ebd./S.167 f.)

Und an anderer Stelle heißt es:

„Nun bestanden die Sonnenkräfte, wenn sie auf die Erde wirken, immer darinnen, daß sie zusammenhängen mit einer Impulswelle, die sich strömend in die Erdenzivilisation ergießt und die wir charakterisieren können als intellektuelle Welle. Denn alles, was der Mensch an Intellekt, was die Welt überhaupt an Intellekt hat, soweit unsere Welt in Betracht kommt, stammt von der Sonne. Die Sonne ist Quell alles Intellektuellen." (GA 240/1977/21.08.1924/S.236)

Damit ist zugleich auf den Zusammenhang des Sonnenmysteriums mit dem Christusmysterium gewiesen. Denn, man könne geradezu sagen, „Christus stamme aus der Sonne". (ebd.) Von jeher war der Logos der Führer der Sonnenwesen, und als der Geist der Sonne war er in früheren Zeiten mit ihnen verbunden. Zur Zeitenwende aber stieg das Sonnenwesen Christus auf die Erde hinab, um sich mit dem Leib des Jesus von Nazareth zu verbinden. Seit dem Mysterium von Golgatha lebt er in übersinnlicher Art mit der Menschenwelt zusammen. Christus ist der Geist der Erde geworden.

Der Weg der kosmischen Intelligenz vom Himmel zur Erde

Die Gedanken sind ursprünglich mit dem geistigen Wesen des Kosmos verbunden. Heute erfassen wir sie abgetrennt von den geistigen Wesen, die wir nicht mehr wahrnehmen. Sie haben sich von diesen losgelöst, um irdisch-menschlicher Besitz zu werden. Diesen Prozeß, der sich ganz allmählich vollzog, beschreibt Rudolf Steiner als das Herabsteigen der kosmischen Intelligenz vom Himmel auf die Erde. Stets war es Michaels Amt, die kosmische Intelligenz zu verwalten und diesen Prozeß zu begleiten.

In den „Anthroposophischen Leitsätzen" (GA 26) geht Steiner diesen Weg bis zu seinem Ursprung zurück. Ich möchte daraus einige zentrale

Bilder aufgreifen, die uns besonders den Zusammenhang von Michael, Ahriman und Christus mit der kosmischen Intelligenz nahebringen. Steiner versetzt uns auf diesem Weg an den Anfang des Weltenwerdens. Damals gab es weder die Erde noch die Sonne und die Sterne in ihrer heutigen Gestalt. Die Welt war ganz göttlich-geistiger Wesenheit. Von diesen geistigen Wesen, in denen auch der Mensch seinen Ursprung findet, strahlte die Intellektualität in den Kosmos aus. Sie war ganz in den Bereich des Götterhandelns eingebunden. Nur was die geistigen Wesen bei ihrem Tun erleben, komme in dieser Zeit in Betracht, und die Menschheit sei nur „in einer Ecke im Felde dieses Götterhandelns" bemerkbar. Sie sei nur ein Teil in dem Handeln der göttlich-geistigen Wesen. Schon in dieser ältesten Zeit hatte Michael die Aufgabe, die kosmische Intellektualität zu verwalten:

„Die geistige Wesenheit aber, die von Anfang an ihren Blick auf die Menschheit gelenkt hat, ist Michael. Er gliedert gewissermaßen das Götterhandeln so, daß in einer kosmischen Ecke die Menschheit bestehen kann. Und die Art, wie er sich da betätigt, ist verwandt dem Tun, das später im Menschen als Intellekt zur Offenbarung kommt; nur ist sie als Kraft betätigt, die in Ideenordnung durch den Kosmos strömt, Wirklichkeit verursachend. In dieser Kraft wirkt Michael. Die kosmische Intellektualität zu verwalten, ist sein Amt. Er möchte den weiteren Fortschritt auf seinem Gebiete. Und der kann nur darin bestehen, daß, was als Intelligenz durch den ganzen Kosmos wirkt, später sich konzentriert in der menschlichen Individualität." (GA 26/1982/S.88 f.)

Damit die kosmische Intelligenz menschlich-individuelle Intelligenz werden konnte, vollzog sich eine allmähliche, stufenweise „Ablösung der Intellektualität von ihrem kosmischen Tun bis zur Eingliederung in die menschliche Natur". (ebd.) Michael möchte diesen Weg so begleiten, daß die Intelligenz, die sich innerhalb der Menschheit entwickelt, in einem fortdauernden Zusammenhang mit dem göttlich-geistigen Wesen erhalten bleibe.

Dem aber steht der Widerstand der ahrimanischen Mächte entgegen. Bildlich gesprochen könnte man sagen, daß die ahrimanischen Wesen wahrnehmen, wie sich die kosmische Intelligenz von den Göttern löst, und indem sie aus dem Kosmos auf die Erde strömt, machen sich die ahrimanischen Wesen dieses zunutze:

„Und solche Wesenheiten sind vorhanden. Es sind die ahrimanischen Wesen. Sie sind ganz dazu veranlagt, alles, was sich als Intelligenz von den Göttern loslöst, in sich aufzusaugen. Sie sind dazu veranlagt, die Summe aller Intellektualität mit ihrem eigenen Wesen zu vereinigen. Sie werden damit die größten, die umfassendsten und eindringlichsten Intelligenzen des Kosmos.“ (ebd./S.89)

Damit sind wir am Kern unseres Themas angelangt. Denn die gesamte weitere Entwicklung ist nicht ohne den Einfluß der ahrimanischen Wesen zu denken. Seitdem geht es um die Frage, ob der Mensch die Gedanken im Sinne Ahrimans oder im Sinne Michaels verwendet, und es ist damit zugleich die Zukunftsaufgabe des Menschen bezeichnet.

„Michael sieht voraus, wie der Mensch, indem er immer mehr zum Eigengebrauch der Intelligenz vorrückt, sich mit den ahrimanischen Wesen begegnen muß und wie er dann ihnen verfallen kann, indem er eine Verbindung mit ihnen eingeht. – Deshalb bringt Michael die ahrimanischen Mächte unter seine Füße, er stößt sie fortwährend in ein tieferes Gebiet, als das ist, in dem der Mensch sich entfaltet. Michael, den Drachen zu seinen Füßen, ihn in den Abgrund stoßend: das ist das im Menschenbewußtsein lebende gewaltige Bild der hier geschilderten übersinnlichen Tatsachen.“ (ebd./S.89 f.)

Stufenweise vollzog sich das Loslösen der kosmischen Intelligenz von ihrem Ursprung. In der Alexanderzeit, dem vorangegangenen Michaelzeitalter, war die Loslösung noch nicht ganz vollzogen. Erst als die Christuswesenheit von der Sonne auf die Erde niederstieg, strömte infolgedessen auch die kosmische Intelligenz zur Erde nieder, wo sie endgültig im 8., 9. Jahrhundert angekommen ist. Jetzt geht die Verantwortung für die kosmische Intelligenz, die in die Erdenmenschheit einströmt, von Michael mehr und mehr auf den Menschen über. Damit aber wird die Auseinandersetzung des Menschen mit den ahrimanischen Mächten zu der bedeutsamsten Herausforderung. Um dieser Herausforderung gewachsen zu sein, bedarf der Mensch der Hilfe des Christus. – Wie erlebte Michael diese Vorgänge?

„Michael sieht, wie immer mehr, was er im Kosmos verwaltet hat, die kosmische Intellektualität, den Weg zur Erdenmenschheit nimmt.

Michael sieht aber auch, wie die Gefahr, daß die Menschheit den ahrimanischen Mächten verfällt, immer größer wird. Er weiß: *für sich* wird er Ahriman immer unter seinen Füßen haben; ob aber auch für den Menschen?

Das größte Erden-Ereignis sieht Michael eintreten. Aus dem Reiche, dem Michael selbst diente, steigt die Christus-Wesenheit hinunter in den Erdbereich, um da zu sein, wenn die Intelligenz völlig bei der menschlichen Individualität sein wird. Denn dann wird der Mensch den Drang am stärksten empfinden, sich an die Macht hinzugeben, die restlos in aller Vollkommenheit sich zum Träger der Intellektualität gemacht hat. Aber Christus wird da sein; er wird in derselben Sphäre durch sein großes Opfer leben, in der auch Ahriman lebt. Der Mensch wird wählen können zwischen Christus und Ahriman. Die Welt wird in der Menschheits-Entwikkelung den Christus-Weg finden können.

Das ist Michaels kosmische Erfahrung mit dem, was er im Kosmos zu verwalten hat. Er tritt, um bei dem Gegenstande seiner Verwaltung zu bleiben, den Weg vom Kosmos zu der Menschheit an. Er ist auf diesem Wege seit dem achten nachchristlichen Jahrhunderte, ist aber eigentlich angekommen bei seinem Erdenamte, in das sich sein kosmisches Amt verwandelt hat, erst im letzten Drittel des neunzehnten Jahrhunderts." (ebd./S.90 f.)

Wiederum wird der enge Zusammenhang des Christusgeschehens mit der kosmischen Intelligenz deutlich. Von Michaels Standpunkt aus betrachtet war der Abstieg des Christus auf die Erde ein Abschied. Der Sonnengeist Michael sah den Christus von der Sonne wegziehen. Und zugleich entfiel ihm die Herrschaft über die kosmische Intelligenz. – In den Karmavorträgen beschreibt Steiner es wie folgt:

„Ein großer, gewaltiger Impuls ging aus von dem kosmisch-weltgeschichtlichen Moment, wo diese Seelen [die das Alexanderzeitalter mitgemacht hatten, F.L.] sahen, wie der Christus von der Sonne fortging. Und für sie war Klarheit über die Tatsache: Jetzt geht die kosmische Intelligenz nach und nach vom Kosmos auf die Erde über. Und Michael und die, welche um ihn waren, sahen gewissermaßen, wie nach und nach alles, was an Intelligenz früher aus dem Kosmos floß, hinuntersank auf die Erde.

Und Michael und die Seinen – entweder indem sie oben in der geistigen Welt waren oder für ein kurzes Erdenleben unten verkörpert waren –, sie sahen, wie im Erdenbereich selber im 8. nachchristlichen Jahrhundert die Strahlungen des intelligenten Lebens ankamen, sie wußten: Da unten wird weiter die Intelligenz sich entfalten! Und auf der Erde konnte man bemerken, wie die ersten Denker auftraten. Die anderen, die vorher als große Wesenheiten auftraten, waren inspirierte Gedankenbesitzer. Eigendenker traten erst von diesem 8. nachchristlichen Jahrhundert an auf. Und innerhalb des Erzengelchores in der Sonnenregion ertönte von Michaels Wesenheit aus das gewaltige Wort: ‚Was die Kraft meines Reiches war, was von hier aus durch mich verwaltet worden ist, es ist nicht mehr hier; es muß dort unten auf der Erde weiterströmen und -wellen und -wogen!'

Das war, vom 8. Jahrhunderte angefangen, der Anblick der Erde von der Sonne aus.“ (GA 240/1977/19.07.1924/S.169)

Die Erdenankunft der Gedanken im vorangegangenen Michaelzeitalter

Menschen werden zu Trägern der kosmischen Intelligenz. Von der menschlichen Seite aus betrachtet stellt sich das Verhältnis zur Gedankenwelt, das wir bisher vom kosmischen Standpunkt Michaels aus betrachtet haben, so dar, daß die Gedanken und Ideen mehr und mehr „von oben“ heruntersteigen, bis sie Eigenbesitz des Menschen werden. Im vorangegangenen Michaelzeitalter, zur Zeit der Blüte der griechischen Philosophie, war das Bewußtsein für die außerhalb des Menschen bestehende Ideenwelt, die kosmische Intelligenz, noch selbstverständlich. Man dachte nicht die Gedanken, sondern man nahm sie wahr. Das Bewußtsein des griechischen Menschen der Antike beschreibt Steiner anschaulich in seinem Buch „Die Rätsel der Philosophie“ (GA 18):

„Der Grieche empfindet den Gedanken, wie man gegenwärtig eine Wahrnehmung empfindet, wie man ‚rot‘ oder ‚gelb‘ empfindet. Wie man jetzt eine Farben- oder eine Tonwahrnehmung einem ‚Dinge‘ zuschreibt, so schaut der Grieche den Gedanken *in und an* der Welt der Dinge. Deshalb bleibt der Gedanke in dieser Zeit noch das Band, das die Seele mit der Welt verbindet. Die Loslösung der Seele von der Welt beginnt erst; sie ist noch nicht vollzogen.“ (GA 18/Tb. 1974/Bd. 1/S.22 f.)

Im Übergang von Plato zu Aristoteles vollzog sich dann ein für die weitere Entwicklung wichtiger Übergang im gesamten philosophisch-wissenschaftlichen Denken: „In dem Aristotelismus lag [...] die Loslösung, die Herausschälung der irdischen Intelligenz von der kosmischen Intelligenz.“ (GA 240/1977/19.07.1924/S.168) Dadurch verändert sich das Verhältnis des Menschen zu den Ideen, der dadurch gegebene Fortschritt bringt aber zugleich eine Unsicherheit in der Auffassung vom Geist und damit von der Unsterblichkeit bzw. Ungeborenheit der menschlichen Seele mit sich, die sich in der Folgezeit immer stärker bemerkbar machen sollte.

Platos Ideenlehre und die Unsterblichkeit der Seele

Für Plato ist die Welt der ewigen Ideen das Höchste, zu dem der Mensch zu streben vermag. Alle sichtbaren Dinge sind Abbilder oder Erscheinungen der unsichtbaren Urbilder, der ewigen, einzig wahrhaft realen Ideen. (Idee, griech. „eidos" oder „idea": ursprünglich „Bild"). Während die einzelnen Dinge vergehen, bestehen die Ideen als deren unvergängliche Urbilder weiter.

Durch seine Seele hat der Mensch Anteil an der Welt der Ideen, ja, sie ist ihrem Wesen nach ein Glied der Ideenwelt selbst. Der Leib ist ihr gegenüber nur Erscheinung, Schatten, er wird zu einem Gefängnis der Seele, denn an sich hat die Seele viel größere Möglichkeiten. Sie stellt ein Mittleres da zwischen der Ideenwelt und der sichtbaren Welt. Sie ist immateriell, unteilbar und darum auch unsterblich.[4] Die unsterbliche Seele hat weder Anfang noch Ende, und alle Erkenntnis ist ein Wiedererinnern aus früheren Zuständen und Verkörperungen der Seele. In Platos Dialog „Menon" lesen wir:

„Weil nun die Seele unsterblich ist und oftmals geboren und, was hier ist und in der Unterwelt, alles erblickt hat: so ist auch nichts, was sie nicht in Erfahrung gebracht hätte, so daß nicht zu verwundern ist, wenn sie auch von der Tugend und allem anderen vermag, sich dessen zu erinnern, was sie ja auch früher gewußt hat." (Platon [a], S.21 f.)

Aristoteles' Auffassung vom Kosmos und die Unsicherheit über den Geistbegriff

Aristoteles kommt mit der Herrschaft des Gedankens als Instrument der Erkenntnis einen Schritt weiter. Er versteht es, so Steiner, den Gedanken als ein Werkzeug zu gebrauchen, um in das Wesen der Dinge selbst einzudringen: „So sind für Aristoteles die Ideen *in* den Dingen und Vorgängen; sie sind die *eine Seite* der Dinge, diejenige, welche die Seele mit ihren Mitteln aus ihnen herausheben kann [...]." (GA 18/Tb. 1974/Bd. 1/ S.58)

Im Sinne des Aristoteles ist die Idee das Wesen des Dinges, doch hat die Idee nicht in der erkennenden Seele ihre Wirklichkeit, sondern in dem Außending mit dem Stoff zusammen. Aus diesem holt die Seele durch die Gedankentätigkeit die Idee hervor, und insofern ist die Seele selber Idee, aber tätige Idee, wirksame Wesenheit. In diesem Zusammenhang ist die aristotelische Auffassung vom Wesen des Kosmos von Bedeutung.

---

4. Das Verhältnis des Menschen zur Ideenwelt kommt anschaulich in Platos *Höhlengleichnis* im 7. Buch der Politeia zum Ausdruck. (vgl. Platon [b], S.224 ff.)

Aristoteles. Nationalmuseum, Rom

Für Aristoteles ist der Kosmos in seiner körperlich sichtbaren Vollkommenheit der Ausdruck für die Einheit der Welt. Das Weltganze erscheint ihm als beseeltes Wesen, und in der Mitte des Weltalls ruht die Erde. Dabei hat Aristoteles seine Auffassung vom Kosmos gewissermaßen zweiteilig konzipiert, indem er zwei Sphären unterscheidet: die sublunare und die supralunare Sphäre. Die „sublunare Sphäre" reicht von der Erde bis zum Mond. Sie ist der Bereich des Werdens und Vergehens, in dem sich die vier Elemente wechselnd verbinden, ineinander übergehen und fortwährend neue Gestaltungen hervorbringen, also der Raum der Natur und der Menschengeschichte.

Der Mond und seine Umlaufbahn markieren die Grenze zwischen diesem Bereich des Vergänglichen und dem Ewigen. Die Sphäre oberhalb des Mondes bzw. jenseits seiner Bahn ist die „supralunare Sphäre", der Himmel mit den Planetensphären, die sich in unendlicher Kreisbewegung befinden. Der Raum zwischen dem Mond und den fernsten Fixsternen wird von dem ewig kreisenden „fünften Element" („quinta essentia") erfüllt. Die Gestirne selbst sind göttlich und beseelt, und daher ist zugleich der gesamte Kosmos ewig und göttlich, unentstanden und unvergänglich.

Jenseits des Kosmos, d.h. jenseits alles Sichtbaren ruht der „Unbewegte Beweger": Gott. Er ist die erste Ursache für alles Bewegte in der Welt, der Ursprung allen Lebens und Seins, und er ist reines Denken. Da er unveränderlich sein soll, muß er immer dasselbe denken, und zwar das Höchste, nämlich sich selbst: Gott ist das ohne Unterlaß sich selbst denkende Denken.

Während Plato noch eine Präexistenz der Seele vor dem Erdenleben annimmt, gilt dies nicht für Aristoteles. Zwar gehört die geistige Menschenseele ihrem Ursprung nach der Sphäre des Göttlichen, des Weltgeistes an, jedoch nicht als individuelles Wesen, sondern nur als Teil desselben. Erst indem sie sich mit einem Leiblich-Seelischen verbindet, „erwirbt sie sich ihr individuelles, vom Weltgeist abgesondertes Dasein und lebt nach der Trennung vom Leiblichen als geistiges Wesen weiter fort. So nimmt das individuelle Seelenwesen mit dem menschlichen Erdenleben seinen Anfang und lebt dann unsterblich weiter." (ebd./S.60)

Die Frage nach der persönlichen Unsterblichkeit wird uns auch noch bei Averroes begegnen, gegen dessen Auffassung Thomas von Aquin sich heftig gewandt hat. Diese, die Hochscholastik des 13. Jahrhunderts bestimmenden Auseinandersetzungen kreisen immer wieder um die aristotelische Auffassung von dem Verhältnis des Menschen zum Geistigen des Kosmos. Die Fortwirkung des Aristotelismus nimmt zunächst aber mit dem Beginn der christlichen Philosophie im Altertum ein Ende. Die Frühscholastik kennt nur einen Teil seiner logischen Schriften. Erst im 12. Jahrhundert werden die übrigen logischen Schriften und danach auch die anderen Werke bekannt, zusammen mit den arabischen Kommentaren, und gewinnen zunehmend an Einfluß. Durch Thomas von Aquin wird Aristoteles schließlich zur größten philosophischen Autorität des Mittelalters.

Wichtig ist zunächst, daß sich in der Antike im Übergang von Plato zu Aristoteles „der erste Umschwung zu dem Abstraktwerden hin" vollzog. (vgl. GA 232/14.12.1923) In dieser Zeit hatte Michael noch die himmlische Intelligenz zu verwalten. Vom geistigen Sonnenbereich aus kamen von Michael die Impulse auf die Erde, die „sozusagen die letzte Phase von inspirierter, von spiritueller Intelligenz auf der Erde bewirken konnten". (GA 240/1977/20.07.1924/S.185) Sie drückten sich äußerlich in der aristotelischen Philosophie und in den Alexandertaten aus, durch die im vorchristlichen Michaelzeitalter der Aristotelismus im Orient verbreitet wurde. Immer näher kam sozusagen die kosmische Intelligenz an den Menschen heran. Und schon bei Aristoteles ist eine Unsicherheit über die Bestimmung dessen, was der Geist des Menschen sei, zu spüren. Steiner führt dazu aus:

„Und im Grunde genommen war schon zur Zeit des Aristoteles der Begriff des Geistes, ich möchte sagen, ins Wackeln gekommen. Man merkt es den entscheidenden Stellen in Aristoteles' Schriften an, wie er immer unklar wird, wenn er von der Präexistenz spricht. Er wird immer unklar.

Aber all das hängt mit etwas ungeheuer Bedeutungsvollem und Tieferem zusammen; es hängt zusammen mit der realen Entwickelung der Menschheit. Es hängt damit zusammen, daß die Menschheit in der Zeit der Jahrhunderte vor dem Mysterium von Golgatha in ein Entwickelungsstadium eingetreten war, in dem, ich möchte sagen, sich etwas wie Nebel um die Seele lagerte, wenn vom Geist gesprochen worden ist. Es lagerte sich dazumal um die Seele des Menschen noch nicht so stark wie heute, wenn vom Geist gesprochen worden ist, aber es fing schon der ganze Korruptionsprozeß des Denkens in bezug auf den Geist eben damals an." (GA 175/1982/03.04.1917/S.188 f.)

Das alte Michaelzeitalter und die Stimmung im Orient und am Hof Harun ar-Raschids

Andererseits enthielten besonders die naturwissenschaftlichen Anschauungen des Aristoteles noch viele Elemente der alten Mysterienweisheit. (vgl. GA 232/bes. 14. u. 15.12.1923) Und es waren vor allem die mehr naturwissenschaftlichen Schriften, die durch die Taten Alexanders des Großen im Orient Verbreitung fanden. Durch Alexander, den Steiner als einen „Missionar des Michael, als ein Werkzeug des Michael" bezeichnete und der demnach noch ein deutliches Bewußtsein davon hatte, „daß ihm seine Gedanken auf dem Michaels-Wege kamen" (GA 237/1975/28.07.1924/S.109), war vor allem eine „rationelle, gesunde, wissenschaftliche Mystik" nach Asien gekommen. Dort sahen damals vor allem die mit philosophischen Anschauungen lebenden Menschen überall in der Welt kosmische Intelligenz ausgebreitet. Man betrachtete die Gedanken nicht als eigene Inhalte, sondern als den Menschen durch die Michaelmacht geoffenbarte Gedanken, auch wenn man, wie Steiner bemerkt, in jener heidnischen Zeit dieses Wesen noch anders bezeichnet hatte.

„In Asien drüben sagte man nicht als Mensch: Ich denke mir etwas aus, ich bin ein intelligentes Wesen –, sondern man sagte sich: Alles, was gedacht wird, denken Götter, denkt vor allen Dingen der einige Gott, der ja schon im Aristotelismus eine Rolle spielte. Das, was die einzelne menschliche Intelligenz ist, das ist ein Tropfen aus der All-Intelligenz und offenbart sich herein in das Wesen des einzelnen, so daß der einzelne sich fühlte, ich möchte sagen, mit seinem Kopf und mit seinem Herzen, wie drinnensteckend in der All-Intelligenz. Das war die Stimmung.

Diese Stimmung herrschte auch am Hof Harun al Raschids. Im 8. und 9. nachchristlichen Jahrhundert herrschte sie noch.“ (GA 240/1977/14.08.1924/S.220 f.)

Aus dieser Formulierung geht bereits hervor, daß die Zeit des Harun ar-Raschid (Kalif von 786–809) noch unter dem Nachklang des alten Michaelzeitalters stand. Michael beendete seine Herrschaft etwa 200 v.Chr. Es ereignete sich das Mysterium von Golgatha. Und vom geistigen Sonnenbereich aus sah Michael, wie die kosmische Intelligenz auf die Erde herniederstieg. Im 8. und 9. Jahrhundert war sie auf Erden angelangt, also in jener Zeit, in der das geistige Leben am Hof Harun ar-Raschids blühte. Jetzt begann sich auf Erden das menschliche Eigendenken zu entwickeln.

Es stand diese Zeit aber auch unter dem Einfluß dessen, was von dem Eingreifen des Sonnendämons Sorath im Jahre 666 n.Chr. ausgegangen war. In der Akademie von Gondischapur hatte der Aristotelismus eine Umgestaltung erfahren. Diese Zusammenhänge sind ebenso wie das Fortwirken des sogenannten „Arabismus“ in den voranstehenden Artikeln dieses FLENSBURGER HEFTES ausführlich dargestellt worden. (siehe auch Linde, S.66 ff.)

Durch den Impuls von Gondischapur war aber für die Folgezeit die Möglichkeit gegeben, das aufkommende Eigendenken in einen besonderen Dienst zu stellen. Dieses Eigendenken entwickelte sich zunächst unabhängig von Michael. Seine Herrschaft war noch nicht gekommen, und so gingen von ihm keine Impulse für die Gedankenentwicklung aus.

„Dieses, was wie ein tiefes Geheimnis in der Menschheitsentwickelung der Erde waltete, wußte man in einzelnen wenigen orientalischen Mysterien. Und so konnten in diesen einzelnen wenigen orientalischen Mysterien von grundspirituell veranlagten und ausgebildeten Menschen einzelne Schüler eingeweiht werden in dieses große Geheimnis. Und durch eine Fügung von der Art, wie sie nur schwer verständlich sind für den gewöhnlichen Erdenverstand, kam es eben, daß von diesem Geheimnis, das einigen orientalischen Mysterien gut bekannt war, jener Herrscherhof berührt wurde, von dem ich [...] gesprochen habe. Gerade im 8. und im Beginne des 9. Jahrhunderts waltete in Asien dieser Herrscherhof unter der Herrschaft des *Harun al Raschid.* Harun al Raschid war hervorgegangen aus der Kultur des Arabismus, aus der mohammedanisch angewehten Kultur. Zu seinen eingeweihten oder wenigstens bis zu einem gewissen Grade wissenden Ratgebern war dasjenige Geheimnis gedrungen, von dem ich eben gesprochen habe. Gerade weil von diesem Geheimnis berührt war der Bagdader Hof unter der Herrschaft des Harun al Raschid, deshalb war dieser Hof ein so glänzender. Alles, was an Weistümern, an Kunst, was an tiefer Religiosität im Oriente vorhanden war, konzentrierte sich – allerdings unter mohammedanischer Färbung – an dem Hofe des Harun al Raschid." (ebd./19.07.1924/S.170 f.)

Harun ar-Raschid vereinigte Persönlichkeiten um sich, die noch von den großen Traditionen der Mysterien im Orient wußten. Insbesondere war hier noch – „aus einer gewissen Einsicht heraus – der Blick für die kosmische Intelligenz, also für die alte michaelische Verwaltung" geblieben. (GA 237/1975/08.08.1924/S.163) Es kam aber ein anderer Einfluß hinzu:

„In der weithin glänzenden Versammlung von Weisen an diesem Hofe war eine mehr oder weniger bewußte Empfindung davon vorhanden: die Intelligenz der Erde, die vom Himmel auf die Erde heruntergestiegen war, muß gestellt werden in den Dienst mohammedanischer Geistesart!" (GA 240/1977/19.07.1924//S.171)

Vieles floß am Hof Harun ar-Raschids zusammen, und Ausführungen wie diese zeigen, wie schwierig es ist, hier zu einem eindeutigen Urteil zu kommen. Denn wie auch an anderen Stellen zu diesem Thema ist Rudolf Steiner in seiner Wortwahl nicht präzise. Der Ausdruck „mohammedanische Geistesart" läßt nicht genau erkennen, was wirklich gemeint ist, der religiöse oder der wissenschaftliche Aspekt. Von Mohammed wurde eine Religion begründet – die man allerdings nicht mohammedanisch, sondern islamisch nennen sollte, denn im Mittelpunkt des Glaubens der Muslime steht Gott, nicht sein Gesandter Mohammed –, dagegen war die „Geistesart" am Hof Harun ar-Raschids von dem Erbe der griechischen Philosophie und Wissenschaft geprägt, in die durch den Einfluß des Sorath der Impuls von Gondischapur eingedrungen war – und Steiner erwähnt in diesem Vortrag ausdrücklich die wissenschaftlichen Disziplinen, nicht die religiösen. Aus allem, was zu dieser Thematik insgesamt vorliegt, geht meines Erachtens unzweifelhaft hervor, daß Steiners Formulierung auf die „fremden Wissenschaften" der Griechen zielt, jene rationalen Wissenschaften, die von den Muslimen des Hochislam selbst als „gottlose Wissenschaften" bezeichnet und vom Curriculum des formalisierten Lernens im Islam ausgeschlossen wurden. (vgl. Linde, S.98–104)

Steiner verfolgt den Weg der kosmischen Intelligenz, es geht um die Entwicklung des Gedankenlebens, das durch den Impuls von Gondischapur eine Richtung angenommen hatte, die nichts mehr mit dem Christentum zu tun hatte.

Die Geistbegegnung Harun ar-Raschids und seines weisen Ratgebers mit Aristoteles und Alexander

Alles, was Menschen auf Erden erleben, findet seine weitere Ausgestaltung in dem Leben zwischen Tod und neuer Geburt. Mit allen Erdenerfahrungen bleiben die Seelen auch im nachtodlichen Leben verbunden, und Rudolf Steiner macht darauf aufmerksam, daß von den Seelen, die nicht auf Erden leben, fortwährend Einflüsse auf das Erdenleben ausgehen. In besonderer Weise war das bei den herausragenden Individualitäten des Harun ar-Raschid und seines weisen Ratgebers der Fall, deren nachtodlichen Wegen Steiner in seiner Karmaforschung nachgegangen ist. Der Name dieses Ratgebers wird nicht genannt. Steiner schildert aber, daß er in einem früheren Erdenleben ein Eingeweihter in sehr alte Mysterien war und auch in seiner nächsten Inkarnation wieder als Eingeweihter lebte. Seine frühere Initiation befähigte ihn zu einer genialen Organisationsgabe des wissenschaftlichen Lebens am Hof Harun ar-Raschids.

Harun ar-Raschid und sein Ratgeber waren nun in besonderer Weise mit Aristoteles und Alexander verbunden:

„Sie haben das, was sie in ihre Seele aufgenommen haben, dem Alexandrinismus, dem Aristotelismus zu verdanken. Aber sie haben auch alles dasjenige in sich aufgenommen, was in der späteren Zeit in der Umformung des Aristotelismus, des Alexandrinismus geschehen war." (GA 240/1977/14.08.1924/S.223 f.)

Im nachtodlichen Leben blieb diese starke Beziehung bestehen, und aus diesen Impulsen heraus drängte es sie danach, den Individualitäten des Aristoteles und Alexanders in der geistigen Welt zu begegnen:

„Mit den ihnen jahrhundertelang im Erdenleben vorangegangenen Individualitäten Alexander und Aristoteles trugen Harun al Raschid und sein weiser Ratgeber durch die Pforte des Todes eine außerordentlich starke Affinität, eine außerordentlich starke Sehnsucht nach einem Wiedertreffen, nach einem wirklichen Treffen gegenüber Alexander und Aristoteles. Und dieses Sich-wieder-Treffen geschah, und es ist in der Tat von ungeheuerer Bedeutung, daß es geschehen ist." (ebd./S.225)

Harun ar-Raschid war im Jahre 809 verstorben. Einige Jahrzehnte machten er und sein Ratgeber ihre „Wanderungen" in der übersinnlichen Welt, indem sie dabei vom Übersinnlichen aus auf die weitere Entwicklung auf Erden hinunterschauten. Als im Jahre 869 das achte ökumenische Konzil in Konstantinopel stattfand, kam es zeitgleich in der geistigen Welt zu einer folgenschweren Begegnung: Die Seelen des Harun ar-Raschid und seines weisen Ratgebers trafen mit den Seelen des Aristoteles und Alexanders des Großen zusammen. Jedoch kamen Aristoteles und Alexander unter ganz anderen Voraussetzungen an diese Begegnung heran. Auch sie blieben im Nachtodlichen mit den von ihnen begründeten Impulsen verbunden. Als dann auf Erden das Mysterium von Golgatha geschah, waren sie nicht auf der Erde, sondern in der geistigen Welt, sie waren dort „im innigen Verein [...] mit dem, was man die Herrschaft des Michael nennt". (ebd./S.227) Auch für die Folgezeit wollten sie den Michaelimpulsen treu bleiben, und so nahmen Aristoteles und Alexander in der geistigen Welt die Forderung nach etwas Neuem auf: Sie hatten sich mit dem Impuls durchsetzt, das Christentum auf eine besondere Weise in die Erdenzivilisation einzuführen.

Nach einer kurzen Zwischeninkarnation kam es zu der übersinnlichen Begegnung mit Harun ar-Raschid und seinem weisen Ratgeber, einer Begegnung, die im Ergebnis dazu führte, daß sich fortan die Wege des Aristoteles und Alexanders auf der einen Seite und Harun ar-Raschids und seines weisen Ratgebers auf der anderen Seite trennten:

„Es war eine Auseinandersetzung von großer überragender Bedeutung in den übersinnlichen Welten, denn man muß sich vorstellen, daß Auseinandersetzungen in der übersinnlichen Welt nicht nur Diskussionen in Worten sind. Wenn man so die Menschen auf der Erde zusammensitzen und diskutieren sieht, wenn Worte hin- und herschießen, ohne daß sie einander sehr weh tun, so ist das nicht einmal ein schattenhaftes Abbild dessen, was geschieht, wenn in übersinnlichen Welten die großen Entscheidungen auch im geistigen Leben getroffen werden.

Und so war es dazumal, daß Aristoteles und Alexander auf der einen Seite sich dahin geltend machten, daß sie sagten: Was früher begründet worden ist, das muß hineingeleitet werden im strengsten Sinn des Wortes in die Michael-Herrschaft. – Denn man wußte ja, die Michael-Herrschaft der Welt wird wieder beginnen im 19. Jahrhundert. [...]

So also sahen in diesem Jahrhundert, in dem die Begegnung mit Harun al Raschid stattfand, Alexander und Aristoteles hin auf die alte Michael-Herrschaft, unter der sie gewirkt hatten, sie sahen hin auf das Mysterium von Golgatha, das sie vereint mit der Michael-Gemeinschaft, aber nicht von der Erde aus, sondern von der Sonnensphäre aus erlebt hatten, denn da war die Michael-Herrschaft zu Ende. Michael und die Seinen, zu denen eben auch Alexander und Aristoteles gehörten, erlebten ja das Mysterium von Golgatha nicht vom Erdengesichtspunkt aus. Sie sahen den Christus nicht ankommen auf Erden; sie sahen ihn Abschied nehmen von der Sonne. Aber all dasjenige, was sie erlebten, gestaltete sich bei ihnen zu jenem Impuls: Unter allen Umständen muß dahin gearbeitet werden, daß die neue Michael-Herrschaft, der Alexander und Aristoteles mit allen Fasern ihrer Seele haben treu bleiben wollen, daß die neue Michael-Herrschaft ein nicht nur tief begründetes, sondern auch ein intensives Christentum bringen sollte. [...]

Davon wollte weder Harun al Raschid – eher noch sein weiser Ratgeber, aber eigentlich auch der nicht – etwas hören. Sie wollten vor allen Dingen, das jene Impulse weltbeherrschend würden, die im Mohammedanismus stark Wurzel gefaßt hatten. Intensiv standen sich gegenüber unter anderem die teilnahmen an diesem Geisteskampf im 9. nachchristlichen Jahrhundert, stark standen sich gegenüber auf der einen Seite Harun al Raschid und sein Ratgeber, auf der anderen Seite Aristoteles und Alexander, das heißt, die Individualitäten, die in beiden gelebt haben.

Was sich da abspielte als Geisteskampf, das wirkte nach in der europäischen Zivilisation, wirkt bis heute nach. Denn was da oben geschieht, das wirkt auf das Irdische ein. Und gerade aus jenem Widerstand, den Harun al Raschid und sein weiser Ratgeber dazumal gegenüber Aristoteles und Alexander geleistet haben, verstärkte sich in einer gewissen Weise der Impuls, so daß gerade von jener Begegnung ausging das Wirken zweier Strömungen: einer, die im Arabismus verläuft, und einer, die den Aristotelismus und das Alexandertum ins Christentum durch die Impulse der Michael-Herrschaft herüberführt." (ebd./S.228 ff.)

Ein gewaltiges Bild tritt uns hier entgegen: Auf Erden ereignete sich das achte ökumenische Konzil von Konstantinopel, in der geistigen Welt das „himmlische Konzil" mit den Seelen Harun ar-Raschids und seines Ratgebers sowie des Aristoteles und Alexanders, an dem aber auch viele andere Seelen beteiligt waren.

Auf die geistesgeschichtliche Bedeutung des achten ökumenischen Konzils von Konstantinopel, das vom 5. Oktober 869 bis zum 28. Februar 870 zehn Sitzungen abgehalten hat, kann ich hier nicht im einzelnen eingehen. Dieses Konzil steht im engen Zusammenhang mit den tiefen Gräben, die sich zwischen der römisch-katholischen Kirche im Abendland und der griechisch-orthodoxen Kirche im Orient aufgetan hatten und die schließlich zur Kirchenspaltung im Jahre 1054 führten. Es wurde von der katholischen Kirche als ökumenisches Konzil anerkannt, nicht aber von der griechisch-orthodoxen. (vgl. Jedin)

Ein Randthema des Konzils, auf dem es vor allem um die Klärung der divergierenden Auffassungen vom Wesen der Trinität, und hier im besonderen vom Verhältnis des Heiligen Geistes zum Vater und zum Sohn ging, behandelte die Verurteilung der sogenannten „Zwei-Seelen-Lehre" (11. Kanon). Steiner interpretiert den Konzilsbeschluß im Hinblick auf seine Wirkung oft mit der vereinfachenden Formel, daß die katholische Kirche auf diesem Konzil den „Geist abgeschafft" habe. Die schon auf Plato zurückgehende Trichotomie, d.h. die Auffassung, daß der Mensch aus Leib, Seele und Geist bestehe, sei für ketzerisch erklärt worden, und man habe beschlossen, daß man dem Menschen außer dem Leib nur noch eine Seele zusprechen dürfe, die einige geistige Eigenschaften habe. (vgl. Schöffler) Der schon zu Aristoteles' Zeiten bemerkbare „Korruptionsprozeß des Denkens in bezug auf den Geist" (GA 175/a.a.O.) hatte eine neue Stufe erreicht.

Was auf Erden weiterhin geschah, steht im engen Zusammenhang mit den beiden Strömungen, die von dem übersinnlichen Konzil des 9. Jahrhunderts ausgegangen waren, jener, die im „Arabismus" verläuft, und jener, die den Aristotelismus und das Alexandertum durch die Impulse der Michaelherrschaft ins Christentum herüberführen wollten. So schildert Steiner, wie die Seelen des Harun ar-Raschid und seines Ratgebers nach dem „übersinnlichen Konzil" immerfort beobachteten, was im Erdenleben geschah. Harun ar-Raschid verfolgte besonders, was sich im Norden von

Afrika, im Süden von Europa, in Spanien und Frankreich ereignete, während sein Ratgeber sich dem zuwandte, was im östlichen Geistesleben geschah. Beide wurden dann laut Steiner zur gleichen Zeit in der europäischen Kultur wiedergeboren. Harun ar-Raschid als Francis Bacon (1561–1626) und sein weiser Ratgeber als Amos Comenius (1592–1616). In ihnen lebte nach Steiner der Arabismus in einer neuen Form – durch Francis Bacon kam das Abstrakte in die europäische Wissenschaft herein, durch Amos Comenius in die Pädagogik (Anschauungsunterricht) –, und in seiner weiteren Ausgestaltung entstand daraus im Abendland die moderne naturwissenschaftliche Denkweise. (vgl. Linde, S.110 ff.)

Aber noch bevor Harun ar-Raschid sich in Europa verkörpern konnte, mußte er von der geistigen Welt aus mit ansehen, wie Aristoteles sich in der Zeit der Hochscholastik wiederverkörperte und in seiner Inkarnation als Thomas von Aquin eine Verbindung des Aristotelismus mit dem Christentum begründete. (vgl. Bock, S.389 f.)

Averroes

Die Westwand der „Spanischen Kapelle" in Santa Maria Novella in Florenz schmückt ein Fresko, das den *Triumph des hl. Thomas von Aquin* darstellt. Im Zentrum des Gemäldes sitzt Thomas von Aquin, der gelehrte Dominikaner. Unter den vielen anderen Personen, die dort vertreten sind, sitzt auch Aristoteles als Repräsentant der Dialektik. In der geometrischen Mitte des Bildes kauern zu Füßen des Heiligen Thomas drei Personen, drei Häretiker, von denen der mittlere, dem Betrachter zugewandt, den Kopf in die rechte Hand stützt, mit nachdenklichem Blick und einem großen Turban auf dem Kopf: Averroes. Das Gemälde stammt von Andrea di Buonaiuto aus dem 14. Jahrhundert (siehe Abb. S.120). Das gleiche Motiv gibt ein Tafelgemälde von Benozzo Gozzoli aus der zweiten Hälfte des 15. Jahrhunderts wieder. Hier erscheinen Plato und Aristoteles fast so groß wie Thomas von Aquin selbst, und Averroes liegt besiegt auf dem Bauch zu Füßen des Heiligen (siehe Abb. S.119).

Averroes (1126–1198) ist der latinisierte Name von Abu I Walid Muhammad Ibn Ahmad Muhammad Ibn Ruschd, Richter, Arzt und Philosoph aus Córdoba. Er hat 38 Kommentare zu Büchern des Aristoteles verfaßt. Zu fünf Büchern schrieb er sogenannte „Große Kommentare" – zu De Anima, De Caelo, der Metaphysik, der Physik und den Analytica Posteriora –, in denen er den aristotelischen Text passagenweise zitiert und

Thomas von Aquin zwischen Aristoteles und Plato, Averroes besiegt zu seinen Füßen
Gemälde von Benozzo Gozzoli, um 1480, Louvre, Paris

Averroes (Ibn Ruschd)
Ausschnitt aus dem Fresko „Triumph des hl. Thomas von Aquin"
von Andrea di Buonaiuto, S. Maria Novella, Florenz, 14. Jh.

Passage für Passage kommentiert. In Europa wurden seit der Mitte des 13. Jahrhunderts bis ins 17. Jahrhundert hinein die Werke des Aristoteles unter der Anleitung der Kommentare des Averroes gelesen. Auch Thomas von Aquin hatte, ebenso wie sein Lehrer Albertus Magnus, die Bücher des Aristoteles mit Hilfe der Kommentare des Averroes verstehen gelernt.

Steiner, der auf die Bilder der christlichen Tradition hinweist, äußert sich über Averroes nun an einer Stelle folgendermaßen:

„Wer begreift denn eigentlich, wenn er jene törichten Notizen ohne Zusammenhang, die man heute über Averroes in den Lehrbüchern findet, liest, warum Averroes, der spanisch-arabische Gelehrte, sagte: Wenn der Mensch stirbt, so fließt nur die Substanz seiner Seele in die allgemeine Geistigkeit aus; der Mensch hat keine persönliche Individualität, sondern alles, was Seele ist in dem einzelnen Menschen, ist nur Spiegelung der einen All-Seele? – Warum sagte Averroes dies? Weil das ein Zweig ist der Weisheit von Gondischapur, die den Leuten klargemacht hat, nicht daß jeder einzelne die Bewußtseinsseele entwickeln soll, sondern daß ihnen die Bewußtseinsseelen-Weisheit als eine Offenbarung von oben herunter zukommen sollte. Dann wäre sie eine ahrimanische Offenbarung gewesen; aber es wäre tatsächlich mit der Menschheit so geworden, daß der Inhalt der Bewußtseinsseele ein monistischer geworden wäre, und die einzelnen Bewußtseine im Grunde genommen nur Schein geworden wären." (GA 184/1968/12.10.1918/S.286)

Es heißt auch, daß Averroes „schon ganz abgestumpft" die gnostische Weisheit von Gondischapur hatte. (ebd.) Und damit scheint die Sache klar: Thomas von Aquin kämpft für die Michael-Christus-Strömung, Averroes steht im Dienst des Sorath. Aber so einfach liegen die Dinge nicht. Es geht um die Frage nach der persönlichen Unsterblichkeit. An dieser Frage schieden sich die Geister. Denn mit der arabischen Interpretation des Aristoteles wurde das Abendland mit einem Weltbild konfrontiert, das in wesentlichen Teilen unvereinbar mit jenem Weltbild war, das die christlichen Gelehrten ihrerseits begründet hatten und das auf den Inhalten ruhte, die in der christlichen Religion geoffenbart sind. Es muß aber zugleich hinzugefügt werden, daß einige Theorien des Aristoteles selbst in direktem Gegensatz zur christlichen Lehre standen. So war nach Aristoteles die Welt ewig, das aber war unvereinbar mit der christlichen Auffassung der Schöpfung durch Gott. Das Problem verschärfte sich, indem die arabischen Kommentare der Werke des Aristoteles ihren absolut deterministischen Charakter noch betonten. Voller Bewunderung für seinen Meister erklärte Averroes:

„Die Lehre des Aristoteles ist die Summe der Wahrheit, weil sie das Höchste darstellt, was menschliche Intelligenz erreichen kann. Es ist daher mit Recht gesagt worden, daß er geschaffen und uns gegeben wurde durch die Göttliche Vorsehung, auf daß wir wissen sollten, was zu wissen möglich ist." (nach Crombie, S.124)

Die arabische Interpretation der Werke des Aristoteles war stark gefärbt durch den neuplatonischen Begriff der Seins-Kette.[5] Auch Averroes, der unter den arabischen Aristotelikern am engsten an Aristoteles anschloß,

---

5. Der von Plotin (205–270 n.Chr.) als selbständiges und letztes System der griechischen Philosophie begründete Neuplatonismus stellt eine Weiterentwicklung der Philosophie Platos dar, in die auch aristotelische, stoische und spätantike mystische Begriffe eingegangen sind. Höchster Begriff ist das über alles erhabene Eine, Gott (erste Hypostase), aus dem durch einen Prozeß der Emanation (Ausstrahlung) alles Seiende wie aus der lichtausstrahlenden Sonne hervorgegangen ist. Zuerst der Geist, die Weltvernunft, der Ort der (platonischen) Ideen (zweite Hypostase), dann die Weltseele (dritte Hypostase) und schließlich die

zeigt den für die arabische Philosophie typischen neuplatonischen Einschlag. In der Sicht der arabischen Philosophen war die Welt nicht direkt von Gott erschaffen worden – wie es der Islam lehrt –, sondern durch eine Hierarchie von notwendigen Ursachen, die mit Gott angefangen durch mannigfaltige Intelligenzen, die die himmlischen Sphären bewegen, hinunterstieg. Schließlich verursachte jene Intelligenz, die die Mondensphäre bewegt, die Existenz eines besonderen „aktiven Intellekts", der allen Menschen gemeinsam war und die alleinige Ursache ihrer Erkenntnis bildete: „Die Form der menschlichen Seele existierte in diesem aktiven Intellekt bereits vor der Schöpfung des Menschen, und nach dem Tode tauchte jede menschliche Seele wieder darin unter." (Crombie, S.123 f.)

Wie aber gestaltete sich das Verhältnis dieses übermenschlichen, aktiven, universellen Intellekts zum erkennenden Menschen? Denn im Menschen lebt das Denken als Fähigkeit, durch die er die Ideen des universellen Intellekts erfaßt. Aristoteles hatte zur Beantwortung dieser Frage zwei Komponenten des Intellekts unterschieden, die sich wie Akt und Potenz zueinander verhalten. In der Sprache der lateinischen Scholastik werden sie „intellectus agens" oder „activus" (= universeller Intellekt) und „intellectus possibilis" genannt.

Unvergänglich und abgetrennt ist der intellectus agens. Dieser abstrahiert durch die Aktuierung des intellectus possibilis – d.h. des rezeptiv-erkennenden Intellekts – die allgemeinen Formen aus den Sinneserscheinungen und Vorstellungsbildern. Außerhalb dieser Aktuierung ist der intellectus possibilis, die bloße Erkenntnisfähigkeit, nichts. Damit blieb das Problem praktisch ungelöst, denn es blieb ganz offen, was nun der intellectus possibilis sei. Aristoteles hat im dritten Buch seiner Abhandlung über die Seele, „De anima", zu diesem Problem Stellung genommen, eine Stellungnahme jedoch, die nach Wilderotter „an Unklarheit und Vieldeutigkeit nichts zu wünschen übrigläßt und so Ansatzpunkte für eine Reihe einander widersprechender Interpretationen bot". (Wilderotter, S.150)

In seinem „Großen Kommentar zum Buch über die Seele" („Tafsir Kitab an-Nafs") entwickelte Averroes im engen Anschluß an die aristotelische Schrift seine philosophisch bedeutsamste und geistesgeschichtlich wirksamste Lehre: die These, daß es für alle Menschen nur einen einzigen

Bereiche der körperlichen Erscheinungswelt (vierte Hypostase) bis hinunter zur Materie (fünfte Hypostase). Alle Wesen haben den Drang, zu dem Einen als ihrem Ursprung zurückzukehren. In der Ekstase, der höchsten Form des Aufstiegs, verliert sich das einzelne im Einen, um sich in seinem eigentlichen Selbst wiederzufinden.

Intellekt gebe. Averroes bezog dies aber nicht nur auf den universellen Intellekt, den intellectus agens – wie bereits Avicenna (980–1037) gelehrt hat –, sondern auch auf den intellectus possibilis, d.h. den rezeptiv-erkennenden Intellekt des Menschen; Averroes nennt ihn „intellectus materialis". Dieser sei unvergänglich, er vergehe nicht mit dem Tod:

„Wenn der Einzelmensch stirbt, vergeht die vergängliche Einheit von Körper und Seele, nicht aber der *intellectus materialis*, der nicht in numerischer Vielheit dem Einzelmenschen gehört, sondern, als numerisch einer, der menschlichen Gattung." (ebd., S.150 f.)

intellectus agens intellectus activus	*kosmisch universell*
↓ Geburt ↑ Tod	
intellectus possibilis intellectus materialis	*menschlich*

Averroes' Kommentar war im Abendland von größtem Einfluß. In der Konsequenz besagte Averroes' These: „Nicht die individuelle Menschenseele ist geistig und unsterblich, sondern nur der allgemein-menschliche Intellekt." (Kindlers Literaturlexikon, S.9203 f.) Zwar habe jeder Mensch eine ihm eigene Seele, doch sei diese nichts anderes als eine besonders hochentwickelte Tierseele, der typisch geistige Fähigkeiten fehlten.

Es ist leicht erkennbar, daß die hier stark vereinfacht skizzierte Theorie von Averroes im Widerspruch zu der Lehre der Unsterblichkeit der Einzelseele steht, die nun gerade ein wesentlicher Bestandteil der christlichen Glaubenslehre war. So wurden die christlichen Aristoteliker zur Reaktion gegen die averroistische Interpretation und zur Ausbildung eines eigenständigen Aristotelismus angeregt. Schon Albertus Magnus wandte sich 1256 am Päpstlichen Hof in einer Disputation gegen die averroistische Intellektlehre. Thomas von Aquin schrieb 1270 eine Streitschrift unter dem Titel „De unitate intellectus contra Averroistas", die er als eine philosophische Widerlegung der averroistischen Auffassung konzipierte. Sie war besonders gegen Siger von Brabant (?1240–1284) gerichtet, der die Thesen des Averroes im Sinne des sogenannten „Lateinischen Averroismus" vertreten hatte. (siehe dazu auch Klünker) Zwar wurde der lateinische Averroismus 1277 vom Pariser Erzbischof feierlich verurteilt, doch sind die Gedanken des Averroes in der europäischen Philosophie immer präsent geblieben. Auf dem Laterankonzil im Jahre 1512 wurde, wohl in Reaktion auf die Verbreitung der Seelenlehre des Averroes, die Unsterblichkeit der Seele zum Dogma der katholischen Kirche erklärt. (vgl. Wilderotter, S.152 ff.)

Averroes als Vertreter der alten Michaelzeit

Rudolf Steiner bezeichnete – wie oben erwähnt – die Auffassung des Averroes als einen Zweig der Weisheit von Gondischapur. Er hat sich aber auch ganz anders über dieses Phänomen geäußert. In den Vorträgen von 1924 schildert er, daß bis ins 12. Jahrhundert hinein jene Persönlichkeiten, die aus dem Arabismus heraus den Aristotelismus aufgenommen hatten, noch in der Denk- und Anschauungsweise des früheren Michaelzeitalters lebten. Sie empfanden die Gedanken noch nicht als selbst hervorgebracht, sondern als eingeatmet aus der kosmischen Region der sublunarischen Sphäre. – Zwei Bilder charakterisieren dieses Verhältnis: Im ersten Bild ist die Intelligenz ein großes helles Licht, von dem ein Strahl in den Menschen gelangt und sich in diesem spiegelt; im zweiten ist sie ein großes Meer, von dem ein Tropfen in den Menschen fließt und sich im Tod wieder mit dem Meer vereinigt.

Aus ihrer inneren Natur heraus *konnten* die arabischen Philosophen wie Averroes ein individuelles Denken noch nicht empfinden, sie empfanden vielmehr, so schildert es Steiner, daß die Gedanken in der sublunarischen Sphäre leben, die vom Mond bis zur Erde reicht, und ähnlich einem Atmungsprozeß zu Beginn des Erdenlebens eingeatmet und beim Tod wieder in den Kosmos ausgeatmet werden:

„Bei diesen Geistern, bei diesen Persönlichkeiten, von denen ich jetzt rede, war das ‚ich denke' noch gar nicht von solcher Empfindung begleitet, mit der wir heute sagen: Ich denke –, sondern nur das ‚ich fühle' und ‚ich will'. [...] Aus altzivilisatorischen Untergründen heraus lebten sie viel mehr in der Empfindung ‚es denkt in mir', als daß sie gedacht hätten: ‚ich denke'. Sie dachten wohl: ‚ich fühle, ich will', aber sie dachten durchaus nicht in demselben Maße: ‚ich denke', sondern sie sagten sich – und das ist eine ganz reale Anschauung gewesen, die ich Ihnen jetzt mitteilen will –: Gedanken sind in der sublunarischen Sphäre, da leben die Gedanken. – Überall sind diese Gedanken in derjenigen Sphäre, die gegeben ist dadurch, daß wir uns die Erde vorstellen an einem gewissen Punkt, den Mond hier an einem anderen, dann Merkur, Venus und so weiter. Sie dachten sich die Erde als dichte, feste Weltenmasse, aber sie dachten sich als zweites, was dazugehört, die lunarische Sphäre bis zum Monde hinauf.

Und so wie wir sagen, in der Luft, in der wir atmen, ist Sauerstoff, so sagten diese Leute – es ist eben ganz vergessen worden, daß das so war –: In dem Äther, der bis zum Mond hinaufreicht, sind Gedanken. – [...] Für die Persönlichkeiten, von denen ich spreche, war eben ein tiefes Gefühl, ein unmittelbares Erlebnis: Ich habe nicht meine Gedanken als meinen Besitz, ich darf eigentlich nicht sagen ‚ich denke', sondern ‚Gedanken sind', und ich nehme sie auf, diese Gedanken." (GA 237/1975/01.07.1924/S.16 ff.)

Durch dieses Erleben fühlten sich die Menschen mit allen anderen in einer „gemeinschaftlichen Gedankenatmosphäre", die von der Erde bis zum Mondenumkreis reicht, verbunden. (ebd./S.18) Averroes vertrat diese Auffassung – wie Steiner an anderer Stelle darstellt – in der Tradition der alten Michaelzeit:

„So war es für Averroes, der von *Thomas von Aquino* ganz lebhaft bekämpft wurde: der Verstand, die Intelligenz war für ihn in der Tradition an die alte Michaelszeit eine Pan-Intelligenz, eine Intelligenz, die nur *eine* war; die einzelnen menschlichen Köpfe spiegelten das, so daß, wenn der menschliche Kopf nicht mehr wirkte, es keine individuelle Intelligenz gab." (ebd./ 01.08.1924/S.122)

Averroes stand in der Tradition der alten Michaelzeit, und seine Auffassung war richtig durch viele Jahrhunderte hindurch. Erst mit dem Auftreten der Dominikaner[6] in der Scholastik, allen voran Thomas von Aquin, kam ein neues Entwicklungsmoment hinein: Jetzt wurde die individuelle persönliche Unsterblichkeit betont. Steiner macht aber deutlich darauf aufmerksam, daß diese Wahrheit erst seit Beginn des Bewußtseinsseelenzeitalters langsam und allmählich in die Menschheit eingezogen sei. Was sich innerhalb der Menschheitsentwicklung als neue Errungenschaft darstellt, war – das müssen wir klar unterscheiden – nicht die Unsterblichkeit der Seele an sich, denn das Weiterleben der Seele nach dem Tod war ebenso wie die vorgeburtliche Existenz immer eine Realität, sondern das *Bewußtsein* von der persönlichen Unsterblichkeit und damit die Möglichkeit, daß der Mensch auch nach dem Tod ein fortdauerndes Bewußtsein von der

6. Der Dominikanerorden wurde zu Beginn des 13. Jahrhunderts vom Heiligen Dominikus gestiftet und 1216 von Papst Honorius III. bestätigt. Noch im 13. Jahrhundert breitete sich der zu den Bettelorden gehörende Orden in den Städten des ganzen Abendlandes aus und gewann besonders durch die Pflege der Philosophie und Theologie starken theologischen und kirchlichen Einfluß.

Persönlichkeit bewahrt. Dazu sei ein längerer Auszug aus dem entsprechenden Vortrag gebracht:

„Nun habe ich Ihnen das 8. und 9. Jahrhundert als denjenigen Zeitpunkt in der Entwickelung der zivilisierten Menschheit bezeichnet, in welchem die kosmische Intelligenz allmählich sich herunterbewegt hat zur Erde, sich sozusagen in Tropfenformen gestaltet hat, die dann in den einzelnen menschlichen Seelen als die persönliche Intelligenz weiterlebten. Und ich habe Ihnen auch angedeutet, wie – traditionell, aber auch aus einer gewissen Einsicht heraus – der Blick für die kosmische Intelligenz, also für die alte michaelische Verwaltung, geblieben ist. Wenn wir hinschauen auf die in vieler Beziehung ganz ausgezeichneten Gelehrten, die in Anlehnung an den Arabismus, in Anlehnung an das, was, von den Alexanderzügen ausgehend, in Asien als Aristotelismus gelebt hat, [...] wenn wir auf alles das hinschauen, was davon herübergetragen worden ist über Afrika nach Spanien und dort als maurische Weisheit gewirkt hat durch eine solche hervorragende Persönlichkeit wie *Averroes*, dann finden wir in den Lehren dieser maurisch-spanischen Gelehrten durchaus einen Abglanz der Anschauungen, die nach der kosmischen Intelligenz hingehen. [...]

In Spanien wurde von den maurischen Gelehrten, vor allen Dingen von einer solchen Persönlichkeit wie Averroes, gelehrt, wie die Intelligenz überall waltet, wie die ganze Welt, der Kosmos erfüllt ist von der allwaltenden Intelligenz. Die Menschen unten auf der Erde, sie haben verschiedene Eigenschaften, aber sie haben nicht eine eigene, persönliche Intelligenz. Sondern jedesmal, wenn ein Mensch auf der Erde wirkt, so geht ein Tropfen der Intelligenz, ein Strahl der Intelligenz von der allgemeinen Intelligenz aus, senkt sich gewissermaßen in den Kopf, in den Körper des Menschen, erfüllt ihn, so daß, wenn ein Mensch auf Erden herumgeht, er etwas hat wie eine Art Teil der ganz allgemeinen kosmischen Intelligenz. Stirbt dann der Mensch, geht er durch die Pforte des Todes, so geht das, was er als Intelligenz gehabt hat, zurück in die allgemeine Intelligenz, fließt zurück. So daß, was der Mensch während des Lebens zwischen Geburt und Tod an Gedanken, Begriffen, Ideen hat, in das allgemeine Reservoir der allgemeinen Intelligenz zurückfließt und man nicht davon sprechen kann, daß dasjenige, was der Mensch als besonders Wertvolles in seiner Seele trägt, seine Intelligenz, einer persönlichen Unsterblichkeit unterliegt.

Das war auch durchaus gelehrt von den spanisch-maurischen Gelehrten, daß der Mensch eine persönliche Unsterblichkeit nicht hat. Er lebt weiter, aber es ist ja das Wichtigste an ihm – so sagten die Gelehrten –, daß er während des Lebens intelligentes Wissen entfalten kann. Das geht aber nicht mit seinem Wesen mit. Also kann man nicht sagen, daß das intelligente Wesen eine persönliche Unsterblichkeit hat. Sehen Sie, das war, ich möchte sagen, der Furor des Kampfes der Scholastiker unter den Dominikanern, der Furor, geltend zu machen die persönliche Unsterblichkeit des Menschen. Es konnte das in jener Zeit nicht anders auftreten als so, daß diese Dominikaner geltend machten: Der Mensch ist persönlich unsterblich, und das, was Averroes lehrt, ist Ketzerei, ist Häresie. Das müssen wir heute anders sagen. Aber für die damalige Zeit ist begreiflich, daß man einen Menschen, der die persönliche Unsterblichkeit nicht annahm, wie Averroes in Spanien, zu einem Häretiker erklärte. Heute müssen wir die Sache der Wirklichkeit, der Realität gemäß betrachten. Wir müssen sagen: In dem Sinne, wie der Mensch unsterblich geworden ist seiner Bewußtseinsseele nach, hat er sich diese Unsterblichkeit – dieses fortdauernde Bewußtsein von der Persönlichkeit –, nachdem er durch die Pforte des Todes durchgegangen war, erst errungen seit der Zeit, da eine Bewußtseinsseele im Erdenmenschen Platz greift." (ebd./08.08.1924/S.162 ff.)

Averroes hat vertreten, was bis zur Zeit der Hochscholastik die richtige Anschauung war. Thomas von Aquin dagegen betonte erstmals die persönliche Unsterblichkeit, die sich in dieser Form erst entwickeln mußte. Gewissermaßen hatten beide recht:

„Wir müssen heute nicht nur tolerant sein gegen die Gleichzeitigen, wir müssen auch tolerant sein gegen diejenigen, die alte Lehren fortgepflanzt haben. Das konnte man in der damaligen Zeit nicht; es ist daher wichtig, daß wir uns das immer wieder und wiederum sagen: Was durch die Dominikaner-Scholastiker persönliche Unsterblichkeit genannt wurde, das ist eigentlich eine Wahrheit erst, seitdem die Bewußtseinsseele langsam und allmählich in die Menschheit eingezogen ist." (ebd./S.165 f.)

Thomas von Aquin

Averroes und Thomas von Aquin waren keine Zeitgenossen. Averroes starb im Jahre 1198, Thomas wurde um 1225 geboren. Er gilt als der bedeutendste Theologe und Philosoph des Mittelalters. Um 1243 wurde er Dominikaner, im Jahre 1323 heilig gesprochen, 1567 zum Kirchenlehrer erhoben und seit dem 15. Jahrhundert mit dem Ehrentitel „Dr. Angelicus" ausgezeichnet. Seine Leistung bestand darin, den überlieferten Augustinismus mit den Lehren des Aristoteles in einer philosophisch-theologischen

Synthese zusammenzufassen. Es ist vor allem ihm und seinem Lehrer Albertus Magnus zu verdanken, daß Aristoteles dem christlichen Abendland annehmbar gemacht wurde. Die Konflikte der aristotelischen Weltauffassung mit den Inhalten der geoffenbarten Religion wurden dadurch gelöst, daß man einen Irrtum des Aristoteles voraussetzte, wo seine Aussagen im Widerspruch zu der Offenbarung standen. So konnte die Welt nicht ewig sein, die individuelle Menschenseele mußte unsterblich und die Willensfreiheit von Gott und Mensch gegeben sein.

Durch die Enzyklika Leos VIII., „Eterni patres", vom 4. August 1879, wurde die Theologie und Philosophie des Thomas von Aquin als Richtschnur allen katholischen Denkens und Forschens vorgeschrieben. Dadurch sind, wie Hans-Diedrich Fuhlendorf darstellt, die Aussagen des Thomas von Aquin bei der Entwicklung dessen, was auch heute noch für den katholischen Gläubigen verbindlich ist, von entscheidender Bedeutung. (vgl. Fuhlendorf, S.294 ff.) Wiederum geht es um den Ursprung der menschlichen Seele. Thomas von Aquin lehrt:

„[107] Die geistige Seele kann nicht entstehen außer durch Erschaffung ...

[115] Offenbar ist der Mensch nicht einzig die Seele, sondern die Seinseinheit aus Seele und Leib." (zit. nach Fuhlendorf, S.295)

Eine Existenz der Seele vor ihrer substantiellen Einheit mit dem Leib ist danach nicht möglich. Fuhlendorf zitiert in diesem Zusammenhang aus dem „Kleinen theologischen Wörterbuch" von Karl Rahner und Herbert Vorgrimler, wonach es kirchenamtliche Lehre ist, „daß Gott jede einzelne Seele aus dem Nichts erschafft und in eins damit mit den in der Zeugung vereinigten elterlichen Zellen zur Einheit des Menschen verbindet. Die Seele existiert nicht vor ihrer substantiellen Einheit mit dem Leib. [...] Überwiegend wird in der katholischen Theologie angenommen, daß die Beseelung im Augenblick der Vereinigung der elterlichen Zellen eintrete (nicht erst mit der Geburt und nicht beim ersten intellektuellen Akt)." (ebd., S.294 f.)

Diesen Inhalt der katholischen Lehre – die Erschaffung der Seele durch Gott zum Zeitpunkt der Konzeption – kommentiert Steiner dahingehend, „daß so etwas mit dem Inhalte des wahren Christentums nicht das geringste zu tun hat, daß aber im Mittelalter die Lehre des Aristoteles eingedrungen ist in die christliche Theologie, und daß Aristoteles diese Lehre aus einem mißverstandenen Platonismus heraus vertreten hat". (GA 197/1967/13.06.1920/S.66)

An anderer Stelle heißt es dazu:

„Mit dem Abstreifen der alten Spiritualität, mit dem Heraufdringen der bloßen Intellektualität wurde schon von Aristoteles abgestreift die Präexistenzanschauung, die Anschauung von dem Leben der Menschenseele vor der Geburt, vor der Konzeption. Dieses Leugnen der Präexistenzlehre ist nicht christlich, sondern es ist aristotelisch. Zur dogmatischen Fessel wurde im Grunde genommen diese Bekämpfung der Präexistenzlehre erst durch die Aufnahme des Aristotelismus in die christliche Theologie." (GA 206/1991/23.07.1921/S.40)

Diese wenigen Streiflichter auf Averroes und Thomas von Aquin mögen genügen, um zu verdeutlichen, daß einfache Urteile und Zuordnungen in bezug auf das geistesgeschichtliche Werden der Menschheit fehl am Platz sind. Die kosmische Intelligenz ist der Herrschaft Michaels entsunken, sie ist in den Eigenbesitz der Menschen übergegangen, die Menschen werden Eigendenker – darin ist der große Fortschritt primär zu sehen.

„Die ganze Scholastik ist ein Ringen der Menschen nach Klarheit über die hereinströmende Intelligenz. Kein Wunder, daß das Hauptinteresse derer, die um Michael waren, sich gerade dem zuwendete, was da als Scholastik auf Erden sich entfaltete. Man sieht in dem, was *Thomas von Aquino* und seine Schüler, was andere Scholastiker geltend machen, die irdische Ausprägung dessen, was dazumal Michael-Strömung war. Michael-Strömung: Verwaltung der Intelligenz, der lichtvollen, der spirituellen Intelligenz." (GA 237/1975/28.07.1924/S.111)[7]

Der Weg der kosmischen Intelligenz auf die Erde erfolgte stufenweise. Vom menschlichen Standpunkt aus gesehen stellt sich dieser Vorgang so dar, daß die Gedanken(-wesenheiten) immer tiefer in das Wesensgefüge des Menschen eindrangen: Wurden sie in ältesten Zeiten, in denen es ein natürliches Hellsehen gab, im (noch nicht individuell erfahrenen) „Ich" erlebt, später dann im Astralleib, war dieser Prozeß in der griechischen Kultur so weit fortgeschritten, daß die Gedanken im Ätherleib des Menschen wahrgenommen wurden. (vgl. GA 26/1982/S.76 ff.) Erst mit dem 15. Jahrhundert nahmen die Gedanken ihre Prägung im physischen Leib an. Die Folge davon war, daß sich jetzt auch das Bewußtsein nur noch auf diese Einprägung erstreckte. Die Gedanken waren damit ihres ursprünglichen, lebendigen geistig-seelischen Wesens beraubt, und nur noch die

7. Auf die vielschichtigen weiteren Zusammenhänge, die Steiner im Zusammenhang mit der Michaelströmung im Mittelalter behandelt – es seien nur die Schule von Chartres, die Artus- und Gralsströmung erwähnt –, kann ich hier nicht weiter eingehen.

abstrakten Schatten der Gedanken sind geblieben. Zwangsläufig, man könnte sagen, naturgemäß, bildete sich in der folgenden Zeit eine Erkenntnishaltung aus, die sich nur noch auf das sinnlich Wahrnehmbare bezog. Geistiges wurde nicht mehr wahrgenommen, man vertraute auf das, was die Sinne allein dem Menschen gaben, und suchte dies mit den abstrakten Gedanken zu erklären. Der Materialismus als Weltanschauung ist also, wie Steiner bemerkt, nicht deshalb entstanden, „weil nur materielle Wesen und Vorgänge in der äußeren Natur wahrzunehmen sind; sondern weil der Mensch in seiner Entwickelung eine Etappe durchzumachen hatte, die ihn zu einem Bewußtsein führte, das zunächst nur materielle Offenbarungen zu schauen fähig ist". (GA 26/1982/S.80)

Die übersinnliche Lehrschule Michaels

Während sich auf der Erde die moderne naturwissenschaftliche Welt- und Lebensanschauung ausbildete und die menschliche Freiheit nun zu ihrer vollen Entfaltung kam, war Michael im geistigen Sonnenbereich in einer besonderen Lage. Seine frühere Aufgabe bei der Verwaltung der kosmischen Intelligenz war erfüllt. Das neue Michaelzeitalter aber sollte erst mit dem Jahre 1879 beginnen, und so übernahm Michael eine besondere Aufgabe innerhalb der Sonnenregion: Er gründete eine „große, umfassende himmlische Schule", in der Michael alles lehrte, was er nicht mehr selbst verwalten konnte. (GA 240/1977/20.07.1924/S.190)

„Die mit Michael verbundenen Seelen – die führenden Menschenseelen der Alexanderzeit, diejenigen der großen Dominikanerzeit und die, welche sich als weniger führende um sie geschart hatten, und eine große Anzahl von strebenden, sich entwickelnden Menschen im Verein mit führenden Geistern –, sie fühlten sich wie herausgerissen aus dem althergebrachten Zusammenhange mit der geistigen Welt. [...]

Und Michael versammelte seine Scharen, versammelte diejenigen, die als übersinnliche Wesen zu ihm gehörten, aus der Region der Angeloi und Archangeloi, er versammelte aber auch die Menschenseelen, die in irgendeine Verbindung mit ihm gekommen waren. Und es entstand so etwas wie eine gewaltig sich ausbreitende übersinnliche Schule. [... Es] fand jetzt unmittelbar unter der Führung Michaels vom 15. bis ins 18. Jahrhundert herein eine übersinnliche Schulung statt, als deren großen Lehrer die Weltenordnung Michael selber auserwählt hat." (GA 240/1977/20.07.1924/S.187 f.)

In dieser übersinnlichen Schule wurden durch vier Jahrhunderte hindurch, vom 15. bis ins 18. Jahrhundert, die Inhalte der alten Initiationsweisheit vermittelt:

„Das spielte sich ab, was einen polarischen Gegensatz zwischen himmlischen Taten in dieser Zeit und irdischen Taten in dieser Zeit zeitigte: Oben in der geistigen Welt eine hohe Schule, die auf eine neue Art im Übersinnlichen zusammenfaßt die alte Initiatenweisheit, die den zunächst dazu prädestinierten Menschenseelen zwischen Tod und neuer Geburt ins intelligente Bewußtsein, in die Bewußtseinsseele das heraufhob, was früher in alten Zeiten in der Verstandes- oder Gemütsseele, in der Empfindungsseele und so weiter Weisheitseigentum der Menschen war. Auf die Art, wie im inneren Worte, das ja in vieler Beziehung zugleich hart ist, gesprochen werden kann, setzte Michael den Seinen auseinander die Weltenzusammenhänge, die kosmischen Zusammenhänge, die anthroposophischen Zusammenhänge. Diese Seelen bekamen eine Lehre, welche die Weltengeheimnisse enthüllte." (ebd./S.190)

Im schärfsten Kontrast dazu entwickelten sich die Verhältnisse auf der Erde, denn es bemühten sich die ahrimanischen Mächte um so mehr, die von Michael losgelöste menschliche Intelligenz unter ihren Einfluß zu bringen. Und als Reaktion auf das himmlische Michaelwirken, das die ahrimanischen Dämonen auf der Erde „in allertiefster Weise beunruhigte, was sie in furchtbare Erregung brachte" (ebd.), gründeten die ahrimanischen Mächte im Unterirdischen eine „ahrimanische Gegenschule":

„Es ist ein gewaltiges Bild, das einem da vor Augen stehen kann. Man stelle sich vor: die Erdoberfläche, oben Michael, seine Scharen belehrend, ihnen mit großen gewaltigen Weltenworten das enthüllend, was die alte Initiatenweisheit war; dem gegenüberstehend die ahrimanische Schule in den Untergründen der Erde. Auf der Erde sich entwickelnd die vom Himmel herabgefallene Intelligenz; Michael zunächst gegenüber dem Irdischen in himmlischer Einsamkeit Schule haltend – keine Strömungen gehen von oben nach unten –, die ahrimanischen Mächte um so mehr ihre Impulse nach oben sendend." (ebd./S.191)

In diesem Zusammenhang schildert Steiner, wie den ahrimanischen Mächten insbesondere mit der Buchdruckerkunst ein Mittel an die Hand gegeben ist, die Intelligenz des Menschen in einen ahrimanischen Dienst zu stellen. Selbstverständlich plädierte Steiner nicht dafür, anthroposophische Bücher abzuschaffen – „Dadurch würden wir gerade die Druckkunst an die stärksten Feinde der Michael-Weisheit ausliefern" (ebd./S.193) –, vielmehr kommt es darauf an, eine erhöhte Verantwortung gegenüber dem geschriebenen Wort aufzubringen. Und „wir müssen durch heilige Gesinnung gegenüber dem, was da in der Michael-Weisheit lebt, die Druckkunst adeln!“ (ebd.)

Der übersinnliche Kultus am Ende des 18. Jahrhunderts

Die übersinnliche Schulung, in der Michael den mit ihm verbundenen Seelen das Sonnenmysterium und die Planetenmysterien vorführte, gipfelte am Ende des 18. Jahrhunderts in einem geistigen Geschehen, das Steiner als eine Art „übersinnlichen Kultus“ beschreibt. Es war eine „große kosmisch-spirituelle Feier“, die in mächtigen „kosmischen Imaginationen“ verlief. Sie dauerte mehrere Jahrzehnte, bis in die erste Hälfte des 19. Jahrhunderts hinein, und den zahlreichen Menschenseelen, die an diesem Ereignis teilnahmen, wurden im vorirdischen Dasein in großen Bildern kosmischer Imaginationen die Weltgeheimnisse enthüllt.

„In der übersinnlichen Welt wurde dazumal ein Kultus eingerichtet, der in realen Imaginationen geistiger Art sich abspielte. So daß man sagen kann: Am Ende des 18. und Beginn des 19. Jahrhunderts schwebt eigentlich unmittelbar angrenzend, ganz in der Nähe – natürlich ist das qualitativ gemeint – der physisch-sinnlichen Welt ein übersinnliches Geschehen, das darstellt übersinnliche Kultushandlungen, mächtige Bilder-Entwickelung des geistigen Lebens, der Weltenwesenheiten, der Wesenheiten der Hierarchien, im Zusammenhange mit den großen Ätherwirkungen des Kosmos und mit den menschlichen Wirkungen auf der Erde.“ (GA 238/1981/16.09.1924/S.92)

Im Mittelpunkt des übersinnlichen Kultus stand das Sonnengeheimnis Christi, und es gab eine große Gruppe von Menschen, „denen man vorzugsweise in diesem überirdischen Kultus das Sonnengeheimnis Christi in mächtigen Imaginationen vor das geistige Auge stellte“. (GA 237/1975/08.07.1924/S.65)

Andere nahmen vor allen Dingen Impulse und Antriebe für ihren Willen auf, die darauf zielten, für eine Spiritualisierung des geistigen Lebens auf der Erde einzutreten. So nahmen die Menschenseelen, die an diesem übersinnlichen Geschehen teilgenommen haben, in ihrem vorgeburtlichen Leben mächtige Bilder in sich auf, die sie in richtungsweisende Impulse für das nächste Erdenleben umsetzten.

Unter den zahlreichen Menschenseelen, die dort im Übersinnlichen versammelt waren, befanden sich vor allem auch die herausragenden Individualitäten, die schon seit Jahrhunderten der Michaelströmung angehörten, die Seelen des Aristoteles und Alexanders des Großen, die großen Platoniker der Schule von Chartres sowie die Aristoteliker des Dominikanerordens des 13. Jahrhunderts.[8]

Mit diesen herausragenden Individualitäten, denen gleichsam Führungsaufgaben zukamen, waren zahlreiche andere Menschenseelen verbunden. Viele inkarnierten sich noch im 19. und zu Beginn des 20. Jahrhunderts, andere sollten ihnen später folgen. In den Seelenuntergründen trugen sie die Wirkungen und Impulse ihrer vorgeburtlichen Erlebnisse in sich, und es drängte sie danach, sie im Erdenleben wiederzufinden. Aus diesem inneren Drang heraus fanden viele den Anschluß an die Anthroposophie. Denn das Wesen Anthroposophie, so schildert es Steiner, hat in den ersten Zeiten imaginativ in überirdischen Regionen gelebt, bevor es in den irdischen Bereich heruntergestiegen ist:

„Werfen wir die Frage auf: Was ist Anthroposophie ihrer Realität nach? Ja, meine lieben Freunde, wenn Sie durchschauen alle die wunderbaren, majestätischen Imaginationen, die als ein übersinnlicher Kultus in der ersten Hälfte des 19. Jahrhunderts dastanden, und das in Menschenbegriffe übersetzen, dann haben Sie die Anthroposophie.

Für das nächsthöhere Erlebnisniveau, für die nächste geistige Welt, aus der der Mensch heruntersteigt ins irdische Dasein, war Anthroposophie da in der ersten Hälfte des 19. Jahrhunderts. Nicht auf der Erde war sie, aber da war sie. Und wenn heute Anthroposophie geschaut wird, dann schaut man sie nach der Richtung der ersten Hälfte des 19. Jahrhunderts; ganz selbstverständlich schaut man sie dort. Sogar schon am Ende des 18. Jahrhunderts schaut man sie.“ (ebd./S.66 f.)

An anderer Stelle stellt Steiner die Anthroposophie noch in einen größeren Zusammenhang mit der Michaelströmung, wenn es heißt, daß die Anthroposophie nicht allein durch den kosmischen Kultus, sondern ebenso durch die Michaelschule vom 15. bis zum 18. Jahrhundert angeregt worden sei.

Neuer Arabismus und neue Michaelherrschaft

So wurden im Übersinnlichen gewissermaßen die Vorbereitungen getroffen, um die Anthroposophie im Geistesleben der Menschheit zu be-

8. siehe dazu: GA 237/13.07.1924; GA 240/18. u. 19.07.1924; GA 238/10. u. 12.09.1924.

gründen. Dem aber standen zunächst Widerstände der ahrimanischen Mächte entgegen. Nachdem der übersinnliche Kultus in der ersten Hälfte des 19. Jahrhunderts zu seinem Abschluß kam, mußte Michael in der Zeit von 1841 bis 1879 in den Kampf gegen die „Geister der Finsternis" eintreten, durch den sich entscheiden sollte, „ob eine gewisse Summe von spiritueller Weisheit in der geistigen Welt droben reifgemacht werden kann, so daß sie von dem letzten Drittel des 19. Jahrhunderts an allmählich auf die Erde herunterträufelt, das heißt, in die menschlichen Seelen hineinkommt und in den menschlichen Seelen spirituelles Wissen anregt, solches Wissen, das wir eben heute als Wissen der Geisteswissenschaft bezeichnen." (GA 178/1980/06.11.1917/S.92)

Die ahrimanischen Engel, die dies verhindern wollten, wurden von Michael und den Seinen besiegt und auf die Erde gestürzt. (vgl. Linde, S.130 ff.) Mit diesem Sieg wurde das neue Michaelzeitalter im Jahre 1879 eingeleitet.

Inzwischen aber waren die Impulse, die aus der arabistischen Strömung stammten, zu einem Höhepunkt gekommen, denn auch die Seelen des Harun ar-Raschid/Francis Bacon und seines Ratgebers/Comenius hatten von der geistigen Welt aus im Sinne ihrer Impulse weitergewirkt. Viele Menschen, die im 19. Jahrhundert geboren wurden und als Naturforscher oder Historiker wirkten, standen in ihrem vorgeburtlichen Leben direkt unter deren Einfluß. Sie wurden zu Trägern der neuen naturwissenschaftlichen Denkweise, der Geistesströmung des „neuen Arabismus", in den der Impuls von 666 durch die Akademie von Gondischapur eingeflossen war. So war vieles in der neueren Geistesentwicklung dadurch zustande gekommen, „daß maßgebendste Persönlichkeiten für den medizinisch-naturwissenschaftlichen Fortgang unseres Geisteslebens wiederverkörperte Individualitäten aus der arabisch-mohammedanischen Kultur waren". (GA 316/1980/24.04.1924/S.190)

Laplace (1749–1827), Charles Darwin (1809–1882), Leopold von Ranke (1795–1886), Schlosser (1776–1861) und Woodrow Wilson (1856–1924) werden im Zusammenhang mit dieser Strömung namentlich erwähnt. Aus diesen Impulsen erlebte der Materialismus als Weltanschauung im 19. Jahrhundert seine Blüte.

Indem Rudolf Steiner (1861–1925) die Anthroposophie als Geisteswissenschaft entwickelte, stellte er sein ganzes Wirken in das Zeichen der neuen Michaelherrschaft. Seit 1879 gehen von Michael die Kräfte aus, „durch die die Gedankenschatten wieder *Leben* gewinnen". (GA 26/1982/

S.80) In diesem Sinne versucht die Anthroposophie zu ermöglichen, daß der Mensch wieder geistigen Inhalt in sein Denken aufnehmen kann.

Steiners Wirken steht damit im inneren Zusammenhang mit dem, was Aristoteles im vorangegangenen Michaelzeitalter als Aristotelismus begründet hatte und Thomas von Aquin im 13. Jahrhundert als christlichen Aristotelismus weiterentwickelte. Jetzt sollte es von Rudolf Steiner durch die Mittel der übersinnlichen Forschung und eine klare Erkenntnis der geistigen Welt auf eine neue Stufe gehoben werden. So wurden schließlich auch jene unklaren und irrtümlichen Auffassungen von der Unsterblichkeit der Seele korrigiert, die Jahrhunderte hindurch infolge der aristotelisch-thomistischen Auffassung gewirkt haben.

Heute steht die Michaelherrschaft im Zeichen der vollen Anerkenntnis der menschlichen Freiheit. Damit diese sich entwickeln konnte, mußte der Mensch für eine Weile von seiner Verbindung mit den göttlich-geistigen Mächten seines Ursprungs abgeschnitten werden. Offensichtlich war dies nur mit Hilfe der Widersacher möglich. In diesem Sinne erfüllte auch der arabische Aristotelismus eine weltgeschichtlich notwendige Aufgabe. Was durch diesen geschah, war notwendig, „damit das Bewußtsein zum Selbstbewußtsein im Menschen vorrücken" konnte. (ebd./S.162)

So kann man in Anlehnung an die Aufsätze über „Das Michael-Mysterium" sagen, daß der in das europäische Geistesleben eingezogene Arabismus zunächst „die erkennenden Seelen von der Geist-Welt" zurückhielt, indem er – für die damalige Zeit verfrüht – den Intellekt zur Wirksamkeit brachte, der nur die äußere Natur erfassen konnte. (ebd./S.245)

Für die Folgezeit aber kommt es darauf an, ob der Mensch die Gedanken von Ahriman oder von Michael empfängt: „Die Weltgedanken tragen den Menschen in die Zukunft, wenn er sie von Michael empfängt; sie führen ihn von der ihm heilsamen Zukunft hinweg, wenn Ahriman sie ihm geben kann." (ebd./S.119)

Heute liegt es in den Impulsen Michaels, daß die Bewußtseinsseele so weit erkraftet wird, „daß sie zu ihrem göttlich-geistigen Ursprung in Einsicht" zurückblicken kann. (ebd./S.164) Geschieht dies nicht, so „müßte eine völlige *Verdunkelung* der Geisteswelt für den Menschen in seinem Bewußtsein eintreten". (ebd./S.164) Diese Erkraftung geschieht dadurch, daß die Bewußtseinsseele, „die zunächst die Intellektualität aufnimmt, in dieses kälteste Seelen-Element die warme Liebe einziehen läßt". (ebd.)

So geht es für die Zukunft darum, die Kraft der Intellektualität in den „ganzen Menschen" zu tragen, so daß das Herz an allem beteiligt ist, was der Kopf denkt: Der Mensch denkt dann „zwar mit dem Kopfe, aber das Herz fühlt des Denkens Hell oder Dunkel; der Wille strahlt des Menschen Wesen aus, indem er die Gedanken als Absichten in sich strömen hat". (ebd./S.117)

„Denn werden beide Sprachen gesprochen ..."

Stets hat Steiner betont, daß die Anthroposophie ihrem Wesen nach nicht im Gegensatz zur modernen Naturwissenschaft stehen kann. Was diese durch die Erforschung der Sinneswelt über den Menschen und die Welt zu sagen hat, ergänzt jene durch die Erkenntnisse der übersinnlichen Forschung. Und die Zukunftsaufgabe besteht darin, in der rechten Verbindung beider die volle Wirklichkeit zu finden: Dann werden beide Sprachen gesprochen: die naturwissenschaftliche und die geisteswissenschaftliche. Mit dem entsprechenden Wortlaut Steiners möchte ich diese Betrachtung beenden:

„Man muß die rein naturwissenschaftliche Denkungsart in sich aufnehmen können. Aber man sollte auch so *über die Natur* sprechen – das heißt *empfinden* – lernen, wie es Christus gemäß ist. Nicht bloß über Erlösung von der Natur, nicht bloß über Seele und Göttliches sollen wir die Christus-Sprache lernen, sondern über den Kosmos.

Daß unser menschlicher Zusammenhang mit dem ursprünglich Göttlich-Geistigen so gewahrt bleibe, daß wir über den Kosmos die Christus-Sprache zu pflegen verstehen, dazu werden wir kommen, wenn wir uns in innerlichem herzlichen Erfühlen ganz in das einleben, was Michael und die Seinen mit ihren Taten, mit ihrer Mission unter uns sind. Denn Michael verstehen, heißt heute den Weg finden zu dem Logos, den Christus unter Menschen auf der Erde lebt.

Anthroposophie schätzt in rechter Art, was die naturwissenschaftliche Denkweise gelernt hat, seit vier bis fünf Jahrhunderten über die Welt zu sagen. Aber sie spricht außer *dieser* Sprache eben noch eine andere über das Wesen des Menschen, über die Entwickelung des Menschen und über das Werden des Kosmos; sie möchte die Christus-Michael-Sprache sprechen.

Denn werden beide Sprachen gesprochen, dann wird die Entwickelung nicht abreißen und vor dem Finden des ursprünglich Göttlich-Geistigen auf das Ahrimanische übergehen können. Die bloße naturwissenschaftliche Art zu sprechen, entspricht der Loslösung der Intellektualität von dem ursprünglich Göttlich-Geistigen. Sie *kann* ins Ahrimanische übergehen, wenn der Mission Michaels nicht geachtet wird. Sie *wird es nicht,* wenn der frei gewordene Intellekt sich durch die Kraft des Michael-Vorbildes wieder findet in der vom Menschen losgelösten, ihm gegenüber objektiv gewordenen ursprünglichen kosmischen Intellektualität, die im Quell des Menschen liegt und die in Christus innerhalb des Menschheitsbereiches wesenhaft erschienen ist, nachdem sie aus dem Menschen zur Entfaltung seiner Freiheit gewichen war." (ebd./S.97 f.)

Literatur:

Bock, Emil: Rudolf Steiner. Studien zu seinem Lebensgang und Lebenswerk. Stuttgart ^{3}1990.

Crombie, Alistair C.: Griechisch-arabische Naturwissenschaften und abendländisches Denken. In: Sievernich, G./Budde, H. (Hg.): Europa und der Orient: 800–1900. Gütersloh/München 1989.

Fuhlendorf, Hans-Diedrich: Rückkehr zum Paradies oder Erbauen des Neuen Jerusalem? Geschichtsbetrachtungen in apokalyptischer Zeit. Flensburg 1992.

Hoerner, Wilhelm: Zeit und Rhythmus. Die Ordnungsgesetze der Erde und des Menschen. Stuttgart 1978.

Jedin, Hubert: Kleine Konziliengeschichte. Freiburg ^{6}1990.

Kindlers Literaturlexikon. Bd. 21, hg. von Bompiani, V., München 1974.

Klünker, Wolf-Ulrich/Sandkühler, Bruno: Menschliche Seele und kosmischer Geist. Siger von Brabant in der Auseinandersetzung mit Thomas von Aquin. Stuttgart 1988.

Linde, Frank: Die Impulse des Bösen am Jahrtausendende. Luzifer, Ahriman, Sorath, Asuras – ihr Wirken in der Menschheitsgeschichte. In: FLENSBURGER HEFTE 60: Die Impulse des Bösen am Jahrtausendende. Flensburg 1998.

Platon: Sämtliche Werke. Hg. von Ernesto Grassi. [a]: Bd. 2, Hamburg 1979, [b]: Bd. 3, Hamburg 1978.

Schöffler, Heinz Herbert (Hg.): Der Kampf um das Menschenbild. Das achte ökumenische Konzil von 869/870 und seine Folgen. Dornach 1986.

Wilderotter, Hans: „Der hat den Großen Kommentar gemacht" – Aristoteles, Averroes und der Weg der arabischen Philosophie nach Europa. In: Sievernich, G./Budde, H. (Hg.): Europa und der Orient: 800–1900. Gütersloh/München 1989.

Die drei okkulten Fähigkeiten

Wolfgang Weirauch

„Alles fließt, nichts besteht, noch bleibt es je dasselbe" – so lautet ein bekannter Ausspruch Heraklits, mit dem er darauf hindeuten wollte, daß alles Sein fließend und nicht verharrend ist. Kein Mensch steigt zweimal in denselben Fluß. Alles befindet sich in Bewegung. Nichts in der Natur ist jetzt noch so, wie es im Augenblick zuvor gerade war. Wie ist das mit dem Menschen?

Wer kennt nicht den Moment inneren Erschreckens, wenn einem wie mit einem Ruck klar wird, daß schon wieder ein Jahr vergangen ist und man nicht das eingehalten hat, was man sich vor einem Jahr vorgenommen hat. Vielleicht hatte man sogar völlig vergessen, was man sich in der Vergangenheit intensiv vorgenommen hatte; um so erschütternder wird dann das Aufwacherlebnis sein. In unserer schnellebigen Zeit ist es leicht möglich, daß man sich vom Strom der Zeit, den äußeren Ereignissen mitreißen läßt oder der inneren Trägheit verfällt und die eigens gefaßten Vorsätze vergißt. An solchen Erlebnissen kann man verstehen lernen, was es heißt, innerlich stehenzubleiben. Wer sich über lange Zeit nicht verändert, dem geht es vielleicht wie dem von Bertolt Brecht geschaffenen Herrn Keuner:

„Ein Mann, der Herrn K. lange nicht gesehen hatte, begrüßte ihn mit den Worten: ‚Sie haben sich gar nicht verändert.'

‚Oh!' sagte Herr K. und erbleichte."

Natürlich verändert sich der Mensch rein äußerlich ständig, aber innerlich scheint es die Möglichkeit zu geben stehenzubleiben: Das Denken verändert sich nicht, man ist unbeweglich und weigert sich hinzuzulernen, man ist gefühlsmäßig verstockt und verschlossen gegenüber anderen als den gewohnten Gefühlen, neuen Erfahrungen und Wahrnehmungen steht man stumpf gegenüber.

Das Innere eines solchen Menschen gleicht dann einem unbeweglichen Klotz im Strom der Zeit und des fließenden Seins. Vielleicht trotzt er ihm eine Weile, vielleicht wird er aber auch mitgerissen. Auf jeden Fall verliert er den Kontakt zu seiner Umwelt und kapselt sich ab. Bei älteren Menschen, die lange allein leben, kennt man dieses noch halbwegs natürliche Phänomen, indem sie schrullig oder kauzig werden. Sie können sich dann nicht mehr kritisch in ihrem Verhältnis zur Umwelt beobachten.

Wer innerlich beweglich bleiben will, muß sich anstrengen, darf sich nicht hängenlassen. Ein Leben lang lernen, für Neues aufnahmefähig sein, bereit sein, sich zu verändern, ohne sich äußeren Gegebenheiten anzupassen, Unbequemes anpacken – das wäre die Devise für einen Menschen, der nicht zu einem Hemmnis seiner selbst und zu dem anderer Menschen bzw. der Entwicklung allgemein werden will.

Wenn man einen längeren Atem hätte, ein umfassenderes Bewußtsein, das über Tausende von Jahren reichte, dann würde man allerdings bemerken, daß sich auch die innere Konstitution der Menschen im Laufe der Zeit geändert hat. Vor Jahrtausenden schaute man nicht so in die Welt wie heute, sondern man nahm dort konkrete geistige Wesen wahr. Und es werden Zeiten kommen – und sie beginnen schon jetzt –, in denen man wie naturgemäß neue seelische Fähigkeiten bekommen wird: ein neues Hellsehen, das Schauen des vergangenen und zukünftigen Karma und eine neue Möglichkeit der Begegnung mit dem Christuswesen. (vgl. Linde, S.6, und Weirauch, S.32) Aber noch andere Fähigkeiten werden den Menschen im Laufe der 5. nachatlantischen Kulturepoche erwachsen: die drei sogenannten okkulten Fähigkeiten, die mechanische, hygienische und eugenetische okkulte Fähigkeit.

Diese Fähigkeiten werden sich zwar weitgehend von selbst entwickeln, aber von jedem einzelnen Menschen wird es abhängen, ob sich eine solche Fähigkeit ungetrübt oder verzerrt in ihm entwickelt. Denn in Zukunft wird es immer mehr auf ein gesteigertes Bewußtsein ankommen, das man aus eigener Kraft entfaltet. Wer sich nicht verändert, wer nicht an sich arbeitet, wird viele Zukunftschancen verpassen. Und wer auf Dauer stehenbleibt, wird die allgemeine Entwicklung stören.

Eine solche andere Entwicklungsgeschwindigkeit als die allgemein fortschreitende zeichnet auch die sogenannten bösen Wesen, die Widersachermächte, aus. Sie haben sich irgendwann aus der allgemeinen Entwicklung ausgegliedert, sind stehengeblieben. Dadurch stören sie die Weltenpläne derjenigen Mächte, die die kosmische Evolution nach einem ganz bestimmten Plan lenken. Den Wesen, die voranschreiten, stehen die Aktivitäten dieser Widersachermächte im Weg. Von vornherein haben sie gar nichts Böses vor, sie sind lediglich in ihrer Sicht und Handlungsweise beschränkt. Aber was unzeitgemäß in eine normal voranschreitende Entwicklung hineinwirkt, hat aus der Perspektive derjenigen, die im Fluß der voranschreitenden Entwicklung stehen, den Charakter der Behinderung oder Verfrühung. Und diese beiden unzeitgemäßen Tendenzen bezeichnet man gewöhnlich als das Böse.

Sorath, ein Wesen ahrimanischer Natur, hat den Willen, den Menschen zu früh Bewußtseinsinhalte zu bringen, zumindest war das im Jahre 666 seine Absicht. Durch das Nadelöhr eines oder weniger Akademielehrer der Akademie von Gondischapur wollte Sorath Wissensinhalte und Fähigkeiten vermitteln, die die Menschen sich – von heute aus gesehen – erst im nächsten Jahrtausend erarbeiten werden. Das sind diejenigen Errungenschaften, die man mit Hilfe der drei okkulten Fähigkeiten hervorbringen wird. Man wird also nicht nur seine Erkenntnisse auf bestimmten Gebieten erheblich erweitern, sondern auch neue Fähigkeiten erwerben, Fähigkeiten, die man heute noch als Utopien verwerfen würde. Wie charakterisiert Steiner diese okkulten Fähigkeiten?

Die mechanische okkulte Fähigkeit

Die mechanische okkulte Fähigkeit hängt mit der Beziehung des Menschen zur Technik zusammen. Steiner spricht darüber, daß man mit Hilfe der Naturwissenschaften noch vor dem 4. Jahrtausend überall in der Natur Rhythmen finden werde, rhythmische Ordnungen im Pflanzenwachstum, im Verlauf einer Krankheit, überhaupt im gesamten menschlichen Leben. In vielen Bereichen kennt man sie heute schon, aber Steiner geht noch weiter: Anhand der Naturrhythmen wird man die Fähigkeit erwerben, auch in der Technik mittels bestimmter Schwingungen Rhythmen anzuwenden:

„Aber durch das Durchdringen der Naturrhythmen kommt man auch zu einer gewissen Benützung der Rhythmik in der Technik. Das ist dann das Ziel der künftigen Technik: durch zusammenstimmende Schwingungen, die man im Kleinen erregt und die sich dann ins Große übertragen, durch das einfache Zusammenstimmen ungeheuere Arbeit zu verrichten." (GA 184/1968/12.10.1918/S.295)

In Zukunft, so Steiner, wird der Mensch zunehmend mit der Objektivität, z.B. einer Maschine, zusammenwachsen:

„Der Weltengang geht dahin, daß ein Zusammenhang entsteht zwischen dem, was der Mensch ist, und demjenigen, was der Mensch erzeugt, demjenigen, was der Mensch hervorbringt. Dieser Zusammenhang wird ein immer intimerer und intimerer werden. [...]

Selbst die äußerste, kälteste technische Entwickelung tendiert nach einem ganz bestimmten Ziele hin. Derjenige, der heute sich ahnende Vorstellungen von der Zukunft der technischen Entwickelung machen kann, der weiß, daß in der Zukunft ganze Fabriken individuell wirken werden, je nach demjenigen, der die Fabrik leitet. Die Gesinnung wird mit in die Fabrik hineingehen und sich übertragen auf die Art und Weise, wie die Maschinen arbeiten. Der Mensch wird zusammenwachsen mit der Objektivität. Alles, was wir berühren werden, wird nach und nach den Abdruck menschlichen Wesens an sich tragen. Und Zeiten werden kommen, so dumm es heute noch den gescheiten Leuten auch erscheinen mag [...], in denen ein Mechanismus dastehen wird, der in Ruhe verharrt; ein Mensch wird hinzutreten, der wissen wird, daß er eine Handbewegung so, eine andere in einer bestimmten Weise dazu, eine dritte so zu machen hat, und durch dasjenige, was da als Luftschwingungen entsteht und was die Folge eines bestimmten Zeichens ist, wird der Motor in Bewegung gesetzt sein, der abgestimmt sein wird auf dieses Zeichen.“ (GA 172/1980/12.11.1916/S.91 f.)

Steiner weist auch darauf hin, aus welchem Bereich des inneren Menschen heraus man die Maschinen in Bewegung versetzen kann:

„Und nun steht die Menschheit davor, ganz bestimmte Dinge lösen zu müssen. Vor allen Dingen etwas, worauf ich schon aufmerksam gemacht habe und was zusammenhängt mit der bewunderten modernen Technik, die ein Ergebnis ist der auch von der Geisteswissenschaft bewunderten Naturwissenschaft. Diese bewunderte moderne Technik gelangt in verhältnismäßig nicht zu ferner Zeit an ein Ende, wo sie sich in einer gewissen Weise selber aufheben wird. Dagegen wird etwas eintreten, was dahin gehen wird – ich habe die Sache hier schon angedeutet –, daß der Mensch die Möglichkeit erlangen wird, von jenen feinen Vibrationen, feinen Schwingungen, die in seinem Ätherleib sind, Gebrauch zu machen für die Impulsation von Mechanismen. Maschinen wird man haben, die an den Menschen gebunden sein werden, aber der Mensch wird seine eigenen Vibrationen auf die Maschine übertragen, und nur er wird imstande sein, unter dem Einfluß gewisser von ihm erregter Schwingungen gewisse Maschinen in Bewegung zu setzen. Die Leute, die sich heute als Praktiker betrachten, werden sich in gar nicht zu ferner Zeit einer vollständigen Umänderung dessen gegenübergestellt sehen, was man Praxis nennt, wenn der Mensch mit seinem Willen eingeschaltet werden wird in das objektive Fühlen der Welt.“ (GA 173/1966/18.12.1916/S.214 f.)

Arbeitsplatzvernichtung

Wenn man Maschinen erfinden würde, die nur durch geringfügige menschliche Beeinflussungen in Bewegung versetzt werden könnten, würde sich sicher auch die gesamte Arbeitswelt radikal verändern. Schon jetzt – bevor man diese Maschinen erfunden hat – gibt es Computer, die Sprache und verschiedene Gesten in Schrift umsetzen können. Schon jetzt werden weltweit Millionen von Arbeitsplätzen durch immer leistungsfähigere Computer und Roboter vernichtet.

Nachdem Maschinen die menschliche Muskelkraft ersetzt haben, treten jetzt Computer an die Stelle bestimmter Fähigkeiten des menschlichen Verstandes und schalten den Produktionsfaktor Mensch allmählich aus. 75 % aller Tätigkeiten in der Produktion sind einfache und können durch Maschinen ersetzt werden, aber noch nicht einmal 5 % aller Unternehmen haben mit der Einsetzung entsprechender Technologien begonnen. Reengineering (Umstrukturierung) heißt die Zauberformel aus den USA, mit der die Firmen vom Menschen auf die Maschine umgerüstet werden. Man schätzt, daß in den nächsten Jahren 40 % aller Arbeitsplätze durch diese Umstrukturierung verlorengehen werden.

Beruf für Beruf, Branche für Branche wird durch die neuen Technologien umgewälzt werden. Neue Robot-Technologien ersetzen z.B. zunehmend den Menschen in der Landwirtschaft: Roboter zur Fütterung von Milchkühen, automatisierte Schermaschinen für die Schafschur, automatische Obstpflücker. Der traditionelle Ackerbau wird mehr und mehr durch den Einsatz der Gentechnik verdrängt werden, und die neuentwickelte Gewebekulturproduktion – ohne Erdboden – wird mit Hilfe der Gentechnik Millionen von Arbeitsplätzen in der Dritten Welt vernichten. Eine Million Angestellte der Banken und Versicherungen in Deutschland stehen aufgrund des hohen Rationalisierungsdrucks und immer umfassenderer Automatisierung – Geldautomaten, Kontoauszugsdrucker, Online-Banking etc. – sowie der Konkurrenz z.B. japanischer und amerikanischer Banken vor der Entlassung. Das papierlose, virtuelle Büro gilt als Büro der Zukunft: mobile Büros mit tragbaren Faxgeräten, Laptops, Handys oder intelligenten Maschinen, die Managementaufgaben übernehmen – z.B. Bewerbungen speichern –, sind auf dem Vormarsch. Es gibt sogar schon das erste von einem Computer geschriebene Buch: einen Liebesroman.

Seitdem weltweit alle Schranken für grenzüberschreitenden Geld- und Kapitalverkehr abgeschafft worden sind, agieren die transnationalen Konzerne global und wirken durch den enormen weltweiten Konkurrenzkampf mehr oder weniger gezwungenermaßen an der Arbeitsplatzvernichtung mit. Die Strategie der US-Konzerne – aber auch bei uns in Deutschland greifen diese Tendenzen zunehmend – ist folgende: Man entläßt aus einem Konzern möglichst alle Gewerkschafter, lockert das Arbeitsrecht, gliedert Teile der Produktion aus und kündigt den Arbeitnehmern dieser Produktionssparten. Die gleiche Produktion wird dann von Subunternehmen ausgeführt, dieselben Arbeitnehmer werden dort wieder eingestellt, aber unter schlechteren Bedingungen. Andere Angestellte werden in die (Schein-)Selbständigkeit entlassen oder als Just-in-time-Worker genutzt. Die Beschäftigungsquote in den USA ist zwar gut, aber es gibt immer mehr Billiglohn-Arbeitskräfte: 1995 verdienten 4/5 aller männlichen Angestellten und Arbeiter 11 % weniger pro Arbeitsstunde als gut 20 Jahre zuvor.

Am schlechtesten aber geht es den Heeren von Arbeitnehmern in der Dritten Welt, die oft zu Hungerlöhnen für die transnationalen Konzerne arbeiten. Hinzu kommt die Tatsache, daß aufgrund der Überbevölkerung in den nächsten zehn Jahren weltweit über eine Milliarde weitere Arbeitsplätze geschaffen werden müssen. Ein Schwellenland wie Mexiko ist bei dieser erschreckenden Perspektive noch verhältnismäßig gut dran, obwohl dort derzeit schon 50 % der arbeitsfähigen Bevölkerung arbeitslos oder unterbeschäftigt sind. Nur um das gegenwärtige Niveau zu halten, müßten dort bis zum Jahr 2000 900.000 Arbeitsplätze geschaffen werden. In Ländern der Dritten Welt sind die Zahlen noch weitaus schlechter.

Die ganze wirtschaftliche und gesellschaftliche Entwicklung tendiert dahin, daß wir bereits in naher Zukunft eine 20:80-Gesellschaft haben werden: 20 % aller Arbeitnehmer weltweit werden dann ausreichen, um alle benötigten Güter und Dienstleistungen zu produzieren. Der Rest wird mit geringfügigem Einkommen auskommen müssen, in die Schattenwirtschaft oder Kriminalität abrutschen oder am Rande der Gesellschaft verkommen. Wir stehen also vor einer Situation, daß sich nicht die Proletarier aller Länder vereinigen, sondern weltweit um die Arbeitsplätze konkurrieren. Das alles ist schon heute weitgehend Realität. Aber wie wird sich diese Entwicklung erst auswirken, wenn man mit Hilfe der mechanischen okkulten Fähigkeit die Schwingungsenergie entdecken wird, mit denen man mit Leichtigkeit Maschinen in Bewegung setzen kann? Steiner beschreibt diese Situation aus der Perspektive des Jahres 1918 folgendermaßen:

„Motoren gibt es, welche dadurch, daß man die betreffende Schwingungskurve kennt, durch sehr geringfügige menschliche Beeinflussung in

Tätigkeit, in Betrieb gesetzt werden können. Dadurch wird es möglich sein, vieles, wozu man heute Menschenkräfte braucht, durch rein mechanische Kräfte zu ersetzen. Heute ist es schon so, daß die Menschen auf der Erde vierzehnhundert Millionen sind; aber es wird nicht bloß Arbeit geleistet von diesen vierzehnhundert Millionen [...], sondern es wird so viel Arbeit geleistet auf rein mechanische Weise, daß man sagen kann, die Erde ist heute eigentlich von zweitausend Millionen Menschen bevölkert; die anderen sind eben einfach Maschinen; das heißt, würde die Arbeit, welche von Maschinen geleistet wird, durch Menschen geleistet werden müssen ohne Maschinen, so müßten sechshundert Millionen mehr Menschen auf der Erde leben. Aber man wird, wenn das, was ich jetzt vor Ihnen mechanischen Okkultismus nenne, in das Gebiet der praktischen Wirksamkeit tritt, was ein Ideal jener geheimen Zentren ist, man wird nicht nur für fünf- oder sechshundert Millionen Menschen Arbeit leisten können, sondern man wird für tausend und mehr Millionen Menschen Arbeit leisten können. Dadurch wird die Möglichkeit gegeben sein, daß innerhalb des Gebietes der englisch sprechenden Bevölkerung neun Zehntel der Menschenarbeit unnötig wird. Aber der mechanische Okkultismus macht möglich nicht nur, daß man neun Zehntel der Arbeit, die heute noch von Menschenhänden geleistet wird, entbehren kann, sondern er macht es auch möglich, daß man jede aufständische Bewegung der dann unbefriedigten Menschenmasse paralysieren kann. Die Fähigkeit, nach dem Gesetze der ineinanderklingenden Schwingungen Motoren in Bewegung zu setzen, diese Fähigkeit wird sich gerade in ausgiebigem Maße bei der britisch sprechenden Bevölkerung entwickeln." (GA 186/1979/01.02. 1918/S.71 f.)

In Frankreich organisieren sich derzeit bereits die Arbeitslosen. Die Kluft zwischen den Reichen und Armen wird sich in den nächsten Jahren beständig vergrößern. Ich halte es deshalb nicht für unmöglich, daß sich die Besitzlosen eines Tages zum Sturm der Bastionen der Reichen aufmachen werden. Und bei einer derartigen Entwicklung klingt es natürlich erschreckend, wenn Steiner darüber spricht, daß mit der mechanischen okkulten Fähigkeit auch die Fähigkeit erworben wird, jede aufständische Bewegung rebellierender Menschenmassen zu paralysieren.

Wenn die Schwingungsenergie und die dazugehörige Technik entdeckt bzw. erfunden und beherrscht werden, dann wird es dringend notwendig sein, daß die Menschen eine hohe Stufe der Selbstlosigkeit erreicht haben werden. Aber davon scheinen die Menschen weiter denn je entfernt.

Die hygienische okkulte Fähigkeit

Die hygienische okkulte Fähigkeit wird – so Steiner – den Menschen für gewisse Bereiche der materiellen Welt sensibler machen, z.B. für chemische Stoffe und Arzneimittel. Feine Pulsationen seines Gefühls- und Willenslebens werden z.B. bei der Heilmittelherstellung Auswirkungen auf die Beschaffenheit der Stoffe haben. (vgl. GA 172/1980/12.11.1916/S.91) Von daher wird es nicht gleichgültig sein, wer eine bestimmte Arznei herstellen wird, denn im Seelenleben ist jeder Mensch individuell und ganz besonders den Stimmungen des Tages ausgesetzt. Es wird auch nicht gleichgültig sein, zu welcher Tages- oder Nachtzeit man bestimmte Stoffe herstellen wird, da mit jeder Stunde unterschiedliche kosmische Verhältnisse verbunden sind. (vgl. GA 178/1980/25.11.1917/S.230 f.)

Aber es geht bei dieser Fähigkeit nicht nur um die Herstellung von Heilmitteln, sondern man wird in der Medizin völlig neue Wege einschlagen und den ganzen Menschen mit einbeziehen: seinen Lebenslauf, sein Schicksal, das Individuelle seiner Krankheit. Die Medizin wird sich dann nicht wie heute vorwiegend darum bemühen, Krankheiten zu heilen, sondern sie wird vornehmlich die gesundenden Kräfte im Menschen prophylaktisch ansprechen und stärken. Eine rein materialistische Medizin wird dann sogar in etlichen Bereichen überflüssig werden, weil man die meisten Krankheiten psychisch heilen wird:

„Diese hygienische okkulte Fähigkeit ist auf dem guten Wege und wird verhältnismäßig nicht lange auf sich warten lassen. Diese Fähigkeit wird einfach durch die Einsicht reifen, daß das menschliche Leben, indem es von der Geburt bis zum Tode verläuft, nach einem Prozeß verläuft, der ganz identisch ist mit einem Krankheitsprozeß. Krankheitsprozesse sind nämlich nur spezielle und radikale Umbildungen des ganz gewöhnlichen, normalen Lebensprozesses, der zwischen Geburt und Tod verläuft, nur daß wir in uns nicht nur die krankmachenden Kräfte tragen, sondern auch die gesundmachenden Kräfte. Und diese gesundmachenden Kräfte, das weiß jeder Okkultist, sind ganz genau dieselben wie diejenigen, welche man dann anwendet, wenn man sich okkulte Fähigkeiten erwirbt, indem man diese Kräfte in Erkenntnisse umwandelt. Die dem menschlichen Organismus innewohnende Heilkraft in Erkenntnis umgewandelt gibt eben okkulte Erkenntnisse.

Es weiß nun wiederum jeder Wissende in den westlichen Zirkeln, daß in Zukunft die materialistische Medizin keinen Boden haben wird. Denn in dem Augenblicke, wo sich die hygienisch-okkulten Fähigkeiten entwikkeln, wird man nicht eine äußere materielle Medizin brauchen, sondern es wird die Möglichkeit da sein, jene Krankheiten, die nicht durch karmische Ursachen entstehen und deshalb unbeeinflußbar sind, auf psychischem Wege prophylaktisch zu behandeln, zu verhüten. Es wird sich alles in dieser Beziehung ändern. Das erscheint heute noch wie eine bloße Phantasie, aber das ist etwas, was sogar sehr bald kommen wird." (GA 186/1979/01.12.1918/S.74 f.)

In dieser Richtung gibt es schon die verschiedensten Ansätze, auch wenn es allerhöchstens Vorstufen der psychischen Heilweise sind, die Steiner als medizinische Fähigkeiten der Zukunft andeutet. Wenn wir an die Entwicklung der Medizin denken, wie ich sie im Artikel „Die arabische Medizin als Mittler zwischen Antike und Neuzeit" beschrieben habe, dann wird sich der dort beschriebene Ring über die antike und die arabische Welt zurück nach Europa erst dann wirklich schließen, wenn wir wieder eine Medizin bekommen werden, die in den Kosmos eingebettet ist wie in den Zeiten vor der Antike. Dafür wird man sich aber ein neues Hellsehen erwerben müssen, ohne die für das menschliche Leben notwendige Gedankenschärfe einzuschränken. Die hygienische okkulte Fähigkeit ist meines Erachtens dasjenige, was nach Steiner als christlicher Heilerimpuls entwikkelt werden soll.

Eugenetische okkulte Fähigkeit

Mit der dritten okkulten Fähigkeit wird man ein höheres – zumindest ein ahnendes, aber wahrscheinlich hellsichtiges – Bewußtsein über die Zusammenhänge von Konzeption, Empfängnis, Geburt und Tod bekommen. Man wird den Menschen als wirklich übersinnliches Wesen begreifen, als Individualität, die sich zu einer ganz bestimmten Zeit, während ganz bestimmter kosmischer Verhältnisse mit einem ganz bestimmten Menschenpaar auf Erden verbinden wird. Steiner beschreibt diese Fähigkeit folgendermaßen:

„Eugenetische Fähigkeit nenne ich die Heraushebung der Menschenfortpflanzung aus der bloßen Willkür und dem Zufall. Innerhalb der Bevölkerung des Ostens wird sich nämlich ein instinktiv helles Wissen entwickeln, welches Kenntnis davon haben wird, wie mit gewissen kosmischen Erscheinungen parallel laufen müssen die Gesetze der Population, die Gesetze der Bevölkerung; wie man, wenn man im Einklange mit gewissen Sternkonstellationen die Empfängnis einrichtet, dadurch Veranlassung gibt, gut gearteten oder übel gearteten Seelen den Zugang zur Erdenverkörperung zu verschaffen." (ebd./S.72)

Eine solche Äußerung klingt auf den ersten Blick vielleicht schockierend, vor allem die von den gut oder übel gearteten Seelen. Solange man nicht an den Film „Rosemaries Baby" denkt, dürfte es zunächst schwer vorstellbar sein, daß in einem kleinen Kind eine „übel geartete" Seele wohnt. Das ist wieder eine Steiner-Äußerung, die Mißverständnissen und Spekulationen breiten Raum gibt, speziell der Ausdruck „übel geartete Seele".

Was kann damit gemeint sein? Wer sich die heute lebenden Menschen anschaut, wird kaum der Meinung sein, daß wir alle Engel wären. Eher das Gegenteil ist der Fall. Wenn man sich in den letzten Jahren nur etwas in der Welt umgeblickt hat, kann man mit Sicherheit nur entsetzt sein über das Potential an Grausamkeiten, mit dem Menschen – z.B. in Algerien, Bosnien oder Ruanda – andere Menschen vernichtet haben.

Denkt man einen Schritt weiter, nämlich daß der Mensch nicht nur einmal lebt, sondern sich umhüllt von seinem persönlichen Schicksal in einem nächsten Leben wiederverkörpert, dann braucht man sich nur einmal einen Massenvergewaltiger, Menschenfolterer oder mehrfachen Mörder vorzustellen. So ein Mensch dürfte sich nicht gerade das beste Karma geschaffen haben. Aber auch er bekommt in seinem nächsten Leben eine neue Chance und beginnt dieses als kleines unschuldiges Baby. Vielleicht ist ein Mensch mit einem derart belasteten Karma mit „übel gearteter Seele" gemeint, obwohl der Begriff das eigentlich nicht hergibt.

Wenn man über die eugenetische okkulte Fähigkeit verfügt, mit der man einen partiellen Einblick in vorgeburtliche Zusammenhänge erlangt, muß man sich moralisch so weit geschult haben, daß man seine erweiter ten Fähigkeiten nicht egoistisch für sich oder für eine Gruppe von Menschen ausnutzt. Und dann wird man auch alles dafür tun, um jeder Seele, die sich verkörpern will, den Weg zur Inkarnation zu bereiten, der in ihrem individuellen Schicksal liegt.

Voraussetzungen für die okkulten Fähigkeiten

666 n.Chr. war die Menschheit nicht im Ansatz für die drei okkulten Fähigkeiten reif. Ist sie es heute, zweimal 666 Jahre später? Zerrbilder, verfrühte Auswirkungen bzw. fehlgeleitete Entwicklungen der drei okkul-

ten Fähigkeiten gibt es genug, z.B. die Kernspaltungsenergie, bewußtseinsverändernde Medikamente oder die Sterilisation und Euthanasie angeblich minderwertigen Lebens. Steiner beschreibt genau, welche Fähigkeiten die Menschen entwickelt haben müssen, wenn die im Laufe der 5. nachatlantischen Kulturepoche (1413–3573) zu erwerbenden okkulten Fähigkeiten nicht in ein falsches Fahrwasser geraten sollen. Für die mechanische okkulte Fähigkeit ist das die bereits im Artikel „Sorath und die Zahl 666" angesprochene Selbstlosigkeit und Brüderlichkeit, die sich in einer sozialen gesellschaftlichen Ordnung niederschlagen muß:

„Diese Erkenntnisse dürfen nur in die Menschheit hineinkommen, wenn erstens, gleichzeitig mit der Entwickelung nach diesen Erkenntnissen hin, stattfindet in dem breitesten Umfange innerhalb der Menschheit eine vollständig selbstlose soziale Ordnung. [...] Man kann nicht eine rhythmische Technik einrichten, ohne in die Menschheit weiteres Unheil zu bringen, wenn nicht zugleich eine selbstlose soziale Ordnung angestrebt wird. Eine egoistische Menschheit würde nur zu ihrem eigenen Unheil die rhythmische Technik erlangen." (GA 184/1968/12.10.1918/S.296)

Als Grundvoraussetzung für die hygienische okkulte Fähigkeit benötigt man absolute Gewissenhaftigkeit, auch in bezug auf die eigenen Gedanken und Gefühle:

„Man kann diese Kraft nicht ohne weiteres der Menschheit überliefern [...], wenn man nicht gleichzeitig züchtet innerhalb der Menschheit die absolute Gewissenhaftigkeit, die sich nicht nur bezieht auf das Verhalten des Menschen in bezug auf das äußerlich Bemerkbare, sondern auch in bezug auf das äußerlich Unbemerkbare; wenn der Mensch sich nicht nur dasjenige verbietet, was äußerlich sichtbar wird, sondern sich nach einer gewissen Gewissensregel auch das verbietet, was äußerlich nicht sichtbar wird: das Denken, das Fühlen. Denn mit der Erkenntnis dieser Kraft, die verborgen wird dadurch, daß wir unseren Lebensstrom zwischen Geburt und Tod wie einen starren Körper anschauen, mit der Beherrschung dieser Kraft würde man ungeheueres Unheil wiederum anrichten können, wenn sie nicht sich entwickeln würde in dem Lichte der absoluten Gewissenhaftigkeit auch für das Unbemerkbare." (ebd.)

Um die eugenetische okkulte Fähigkeit wahrhaftig zu handhaben, benötigt man eine bewußte Begegnung mit Luzifer und Ahriman, zumindest sollte man ihre jeweilige Einseitigkeit durchschauen. Dazu bedarf es absoluter Aufrichtigkeit, z.B. im Durchschauen der einseitigen, nur auf das Sinnliche gerichteten Naturwissenschaft:

„Es ist eine gute Barriere gegen Ahriman, bei der Naturerkenntnis, also auch bei der Unwahrheit, stehenzubleiben. Sie haben nur die Wahl, entweder Wahrheit zu wollen – dann müssen Sie auch Bekanntschaft machen mit dem, was als Ahrimanisch-Übersinnliches in der Welt wirkt, oder Unwahrheit zu haben. Züchten Sie die Unwahrheit, sagen Sie: Das gespenstische Naturwissen gibt die wirkliche Natur – gut, dann bleiben Sie bei dem, was dem Ahriman recht ist; der will nämlich die Lüge, und er lebt von der Lüge. Und von dieser geheimen Lüge kann er erst recht leben; und nichts ist ihm lieber, als wenn diese Lüge waltet, die in der Anschauung besteht: das gespenstische Naturwissen ist wirkliches Naturwissen." (ebd./S.297)

Wenn man die übersinnlichen mit Geburt und Tod zusammenhängenden Realitäten bewußt durchschaut, dann entsteht eine Kraft, die einen vor luziferischen Einseitigkeiten bewahrt. (vgl. ebd./S.297 f.)

Zukunftsimpulse und ihre Zerrbilder

Ähnlich wie geistige Wesen und auch Menschen in ihrer Entwicklung stehenbleiben können und dann entgegen der fortschreitenden Entwicklung wirken, ist es auch mit Impulsen, die von den Menschen zu einer bestimmten Zeit aufgegriffen werden sollen: Versäumen die Menschen es, so wirken diese Impulse doch, aber in verzerrter Form.

Die Engel der Menschen gehören zu den Geistern, die an der voranschreitenden Menschheits- und Erdenentwicklung arbeiten. Sie formen unter der Anleitung höherer Geister, der Exusiai, in Bildern die menschlichen Zukunftsimpulse aus und verweben diese Bilder mit den menschlichen Astralleibern. Das ist ein Prozeß, der nur hellsichtig beobachtet werden kann, und es liegt in der Aufgabe der Menschen, dieses Engelwirken in naher Zukunft bewußt mitzuvollziehen.

Drei Impulse legen die Engel in unseren Astralleib. Der erste ist der Grundsatz absoluter Brüderlichkeit:

„Die Menschen können sich sträuben anzuerkennen, daß Engel in ihnen Zukunftsideale auslösen wollen, aber es ist doch so. Und zwar wirkt ein ganz bestimmter Grundsatz bei dieser Bilderformung der Angeloi. Es wirkt der Grundsatz, daß in der Zukunft kein Mensch Ruhe haben soll im Genusse von Glück, wenn andere neben ihm unglücklich sind. Es herrscht ein gewisser Impuls absolutester Brüderlichkeit, absolutester Vereinheitlichung des Menschengeschlechtes, richtig verstandener Brüderlichkeit mit

Bezug auf die sozialen Zustände im physischen Leben." (GA 182/1976/ 09.10.1918/S.140)

Der zweite Impuls ist die absolute Religionsfreiheit mit dem Ziel, daß jeder Mensch in jedem anderen ein verborgenes Göttliches erblicken soll. Durch den dritten Impuls wird dem Menschen die Möglichkeit gegeben werden, mit dem Denken zum Geist vorzustoßen. (vgl. ebd./S.141 f.)

Mit diesen drei Impulsen, die die Engel als Bilder in die Astralleiber der Menschen legen, wird der Menschheit ein Dreifaches gezeigt:

„Erstens [...], wie man wirklich die tiefere Seite der Menschennatur mit seinem unmittelbarsten menschlichen Interesse erfassen kann. Ja, es wird ein Zeitpunkt kommen, den die Menschen nicht verschlafen sollen, wo die Menschen einen anregenden Impuls aus der geistigen Welt heraus durch ihren Engel empfangen werden, der dahin gehen wird, daß wir ein viel tieferes Interesse an jedem Menschen haben werden, als wir geneigt sind, heute zu haben. Diese Erhöhung des Interesses an unserem Mitmenschen soll sich nicht bloß etwa so subjektiv entwickeln, wie dies die Menschen so bequem in sich entwickeln, sondern mit einem Ruck, indem tatsächlich dem Menschen eingeflößt wird von spiritueller Seite ein gewisses Geheimnis, was der andere Mensch ist. Ich meine damit etwas ganz, ganz Konkretes, nicht irgendwelche theoretische Erwägung, sondern: Die Menschen erfahren etwas, was sie an jedem Menschen interessieren kann.

Das ist das eine, und das wird das soziale Leben ganz besonders erringen. Und das zweite wird sein, daß von der geistigen Welt aus der Engel unwiderleglich dem Menschen zeigen wird, daß der Christus-Impuls außer allem übrigen auch völlige Religionsfreiheit für die Menschen bedingt, daß nur das das rechte Christentum ist, welches absolute Religionsfreiheit möglich macht. Und das dritte ist eben die unwiderlegliche Einsicht in die geistige Natur der Welt." (ebd./S.144 f.)

Nun können die Menschen allerdings die Arbeit der Engel bewußtseinsmäßig verschlafen. Wenn man sein Bewußtsein nicht so weit steigert, daß man ihre Aktivitäten schaut oder zumindest in lebendiger Weise denkt und erspürt, dann müssen die Engel ihre Impulse eine Schicht tiefer in den Menschen hineinverweben. Sie legen ihre Bilder dann in die Ätherleiber der Menschen, wenn sie schlafen, also ohne Bewußtsein sind. Daraus folgt, daß die eigentlich gut und fortschrittlich gemeinten Aktivitäten der Engel ins Unbewußte, ins Instinktive rutschen. Und aus diesem Instinktiven erwachsen Zerrbilder der drei obengenannten Impulse für die Zukunft der Menschheit. Die Zerrbilder, die dabei aus dem Instinktiven aufsteigen können, sind erstaunlicherweise auch die Zerrbilder der drei okkulten Fähigkeiten, der eugenetischen, hygienischen und mechanischen okkulten Fähigkeit:

„Erstens würde in den schlafenden Menschenleibern, während der Mensch eben schläft, ohne daß er mit seinem Ich und seinem astralischen Leib dabei ist, etwas erzeugt, was er dann findet nicht durch Freiheit, sondern was er vorfindet, wenn er morgens aufwacht. Immer findet er es dann vor. Es wird Instinkt statt Freiheitsbewußtsein, aber es wird dadurch schädlich. Und zwar drohen schädlich zu werden gewisse instinktive Erkenntnisse, die in die Menschennatur kommen sollen und die zusammenhängen mit dem Mysterium der Geburt und der Empfängnis, der Konzeption, mit dem ganzen sexuellen Leben. [...] Was innerhalb der Menschheitsentwickelung geschieht, das würde darin bestehen, daß, statt in hellem, wachem Bewußtsein in nützlicher Weise, dann in schädlicher Weise, in zerstörerischer Weise gewisse Instinkte aus dem Sexualleben und Sexualwesen auftreten würden, Instinkte, die nicht bloß Verirrungen bedeuten würden, sondern die übergehen würden ins soziale Leben, die Gestaltungen hervorbringen würden im sozialen Leben; vor allen Dingen die Menschen veranlassen würden durch das, was dann in ihr Blut kommen würde infolge des Sexuallebens, jedenfalls nicht irgendwelche Brüderlichkeit auf der Erde zu entfalten, sondern sich immer aufzulehnen gegen die Brüderlichkeit. Das aber würde Instinkt sein." (ebd./S.149 f.)

Als Zerrbild der freien Religiosität und der hygienischen okkulten Fähigkeit entsteht:

„Das zweite ist, daß aus dieser Arbeit, aus dieser für die Engel Veränderungen hervorrufenden Arbeit noch ein zweites für die Menschheit erfolgen wird: die instinktive Erkenntnis gewisser Heilmittel, aber eine schädliche Erkenntnis gewisser Heilmittel. Alles dasjenige, was mit Medizin zusammenhängt, wird eine ungeheure, im materialistischen Sinne ungeheure Förderung erfahren. Man wird instinktiv Einsichten bekommen in die Heilkraft gewisser Substanzen und gewisser Verrichtungen, und man wird ungeheuren Schaden anrichten dadurch, aber man wird den Schaden nützlich nennen. Man wird das Kranke gesund nennen, denn man wird sehen, daß man da in eine gewisse Verrichtung hineinkommt, die einem dann gefallen wird. Es wird einem einfach gefallen, was die Menschen nach einer gewissen Richtung hin ins Ungesunde hineinführt. Also gerade die Erkenntnis der Heilkraft gewisser Vorgänge, gewisser Verrichtungen, die wird erhöht werden, aber sie wird in ganz schädliches Fahrwasser gelangen.

Denn vor allen Dingen wird man erfahren durch gewisse Instinkte, was gewisse Substanzen und was gewisse Verrichtungen für Krankheiten hervorrufen, und man wird ganz nach egoistischen Motiven einrichten können, Krankheiten hervorzubringen oder sie nicht hervorzubringen." (ebd./ S.151)

Und als Zerrbild der Geisterkenntnis und der mechanischen okkulten Fähigkeit ergibt sich:

„Das dritte, was sich ergeben wird, das wird sein, daß man ganz bestimmte Kräfte kennenlernen wird, durch die man, ich möchte sagen, nur durch ganz leichte Veranlassungen, durch Harmonisierung von gewissen Schwingungen, in der Welt große Maschinenkräfte wird entfesseln können. Eine gewisse geistige Lenkung des maschinellen, des mechanischen Wesens wird man gerade auf diese Weise instinktiv erkennen lernen, und die ganze Technik wird in ein wüstes Fahrwasser kommen. Aber dem Egoismus der Menschen wird dieses wüste Fahrwasser außerordentlich gut dienen und gefallen." (ebd.)

Da das Erkennen und bewußte Miterleben der Arbeit der Engel jetzt erlangt werden soll, noch vor Beginn des dritten Jahrtausends (vgl. ebd./ S.149), wundert es gar nicht, wenn bereits entsprechende Zerrbilder der drei okkulten Fähigkeiten in die Menschheitszivilisation hineinfließen.

Im Jahre 666 wurde der Sorath-Impuls – dem Menschen unter anderem die Erkenntnis der drei okkulten Fähigkeiten zu ermöglichen – durch den Christus-Impuls und den Islam abgeschwächt. Jetzt am Jahrtausendende wirkt Sorath gemäß seines 666-Jahresrhythmus erneut verstärkt auf die Menschheit ein. Man kann davon ausgehen, daß er nicht alle 666 Jahre in gleicher Weise wirken wird, aber seine Absichten werden sich nicht grundsätzlich ändern. Insofern kann man annehmen, daß es eines seiner Ziele an diesem Jahrtausendende ist, das Bewußtsein der Menschen zu trüben, damit sie nicht mit gesteigerten spirituellen Kräften die Arbeit der Engel in den menschlichen Astralleibern wahrnehmen. Verschlafen die Menschen diese Engelwirksamkeiten, dann erreicht Sorath sein Ziel von 666 auf einem anderen Weg: Er bringt den Menschen nicht durch das Nadelöhr weniger Menschen Erkenntnisse, die sie zu intelligenten Automaten gemacht hätten und wodurch sie sich von ihrer zukünftigen Entwicklung abgeschnitten hätten, sondern er erreicht heute, daß die gleichen Erkenntnisse – wenn auch aus seiner Sicht verspätet – auf instinktivem Wege in die Menschheit fließen und die Menschen sich dadurch ihre Zukunft verbauen.

An Sorath können wir aufwachen: Es geht um die Zukunft der Menschen und der gesamten Erde. Jeder einzelne ist gefragt, ob er zu einem Hemmnis oder zu einem Mitschaffenden der Zukunft werden will.

Literatur:

Linde, Frank: Die Entwicklung neuer Seelenfähigkeiten im 20. Jahrhundert. In: FLENSBURGER HEFTE 34: Alte und neue Seelenfähigkeiten. Flensburg 1991.

Weirauch, Wolfgang: In Zeiten des Umbruchs. In: FLENSBURGER HEFTE 56: Über Reinkarnation und Karma. Flensburg 1997.

Lügen werfen lange Schatten

Wolfgang Weirauch

Es gibt Augenblicke im Leben, die man nie vergißt. Ich erinnere mich noch ganz genau an die spektakuläre „Ehrenwort-Pressekonferenz" des ehemaligen Ministerpräsidenten von Schleswig-Holstein, Uwe Barschel, als dieser zweimal mit Verve „Ich gebe Ihnen mein Ehrenwort" verlauten ließ und dabei einmal kurz die Augen niederschlug. Als ich das sah, wußte ich intuitiv sofort: Der lügt!

Daß Barschel gelogen hatte, wurde zwar schnell offenkundig, aber daß die minimale Körpergeste des Augenniederschlagens seine Lüge verriet, wurde mir erst elf Jahre später bestätigt. In der diesjährigen Mai-Ausgabe von *GEO* wird eine Forschungsmethode von Paul Ekman, dem Leiter des Human Interaction Lab in San Francisco vorgestellt. Er hat eine Methode entwickelt, mit Hilfe von Mikro-Gesichtsausdrücken oder anderen Mikro-Gesten Lügen zu enttarnen. Das geschieht mittels Videoaufnahmen, die man in Zeitlupe ablaufen läßt. Seit über zwei Jahrzehnten beschäftigt sich der Emotionsforscher Ekman mit dem Phänomen Lüge:

„Am Anfang dieser Beschäftigung stand eine faszinierende Entdeckung. Lügen verraten sich manchmal durch eine höchst eindrucksvolle Gesichtsveränderung – von der gleichwohl niemand bis dahin etwas geahnt hat. Damals beriet Ekman die Ärzte einer Nervenheilanstalt und filmte psychiatrische Interviews. Einer seiner Filme zeigt die 42jährige Mary, die nach mehreren Selbstmordversuchen einige Wochen in der Klinik behandelt worden war. Mary schildert vor der Kamera ihrem Arzt, wie wohl sie sich fühle, und bittet um Wochenend-Ausgang. Der Arzt läßt sich überzeugen und gewährt den Urlaub. Doch bevor sie den Wochenend-Paß bekommt, gibt Mary zu, daß sie gelogen hat: Sie wollte nur aus der Klinik heraus, um sich endlich erfolgreich umzubringen.

Ekman: ‚Ich habe diesen Film vielen erfahrenen Psychologen und Psychiatern gezeigt, und das Urteil der meisten war, daß Mary höchst überzeugend wirkte.' Daß verzweifelte, zum Selbstmord entschlossene Menschen wie Mary ihren Zustand derart perfekt verheimlichen können, ist in der Tat höchst schockierend. ‚Wir haben uns immer wieder den Film daraufhin angeschaut, ob nicht irgendwelche Zeichen in Marys Körpersprache oder Gesicht erkennbar wären, die ihre Lüge verrieten.' Erst die

Zeitlupe war enthüllend: ‚Auf die Frage des Arztes nach ihren Zukunftsplänen hin erscheint ganz kurz der volle Ausdruck der Verzweiflung auf Marys Gesicht! Ihre Mimik zeigt tiefes, grausames Leiden, doch nur einen winzigen Augenblick lang, so flüchtig, daß wir das bis dahin nicht bemerkt hatten.‘

Einmal auf die Spur gebracht, fanden die Forscher weitere lediglich aufblitzende ‚Mikro-Gesichtsausdrücke‘, die den entsetzlichen Kummer Marys offenbarten und meist in Sekundenbruchteilen wieder von einem Lächeln verdeckt wurden. Sie entdeckten auch verräterische ‚Mikro-Gesten‘, hilfloses Schulterzucken zum Beispiel. Jedoch war die Bewegung nie vollständig, sondern nur angedeutet und kaum sichtbar. Ebenso stellten sich Marys minimale, erst bei geschärfter Aufmerksamkeit wahrnehmbare Verlegenheitsgesten der Hand und ähnliche Artikulationen dar.“ (Geo, Nr.5/1998, S.72)

Ekman ließ z.B. Krankenschwestern im Labor bewußt lügen und entdeckte in der Auswertung, daß Menschen versteckte Gefühle in Mikro-Gesichtsausdrücken preisgeben. Er führte z.B. einen Film eines interviewten Politikers vor, welcher darin mit beherrschter Miene Rede und Antwort steht. Aber erst der in Zeitlupe vorgeführte Film offenbarte eine von Wut und Verachtung verzerrte Gesichtsmimik, die man bei normaler Filmgeschwindigkeit gewöhnlich nicht bemerkt. Wenn man seine Aufmerksamkeit trainiert, kann man die versteckten Körpersignale allerdings wahrnehmen.

Dabei geht es nicht um vordergründige Signale: unsicheres oder langsames Sprechen, nervöses Fingertrommeln auf der Tischplatte, oder wenn man mit den Haaren spielt, auf dem Stuhl hin- und herrutscht oder gar Schweißausbrüche bekommt. Sondern es geht vorwiegend um die obere Hälfte der Gesichtsmuskulatur:

„Signale, die verborgene Gefühle verraten oder preisgeben, daß ein vorgetäuschtes Gefühl nicht echt ist, sind dagegen für Experten oft durchaus eindeutig. So lassen sich gespielte von authentischen Gesichtsausdrücken akkurat unterscheiden. Denn manche Mimikmuskeln können von den meisten Menschen nicht willkürlich kontrolliert werden und offenbaren deshalb die wahren Gefühle. Viele Menschen können mit der unteren Gesichtshälfte überzeugend lächeln, doch gewisse Stirnmuskeln gehorchen dem Lächelbefehl nicht und verraten dem Aufmerksamen die versteckte Angst.“ (ebd., S.74)

Öffentlich wirksame Lügen

Das bekannte Politikerlächeln paßt oft nicht zum gesprochenen Wort, dauert zu lange oder ist zu asymmetrisch. Es ist ein trainiertes, rein äußerlich aufgesetztes, auf öffentliche Wirkung bedachtes Lächeln, das hin und wieder sogar zum starren Grinsen entartet. So schritt US-Verteidigungsminister Cohen am 11.06.1998 zur Frühjahrstagung der Nato-Verteidigungsminister in Brüssel, betrat das Gebäude, wo in der Vorhalle verschiedene Journalisten warteten, erblickte die Kameras und setzte sofort ein antrainiertes Grinsen auf, das wohl kaum mit seinen Gefühlen übereinstimmte.

Vielleicht können Sie sich auch noch an den ehemaligen Ministerpräsidenten von Niedersachsen, Ernst Albrecht, erinnern, der beim Sprechen in regelmäßigen, ziemlich kurzen Abständen ein ausgiebiges Lächeln aufsetzte, das zwar rein äußerlich recht freundlich aussah, aber so inflationär oft von ihm verwendet wurde, daß es abstoßend wirkte.

Wer sich kritisch, ehrlich und nüchtern beobachtet, wird feststellen, daß er täglich die Wahrheit beugt. Denn unter einer Lüge darf man sich nicht nur die bewußt eingesetzten Lügen vorstellen, sondern auch jedes Flunkern und Anschwindeln, jede Täuschung, jede Finte, jeden Bluff und jede Räuberpistole, alle öffentlichen Falschmeldungen und Manipulationen, sämtliche unaufrichtigen und heuchlerischen Verhaltensweisen aus gesellschaftlicher Konvention oder falschverstandenem Taktgefühl gehören dazu.

Im Grunde leben wir in einer lügenhaften Gesellschaft, haben uns längst mit einem weitgehend unwahren Weltbild abgegeben. Lügen durchziehen das öffentliche Leben wie auch unser privates. Man braucht nur irgendeine Tages- oder Wochenzeitung aufzuschlagen, und man wird über Lügen in Kenntnis gesetzt, die von irgendwem aus dem öffentlichen Leben in die Welt gesetzt worden sind.

Lügen bestimmen das politische Geschäft. Ob es nun die Lügen von Richard Nixon, Uwe Barschel oder Björn Engholm sind, die „blühenden Landschaften“ des Kanzlers, die „Rote Socken“-Kampagne oder alle anderen unzählbaren Lügen, dabei gilt immer zweierlei: Je wirksamer und massiver die Lüge vorgetragen wird, und je mehr Menschen an sie glauben, desto eher schmilzt die öffentliche Meinung die Lüge zur scheinbaren Wahrheit um. Und: Eine Lüge gilt öffentlich meist so lange als Tatsache, bis sie auffliegt. Ein Lügner ist so lange ein Ehrenmann, bis seine Unwahrheiten öffentlich aufgedeckt werden und er mit symbolischem Opfer zurücktreten muß. Wie sagte doch schon Machiavelli dazu recht treffend:

„Jeder sieht ein, wie lobenswert es für einen Herrscher ist, wenn er sein Wort hält und ehrlich, ohne Verschlagenheit seinen Weg geht. Trotzdem sagt uns die Erfahrung unserer Tage, daß gerade jene Herrscher Bedeutendes geleistet haben, die nur wenig von der Treue gehalten und es verstanden haben, mit Verschlagenheit die Köpfe der Menschen zu verdrehen; und schließlich haben sie über die die Oberhand gewonnen, die ihr Verhalten auf Ehrlichkeit gegründet haben. [...]

Doch muß man sich darauf verstehen, die Fuchsnatur gut zu verbergen und Meister in der Heuchelei und Verstellung zu sein."

Der faule Kompromiß

Sicherlich werden sich noch die meisten von Ihnen an das Theater um den Posten des ersten Präsidenten der Europäischen Zentralbank Ende April, Anfang Mai 1998 erinnern. Fast alle EU-Länder hatten sich für Wim Duisenberg entschieden, nur Frankreich bestand penetrant und nachhaltig auf Jean-Claude Trichet. Für acht Jahre mußte der Präsident laut Maastrichter Vertrag einstimmig gewählt werden, heraus kam ein vertragswidriger fauler Kompromiß, den Helmut Kohl der Weltpresse vortragen mußte: Duisenberg werde für acht Jahre gewählt, aber aus Altersgründen vorzeitig zurücktreten. Rudolf Augstein schreibt dazu:

„Helmut Kohl, der ja als Frankreichkenner gilt, hat offenbar nicht begriffen, daß Jacques Chirac zwei Ziele auf einmal zu verfolgen imstande war. Zum einen das Prestige des Präsidenten, das aufgrund seiner klassischen Fehlentscheidung zum Sieg der Linken unter Lionel Jospin geführt hatte, wollte er aufpolieren. Da wäre auf dem Felde der Kompensation etwas zu erreichen gewesen.

Das zweite und wichtigere Ziel des Franzosen hat man in Bonn nicht für möglich gehalten. Er wollte die Europäische Zentralbank ernsthaft schwächen, und das ist ihm dank Herrn Kohl auch gelungen. Jener Wim Duisenberg, der nicht nur als exzellenter Bankier gilt, sondern auch als ein Mann, der einen wichtigen Termin wegen eines noch wichtigeren Golfspiels versäumt, tritt angeschlagen, ja beinahe lächerlich die wichtigste Position an, die in Europa für einen einzelnen zu vergeben ist. Kohl selbst mußte die lügenhafte Erklärung des Wim Duisenberg vortragen, die in dem Satz gipfelt:

‚Ich möchte unterstreichen, daß dies einzig und allein meine Entscheidung ist, und es ist völlig mein eigener, freier Wille und nicht der Druck irgendeiner Seite, daß ich entschieden habe, nicht die ganze Amtszeit zu vollenden. Auch in der Zukunft wird die Entscheidung zum Rücktritt einzig meine Entscheidung sein.‘

Da ist nun beinahe jedes Wort gelogen.“ (Der Spiegel, Nr.20/1998, S.36)

Wer hat die Schuld am hohen DVU-Stimmenanteil?

Der Schock war groß in der Republik, als bei der Landtagswahl in Sachsen-Anhalt am 26.04.1998 die Phantompartei DVU mit 12,9 % der Stimmen gewählt wurde. Die wenigsten hatten damit gerechnet, aber kaum waren die Wahllokale geschlossen, kannten die Parteivertreter schon die scheinbar Schuldigen. Und gleich wurden Lügen, Viertelwahrheiten oder parteigefärbte Einseitigkeiten verbreitet. CDU-Generalsekretär Peter Hintze startete eine Neuauflage seiner „Rote Socken“-Kampagne und schob der Landes-SPD die Schuld für den hohen DVU-Stimmenanteil zu: Der Ministerpräsident Reinhard Höppner habe in der letzten Legislaturperiode ein Tabu gebrochen, weil er mit den Linksradikalen taktiert habe.

SPD-Bundesgeschäftsführer Franz Müntefering setzte dagegen die Schuld bei der Politik der Regierungskoalition an, speziell bei Helmut Kohls „blühenden Landschaften“. Die PDS rief zur Einheitsfront gegen Rechts auf, die Rechten mischten mit Parolen gegen Ausländer mit.

Allgemein sprach man von Protestwählern, die wegen der hohen Arbeitslosigkeit DVU gewählt hätten. Alle scheuten sich, die Schuld den Wählern zu geben. Zu einer Wählerbeschimpfung – allerdings in die andere politische Richtung – verrannte sich erst der neue Regierungssprecher Hauser.

Alles, was man öffentlich zum sachsen-anhaltinischen Wahldebakel hörte, waren Schönrederei, Färbungen der Wirklichkeit, Verdrehungen der Wahrheit. Warum sprach fast niemand aus, wer die Schuld am hohen DVU-Stimmenanteil hatte? Warum sagte fast niemand: die DVU-Wähler selbst!

Einer traute sich aber doch, nämlich der als zukünftiger Bundespräsident gehandelte Theologe und Verfassungsrichter Richard Schröder:

„Weil die Parteien den Souverän ja nicht beschimpfen sollen, hat bisher niemand die schlichte Tatsache ausgesprochen: Die Verantwortung für das

Wahlergebnis tragen zuerst die Wähler. Und sie müssen auch darauf angesprochen werden.

Ich möchte über meine Landsleute eigentlich nur Gutes sagen. Aber ich will es nicht auf Kosten der Wahrheit.

Es muß Schluß sein mit der Mitleidsmasche frei nach dem Psychologenwitz: ‚Sie dürfen Ihren Mann gerade jetzt nicht verlassen. Wenn er Sie schlägt, ist das doch nur eine versteckte Bitte um Zuwendung!'

Selbst auf die Gefahr hin, als Bote für die Botschaft geprügelt zu werden: Der Ausdruck ‚Protestwähler' entschuldigt mehr, als entschuldigt werden darf.

Für den Erfolg der Wahlschlacht der DVU, einer Partei ohne Gesichter und mit vielen Plakaten und Millionen Briefen, bleibt nur eine Erklärung übrig: Die Losungen müssen den 18- bis 29jährigen Wählern eingeleuchtet haben. Der persönlich adressierte Brief mag auch als Zuwendung honoriert worden sein. Doch vor allem die Parolen müssen gezündet haben, bei den Erstwählern und den früheren Nichtwählern. ‚Deutsches Geld für deutsche Arbeitsplätze!', ‚Laß Dich nicht zur Sau machen. Protest bei der Wahl gegen Schweinereien von oben'." (Der Spiegel, Nr.19/1998, S.26)

Die DVU wurde nämlich nicht von Arbeitslosen gewählt, sondern vorwiegend durch orientierungslose jüngere Menschen mit Arbeitsplatz. Und das sind schließlich Erwachsene, denen man nicht plötzlich alle Schuld an ihrem Wahlverhalten absprechen kann. Genausowenig hat die hohe Ausländerfeindlichkeit in Ostdeutschland auch nur die geringste konkrete Grundlage, da der Ausländeranteil gerade dort verschwindend gering ist.

Was in den Köpfen dieser Menschen spukt, sind Lügen, die sich im Schnellballsystem zu phantomhaften Lügengespinsten ausgeweitet haben. Und solche Lügen verselbständigen sich besonders rasch auf einem bereits präparierten Boden, nämlich dem, der von der 40jährigen Lügenpropaganda des DDR-Regimes vorbereitet wurde.

Lügen durchziehen unsere Gesellschaft, oftmals sehr nachhaltig: die unsägliche Behauptung, daß es eine Auschwitz-Lüge gäbe, die angebliche Authentizität der Protokolle der Weisen von Zion, die Fälschungsvorwürfe gegenüber den Anne Frank-Tagebüchern, die Dolchstoß-Legende, das immer wieder geleugnete Massaker der Deutschen in Babi Jar bei Kiew im September 1941, die angebliche Friedensmission von Hitler-Stellvertreter Rudolf Hess auf seinem Flug nach England, das Gerücht von Hitlers Überleben oder auch nur der naive Glaube, daß er der Erfinder der Autobahn gewesen sei.

Die Lüge als astraler Mord

Je bewußter eine Lüge ist, desto eher äußert sie sich auch in der Mimik und sonstigen Körpersprache des Menschen. Das ist aber nur der äußere und sichtbare Ausdruck einer verborgenen seelisch-geistigen Kraft. Was läßt sich über die seelisch-geistige Seite einer Lüge aus der Anthroposophie darstellen? Geisteswissenschaftlich gesehen versteht man unter einer Lüge keineswegs nur die bewußt ausgesprochene Unwahrheit, sondern zur Lüge zählt Steiner eine wesentlich größere Gruppe von menschlichen Verhaltensweisen:

„Heute werden wir eine andere Wirkung des Lügens, des Verleumdens kennenlernen, wenn auch Lügen und Verleumden hier gar nicht in jener wüsten Weise gemeint ist, wie man gewöhnlich diese Worte im groben Sinne anwendet. Aber schon wenn der Mensch in jenem feineren Sinne, zum Beispiel aus Konvention, aus allerlei Gesellschafts- und Parteirücksichten dieses oder jenes an der Wahrheit färbt, haben wir es im geisteswissenschaftlichen Sinne überall mit einem Lügen zu tun. Vielfach ist das ganze Leben des Menschen, wenn auch nicht von Lügen, so doch von lügenhaft gefärbten Manifestationen durchtränkt." (GA 102/1984/04.06. 1908/S.205 f.; vgl. auch GA 98/1983/09.06.1908/S.105 f. u. 14.06.1908/ S.239)

Auch wenn es ungewöhnlich scheint: Man muß sich mit dem Gedanken vertraut machen, daß sich Lügen nicht nur in der Gesichtsmimik niederschlagen, moralisch verwerflich sind und gesellschaftlichen Schaden anrichten können, sondern sie hinterlassen in übersinnlichen Bereichen noch weitaus verheerendere Spuren. Wenn wir Hellseher wären, könnten wir wahrnehmen, wie jedes Gefühl und jeder Gedanke in unserem Ätherleib und Astralleib Wirkungen nach sich ziehen. Und da diese übersinnlichen Wesensglieder des Menschen keine abgeschlossenen Räume wie der physische Leib sind, breiten sich diese Wirkungen in übersinnlichen Sphären, z.B. der Astralwelt, weiter aus. Rudolf Steiner stellt diese Zusammenhänge folgendermaßen dar:

„Wir wollen jetzt auf die Verkettung eingehen, die man verstehen kann, wenn man ein wenig die Folge der menschlichen Taten, Gedanken und Gefühle überhaupt in Rechnung zieht. Man sagt im gewöhnlichen Leben so häufig: Gedanken sind zollfrei! – das heißt, man könne denken, was man will, das geniere niemand in der Außenwelt. Hier haben Sie einen wichtigen Punkt, wo der, welcher wirklich von den geistigen Impulsen erfaßt ist, sich von dem materialistisch denkenden Menschen unterscheidet.

Der Materialist glaubt, daß er einem Menschen, den er mit einem Stein bewirft, wohl weh tut; dagegen glaubt er, daß ein haßerfüllter Gedanke, den er gegen seine Mitmenschen hegt, demselben nicht weh tue. Wer aber die Welt wirklich kennt, der weiß, daß viel, viel stärkere Wirkungen ausgehen von einem haßerfüllten Gedanken, als je durch einen Steinwurf erregt werden können. Alles, was der Mensch denkt, fühlt und empfindet, hat seine Wirkungen in der Astralwelt, und man kann im einzelnen als Seher genau verfolgen, wie zum Beispiel ein liebevoller Gedanke wirkt, der zu einem andern Menschen hingeht, und wie ganz anders ein haßerfüllter Gedanke. Wenn Sie einen liebevollen Gedanken aussenden, sieht der Seher, wie sich wie eine Art Blumenkelch eine Lichtform bildet, die den Menschen in bezug auf seinen Äther- und Astralleib liebevoll umspielt und dadurch zu seiner Belebung, seiner Seligkeit etwas beiträgt. Der haßerfüllte Gedanke dagegen bohrt sich wie ein verwundender Pfeil in den Äther- und Astralleib." (GA 99/1979/30.05.1907/S.63 f.)

Auch wenn ein unwahrer Gedanke nicht entdeckt wird, eine faustdicke Lüge nicht auffliegt, in der Astralwelt entfachen sie unabdingbar ihre Wirkungen:

„Man kann sehr verschiedene Beobachtungen auf diesem Gebiete machen. Es ist ein gewaltiger Unterschied in der Astralwelt, ob man einen Gedanken ausspricht, der wahr ist, oder einen erlogenen. Ein Gedanke bezieht sich auf irgendeine Sache und ist dadurch wahr, daß er mit der Sache übereinstimmt. Es trägt sich zum Beispiel irgendwo eine Tatsache zu, und von dieser geschieht eine Wirkung in die höheren Welten hinauf. Jemand erzählt diese Tatsache wahr: dann strahlt vom Erzähler ein Astralgebilde auf, das sich mit dem von der Tatsache selbst herrührenden Gebilde vereinigt, und beide verstärken sich. Diese verstärkten Formen dienen dazu, unsere geistige Welt immer gegliederter und inhaltsvoller zu machen, wie wir sie brauchen, wenn die Menschheit vorwärts kommen will. Erzählt man die Tatsache nun aber so, daß sie nicht mit dem Geschehnis übereinstimmt, daß sie erlogen ist, dann trifft die Gedankenform des Erzählenden zusammen mit der, welche von der Tatsache ausgeht, beide prallen aufeinander und eine gegenseitige Zerstörung geschieht. Solche explosionsartigen Zerstörungen durch Lügen wirken, wie ein Geschwür am Leibe wirkt, das den Organismus zerstört. So töten Lügen die astralen Gebilde, die entstanden sind und entstehen müssen, und hemmen oder töten so einen

Teil der Entwickelung. Tatsächlich bringt ein jeder, der die Wahrheit sagt, die Entwickelung der Menschheit vorwärts, und der, welcher lügt, hemmt dieselbe. Daher gibt es ein okkultes Gesetz: Die Lüge ist, geistig angesehen, ein Mord. Sie tötet nicht nur ein Astralgebilde, sondern sie ist auch ein Selbstmord. Ein jeder, welcher lügt, legt sich selbst Hindernisse in den Weg. Überall sind solche Wirkungen in der geistigen Welt zu beobachten. So sieht auch der Hellseher, daß alles, was man denkt, fühlt und empfindet, seine Wirkungen auf dem Astralplan hat.“ (ebd./S.64)

Durch Lügen schaffen wir Phantome

Immer wenn wir einschlafen, lockern sich Astralleib und Ich im Nerven-Sinnesbereich unseres physischen Leibes, und wir verlieren das Bewußtsein. In diesem Moment ziehen höhere astralische Wesenheiten in den schlafenden physischen Leib ein, um seine Funktionen aufrechtzuerhalten. Alle Lügen und unwahren Verhaltensweisen, die wir am Tage zugelassen haben, verhärten sich und prägen sich in unseren physischen Leib ein. Dieser Abdruck bleibt beim Leib, wenn wir schlafen, und gerät in Konfrontation mit den astralischen Wesenheiten, die unseren Leib im Schlaf stützen:

„Diese Einschlüsse, diese Verhärtungen im physischen Leibe vertragen sich sehr schlecht mit jenen Wesenheiten, die in der Nacht vom physischen Leibe Besitz ergreifen müssen, die also, wie wir gesehen haben, von anderen Welten aus diejenigen Funktionen am physischen Leibe ausüben, die bei Tage astralischer Leib und Ich ausüben. Die Folge davon ist, daß im Verlaufe des Lebens durch einen solchen, man möchte sagen, von Lügen durchseuchten Leib Teile von jenen Wesenheiten abgeschnürt werden, die sich da während der Nacht in dem Menschen niederlassen. Da haben wir wiederum Abschnürungsprozesse. Diese führen dazu, daß, wenn der Mensch stirbt, sein physischer Leib nicht nur diejenigen Wege nimmt, die er im regelmäßigen Verlaufe des Werdens nehmen würde; sondern daß gewisse Wesenheiten übrig bleiben, die sozusagen durch die Wirkung des Lügens und Verleumdens im physischen Leibe erzeugt worden sind und aus der geistigen Welt abgeschnürt werden. Solche auf diesem Umwege abgeschnürten Wesenheiten schwirren nun auch in unserer Welt herum. Sie gehören zu derjenigen Klasse von Wesenheiten, die wir ‚Phantome‘ nennen. In ihnen haben wir eine gewisse Gruppe von Elementarwesenheiten, die mit unserem physischen Leib verwandt sind, unsichtbar zunächst für äußere physische Augen, die sich vermehren durch Lügen und Verleumdungen. Tatsächlich bevölkern Lügen und Verleumdungen unser Erdenrund mit solchen Phantomen. Auf diese Art lernen wir eine neue Klasse von Elementarwesen kennen." (GA 102/1984/04.06.1908/S.206 f.)

In einer anderen Vortragspassage schildert Steiner, daß diese Lügenphantome nicht erst beim Tod eines Menschen, sondern gleich am Morgen nach seinem Erwachen aus ihm herausziehen. (vgl. GA 98/1983/09.06. 1908/S.106)

Wenn wir lügen, erschaffen wir ein konkretes übersinnliches Wesen, wir werden zum Schöpfer eines Lügenphantoms. Daß diese durch die Astralwelt schwirrenden Lügenphantome nicht gerade förderlich auf uns, andere Menschen oder soziale Zustände wirken, dürfte auf der Hand liegen:

„Phantome sind solche geistigen Wesenheiten, die also in ihrem Äußeren physiognomische Ausdrücke sind, in einer gewissen Weise Nachbildungen der menschlichen Leibesglieder und Gestalt. Sie sind von so dünner Materialität, daß das physische Auge sie nicht sehen kann, sie sind aber

Böser Dämon, das Herz verzehrend

sozusagen von physischer Form. Da sieht der Hellseher durch die Luft schwirren Stücke von menschlichen Köpfen, menschlichen Händen, ganze Gestalten, ja das Innere von menschlichen Leibern sieht er herumschwirren, den Magen, das Herz, er sieht all die Phantome, die auf diese Weise sich losgeschnürt haben, daß der Mensch dasjenige seinem physischen Leib übergeben hat, was die Folge ist von Lüge, Heuchelei und Verleumdung.

Solche Phantome, die fortwährend unseren geistigen Raum durchschwirren, werden Ihnen ein Beweis sein dafür, daß das Menschenleben selbst die Ursache ist von Wesenheiten, die nun keineswegs in besonders günstiger Weise auf den Menschen einwirken; denn sie haben in gewisser Beziehung intelligente Eigenschaften und keine moralische Verantwortlichkeit. Sie fristen ihr Dasein damit, daß sie den Menschen in ihrem Leben Hindernisse in den Weg legen." (GA 98/1983/14.06.1908/S.239 f.)

Ich habe in einem anderen Zusammenhang (siehe Weirauch, S.135 ff.) ein ausführliches Kapitel über die Lüge geschrieben und darin auch eine Geschichte erzählt, wie Lügen und Lügenphantome in sozialen Gemeinschaften wirken und sich ausbreiten. (ebd., S.139 ff.) Die durch menschliche Lügen geschaffenen Lügenphantome haben nämlich die Eigenschaft, ihrerseits andere Menschen wieder zum Lügen zu animieren. Wenn wir mit diesem Hintergrund z.B. an die unzähligen Lügen in der Politik und in unserem jeweiligen privaten Umkreis denken, ebenso an die seit Jahrzehnten oder gar seit Jahrhunderten in der Öffentlichkeit wirksamen Lügen, dann ist es sicherlich nicht übertrieben, wenn man von einer lügendurchseuchten Welt spricht, die wir uns selbst geschaffen haben. Diese Lügen durchziehen unsere Erdensphäre, verdunkeln unser Bewußtsein, zerstören das Licht der geistigen Welt und erschweren den Kontakt mit geistigen Wesen, z.B. auch mit den Verstorbenen:

„Denn diese Unwahrhaftigkeiten, die durch die Welt schwirren, die sind auch dasjenige, was sich hineinstellt in die, sagen wir, geistige Aura, und die es unmöglich macht, daß die Toten durch diesen dichten Nebel all des schwarzen Zeuges, was, um nur eines zu nennen, heute etwa von unserer Publizistik ausgeht an Unwahrheiten, die gedruckt und nachgesprochen werden, was sich da über die ganze Erde hinspannt als eine Aura des Unwahrhaftigen, hindurchdringen. Durch das durchzudringen, ist, wir können es geradezu mit diesen Worten sagen, den Toten außerordentlich schwierig. Daher ist es notwendig, daß man gerade versucht, sich mit Hilfe solcher Vorstellungen, wie wir sie entwickelten, um zu erkennen, was wirklich an konkreter Unwahrhaftigkeit heute durch die Welt schwirrt, aufzuklären, daß man wirklich sich auf diesem Felde bestrebt, die rein äußere Wahrheit des physischen Planes zu erkennen, soweit sie einem zugänglich ist, damit man nicht ein Nebelgebilde vor seine Seele stellt, durch das die geistige Welt eben einfach nicht durch kann. Sie werden begreifen, wie stark dieses nötig ist, was ich jetzt andeute." (GA 174/1966/20.01.1917/S.193)

Aus diesen Zusammenhängen läßt sich unschwer ablesen, welche Verantwortung wir gegenüber unseren Gedanken und der Wahrheit haben.

Die Lüge ist ein Quell der schwarzen Magie

Eine Lüge ist nicht nur etwas Unmoralisches, sie schafft nicht nur Lügenphantome, sondern durch die astrale tötende Kraft, die von ihr ausgeht, ist sie von gleichem Charakter wie jedes schwarzmagische Wirken:

„Die Lüge auf dem physischen Plan wird zur Zerstörung auf dem Astralplan. Die Lüge ist ein Mord auf dem Astralplan. Dieses Phänomen ist der Ursprung der schwarzen Magie. Das Gebot auf dem physischen Plan: Töte nicht! – läßt sich daher für den Astralplan übersetzen: Lüge nicht! – Auf dem physischen Plan ist die Lüge nur ein Wort, eine Vorstellung, eine Illusion. Sie kann viel Unheil anrichten, aber sie zerstört nichts. Auf dem Astralplan sind alle Gefühle, alle Gedanken sichtbare Gebilde, lebendige Kräfte. Auf dem Astralplan führt die Lüge einen Zusammenstoß zwischen der falschen und der wahren Form herbei; sie töten sich gegenseitig." (GA 94/1979/02.06.1906/S.64)

Die Lüge ist ein Quell der schwarzen Magie, weil sie etwas Lebendiges vernichtet, z.B. die beschriebenen astralen Formen. Und jede schwarze Magie geht dahin, das Leben zu vernichten, Macht für wenige auf Kosten anderer zu erobern, das erhebende Spirituelle – vor allem die Christuskräfte – zu besiegen. Und wer ist das geistige Wesen, das man als Gott der schwarzen Magie bezeichnen könnte? Das ist Sorath!

„Damit die Menschen verführt werden zur bloßen Unmoral, zu dem, was sie schon als Normalmenschen kennen, dazu brauchte es dieses Ungeheuers nicht, das als Sonnendämon erscheint. Erst wenn dasjenige, was im guten Sinne die Wesen auszeichnet, die dem Menschengeschlecht Rettung bringen, erst wenn die spirituelle Erhebung in ihr Gegenteil verwandelt wird, wenn die spirituelle Kraft in den Dienst des niederen Ich-Prinzips gestellt wird, dann kann sie die Menschheit so weit bringen, daß das Tier,

Schwarze Messe

das dargestellt wird mit zwei Hörnern, über sie Gewalt erlangt. Der Mißbrauch der spirituellen Kräfte hängt zusammen mit jener verführerischen Kraft des Tieres mit den zwei Hörnern. Und wir nennen diesen Mißbrauch der spirituellen Kraft die schwarze Magie im Gegensatz zum richtigen Gebrauch, den wir die weiße Magie nennen. [...]

Es wird sich letzten Endes die Menschheit spalten in Wesen, welche die weiße, und in solche, welche die schwarze Magie treiben. So ist in dem Geheimnis von 666 oder Sorat das Geheimnis der schwarzen Magie verborgen. Und der Verführer zur schwarzen Magie, jenes furchtbarsten Verbrechens in der Erdenentwickelung, dem kein Verbrechen gleichkommen kann, er wird vom Apokalyptiker dargestellt durch das zweihörnige Tier. So tritt sozusagen in unseren Horizont ein die Spaltung der Menschheit in urferner Zukunft: die Auserwählten des Christus, die zuletzt sein werden die weißen Magier, und die Gegner, die wilden Zauberer, die schwarzen Magier, die nicht loskönnen von der Materie und die der Apokalyptiker darstellt als diejenigen, die mit der Materie Unzucht treiben." (GA 104/1979/29.06.1908/S.230 ff.)

Wenn man vor diesem Hintergrund noch einmal die in diesem FLENSBURGER HEFT dargestellten Zusammenhänge Revue passieren läßt, dann begreift man, wie wichtig es zu verstehen ist, was Sorath 666 mit der Menschheit vorhatte und was er weiterhin mit ihr beabsichtigt. Das gilt für das Jahr 1933 ebenso wie für 1998, das Jahrtausendende und die gesamte Zukunft. Man sollte sich nicht auf eine oder wenige Jahre am jetzigen Jahrtausendende fixieren und glauben, daß dort schreckliche Dinge geschehen würden. Selbst wenn etwas passiert: Alles sind nur Auswirkungen dessen, was längst in Erscheinung getreten ist. Von uns Menschen hängt die Zukunft der Weltentwicklung ab: Entweder wir werden die Diener des Sonnendämons, oder wir verbinden uns mit den Christuskräften und schaffen eine neue Erde.

Literatur:

Wolfgang Weirauch: Schwarze und weiße Magie. In: FLENSBURGER HEFTE Sonderheft 12: Schwarze und weiße Magie. Von Satan zu Christus. Flensburg [2]1995.

Das Geheimnis der achten Sphäre

Arfst Wagner

Das Thema dieses Artikels*, die „achte Sphäre", scheint etwas sehr Entlegenes zu sein. Man findet in der neueren, auch anthroposophischen Literatur nichts dazu. Nur wenige Menschen haben sich überhaupt zur achten Sphäre geäußert. Und den meisten dürfte das Thema als solches sogar gänzlich unbekannt sein. So entlegen das Thema aber auch scheint, so ist es doch nicht unwesentlich oder vernachlässigenswert. Denn das Problem der achten Sphäre hängt fundamental mit unserem Leben und auch mit dem Jahrtausendende zusammen. Rudolf Steiner bringt den Begriff der achten Sphäre auch mit der Zahl des Tieres, der 666, und dem Impuls, der sich dahinter verbirgt, in Zusammenhang. Und in der heutigen Gegenwart kulminiert dieser Impuls zum dritten Mal.

Die Widersachermächte, die ihre eigenen Ziele mit der Menschheit verfolgen, benutzen diese Sphäre in ihrem Sinne. Und gerade in unserer Zeit ist es notwendig, das Geheimnis der achten Sphäre zu kennen und tiefer zu erkennen. Denn das gilt heute für alles, was mit dem Bösen zu tun hat. In unserer Zeit soll der Mensch die Kräfte der Bewußtseinsseele entfalten. Diese befähigen ihn u.a. dazu, von seinem Egoismus abzulassen, sein Interesse zu weiten und im Sinne Dostojewskis die Probleme der Menschheit insgesamt als seine eigenen zu erkennen: Jeder ist an allem schuld bzw. für alles verantwortlich.

Die tiefste Eigentümlichkeit unseres Zeitalters, des Zeitalters der Entwicklung der Bewußtseinsseele, liegt darin, daß der Mensch „am intensivsten Bekanntschaft machen muß mit den der Harmonisierung der Gesamtmenschheit widerstrebenden Kräften. Deshalb muß in unserer Zeit sich allmählich eine bewußte Erkenntnis der dem Menschen widerstrebenden ahrimanischen und luziferischen Mächte verbreiten. Würde der Mensch durch diese Entwickelungsimpulse, an denen die luziferischen und ahrimanischen Mächte mitwirken, nicht hindurchgehen, so würde er nicht zum vollen Gebrauch seines Bewußtseins, also nicht zur Ausbildung seiner Bewußtseinsseele kommen." (GA 186/1979/07.12.1918/S.111 f.)

---

* Der Artikel ist das zusammenfassende Autoreferat zweier Vorträge, die Arfst Wagner am 16. und 17.10.1993 im Albertus Magnus-Haus in Freiburg gehalten hat.

Der englische Okkultist C.G. Harrison bezeichnet das Geheimnis der achten Sphäre als „den Schlüssel zum Verständnis des Bösen im Universum". (Harrison, S.87)

Wenn ich im folgenden einige Hinweise gebe, um auf die achte Sphäre hinzudeuten und zur weiteren Beschäftigung mit ihrer Problematik anzuregen, muß ich manchmal anthroposophisches Wissen voraussetzen, das hier nicht immer im einzelnen entwickelt werden kann. Dazu gehört z.B. die Anschauung von der Erde als lebendigem Wesen, das ähnlich wie der Mensch durch verschiedene Verkörperungen hindurchgeht. Die anthroposophische Geisteswissenschaft kennt sieben solcher Erdverkörperungen, die Steiner auch Bewußtseinszustände oder Sphären nennt. Die gesamte Menschheitsentwicklung ist von Anfang an mit diesen sieben Entwicklungsstufen der Erde verbunden.[1]

Der gegenwärtige Erdzustand ist die vierte dieser sieben Sphären. Die vorherigen Verkörperungen der Erde waren der alte Saturn, die alte Sonne und der alte Mond. Die drei zukünftigen Verkörperungen werden Jupiter, Venus und Vulkan genannt. Die für die Sphären verwendeten Namen haben zunächst nichts mit den gleichnamigen heutigen Planeten zu tun. Diese Entwicklung umfaßt eine ungeheure Zeitspanne; allein schon daran zu ermessen, daß die gesamte gegenwärtige Erdentwicklung nur eine der sieben Sphären ist.

A.P. Sinnetts Lehre

Der erste, der über die achte Sphäre schrieb, war der Engländer A.P. Sinnett, Journalist, Mitarbeiter und späterer Biograph Helena Petrowna Blavatskys, der Begründerin der Theosophischen Gesellschaft. Blavatskys Hauptwerk, „Die Geheimlehre", enthält ebenfalls Ausführungen über die achte Sphäre. Das Buch von Sinnett, „Die esoterische Lehre oder Geheimbuddhismus", erschien im Jahre 1884. Es stieß bei Kennern auf Kritik. So äußerte sich C.G. Harrison wie folgt:

„Der Erste aber, welcher (wenn auch unbewußt) die Geheimnisse [der achten Sphäre, A.W.] der Welt zugänglich machte, war Herr Sinnett, der Verfasser vom ‚esoterischen Buddhismus', einem Buche, welches großes Aufsehen machte, als es herauskam, aber nichts Neues enthält, was wahr ist, und nichts Wahres, was neu ist." (ebd., S.87)

---

1. Grundlegendes zu den sieben Sphären in GA 13, Kap. „Die Weltentwickelung und der Mensch".

Harrison verweist auf den zentralen Irrtum Sinnetts, der behauptete, daß die achte Sphäre der Mond sei, und damit den heutigen physisch-materiellen Erdtrabanten meinte: „Man kann sich kaum etwas denken, was irreführender wäre.“ (ebd., S.88)

Diese Auseinandersetzung stand Rudolf Steiner vor Augen, als er 1915 – im Rahmen eines Vortragszyklus über „Die okkulte Bewegung im 19. Jahrhundert“ – in zwei Vorträgen auf die Problematik der achten Sphäre einging (GA 254/17. u. 18.10.1915). Er kannte Sinnetts Lehre, und ihm lag auch das Buch von Harrison vor. Und man kann davon ausgehen, daß auch seine Zuhörer damals Sinnetts Buch und das Werk der Blavatsky kannten, waren doch viele der Mitglieder der Anthroposophischen Gesellschaft im Jahre 1915 ehemals Mitglieder der Theosophischen Gesellschaft.

Das Zusammenwirken von Ahriman und Luzifer – „Spiritueller Materialismus“

Steiner leitet seine Ausführungen damit ein, daß er eine bestimmte Form des Zusammenwirkens Ahrimans und Luzifers beschreibt, die den Menschen geneigt macht, die Lügen und Irrtümer einer materialistischen Weltanschauung als Wahrheit zu nehmen. Er zielte damit auf den „Geheimbuddhismus“ Sinnetts und seine Ausführungen über die achte Sphäre ab, die Steiner dann im weiteren Verlauf des Vortrags als nur scheinbar spirituelle Lehre und materialistischen Trug bezeichnet:

„Nun hängt vieles davon ab, wenn es sich darum handelt, Klarheit zu gewinnen über die geistige Welt, daß man richtig unterscheiden kann zwischen Ahriman und Luzifer. [...] Davon hängt also sehr viel ab, daß man diese beiden Mächte, Ahriman und Luzifer, gut zu unterscheiden weiß. Weiß man sie nicht gut zu unterscheiden, so führt das eine eigentümliche Art der Verwirrung in der Geisteswissenschaft herbei. Diese ist so zu charakterisieren: fortwährend ist, wenn man sie so durcheinanderwirft, wie das Goethe in dem Kuddelmuddel mit Ahriman und Luzifer im Mephistopheles getan hat, die Gefahr vorhanden, daß einem Ahriman immerfort in der Form des Luzifer kommt. Man weiß da nicht recht, mit wem man es zu tun hat. Man weiß nicht, ob man es mit Ahriman zu tun hat oder mit Luzifer in der Form des Ahriman. Ahriman will uns anlügen, anlügen durch die materialistische Weltanschauung. [...] Wenn man sie aber durcheinandermischt, Ahriman und Luzifer, zu einem Kuddelmuddel, dann geschieht es, daß man das, was einem als ahrimanisches Bild, als ahrimanische Welt anlügt, annimmt, weil Luzifer dem Ahriman zu Hilfe kommt, und man dann eine gewisse Sehnsucht bekommt, gewisse Irrtümer als Wahrheiten hinzunehmen.

Diese merkwürdige Tatsache hat sich im höchsten Grade herausgebildet: Irrtümer, die eigentlich nur im Zeitalter des Materialismus blühen konnten – man könnte sagen, im Zeitalter der Verführung durch Ahriman –, dadurch hinzunehmen, daß Luzifer von innen heraus hilft. Ahriman mischt sich in die Auffassung der äußerlichen Erscheinungen und lügt einen darüber an. Aber man würde hinter seine Schliche kommen, wenn nicht im eigenen Inneren Luzifer gewisse Sehnsuchten erweckte, gerade solche materialistische Vorstellungen in der Weltanschauung aufzupeitschen.

Nun, das war eine Situation, die einmal da war im Laufe des 19. Jahrhunderts." (GA 254/1969/17.10.1915/S.64 f.)

Der Mensch ist zwischen die beiden Widersachermächte Ahriman und Luzifer hineingestellt. Luzifer stachelt den Egoismus, besonders den geistigen, im Menschen an. Er verblendet den Menschen. Unter seinem Einfluß kommt der Mensch zu der Anschauung, er sei letztlich Gott gleich. Luzifer fördert eine Spiritualität, die die Sinneswahrnehmung und überhaupt die sinnliche Welt mißachtet. Ahriman hingegen will gerade den Materialismus fördern. Er macht den Menschen sozusagen erdsüchtig und will alles Spirituelle vom Menschen fernhalten. Unter seinem Einfluß kann der einzelne Mensch dazu kommen, sich als ein Nichts zu empfinden oder z.B. auch nur als eine Zusammenballung chemischer und physikalischer Zufälle. In vielen Lebensprinzipien findet man die Wirkungen dieser beiden geistigen Mächte wieder. Und vielfältig wirken Ahriman und Luzifer zusammen, z.B. in der oben von Steiner angedeuteten Weise, die im Ergebnis dann bei Sinnett zu einem spirituellen Materialismus führt.

Steiner charakterisiert Sinnett als einen Menschen, der in seinem Kopf gänzlich dem Materialismus nachhing, auf der anderen Seite aber eine tiefe Sehnsucht nach Spiritualität besaß. Dies machte ihn besonders empfänglich für die prägenden Einflüsse einer Individualität, die ihn inspirierte:

„Er hatte also die beste Anlage, die geistige Welt in der Form des Materialismus zu suchen, und so konnte es kommen, daß diejenige Individualität, die ein Interesse hatte, gerade den Materialismus auf spirituelle Art zu benutzen, um Sonderzwecke zu erreichen, leichtes Spiel hatte in dem Sinnettschen ‚Geheimbuddhismus' eine scheinbar spirituelle Lehre mit einer ganz eminent materialistischen Tendenz zu entfalten." (ebd./S.66)

Auf den Inspirator Sinnetts und die Kämpfe innerhalb der okkulten Bewegung im 19. Jahrhundert soll hier nicht weiter eingegangen werden. Festzuhalten bleibt, daß Sinnett zwar manches Richtige über Reinkarnation und Karma und die Gliederung des Menschen, aber auch eine materialistisch geprägte Lehre von der achten Sphäre in die Welt gesetzt hat:

„Es sind also Lehren, die einen hohen Grad von Richtigkeit haben und in die hineinverwoben ist als ein eminent materialistischer Trug diese Lehre von der achten Sphäre. Und zwar gipfelt diese Lehre in der Behauptung, daß die achte Sphäre der Mond sei.“ (ebd./S.67)

Dieser Irrtum der okkulten Forschung wurde mit der Absicht verbreitet, eine geistige Tatsache materialistisch zu verschleiern.

Was ist die achte Sphäre?

Die achte Sphäre ist kein Phänomen der sinnlichen Welt, wie Sinnett versuchte, es darzustellen, indem er den heutigen Mond mit der achten Sphäre gleichsetzte. Wie geschickt der Sinnettsche Irrtum lanciert war, zeigt sich daran, daß der sogenannte „alte Mond“, also die letzte Inkarnationsstufe des Erdplaneten, im Zusammenhang mit der achten Sphäre eine Rolle spielt. Unter einem gewissen Gesichtspunkt gehört sogar auch der heutige Mond zur Problematik dazu, wie sich noch zeigen wird.

Zu Beginn dieses Beitrags habe ich kurz die insgesamt sieben Stufen der Erdentwicklung genannt. In einem Schema, das auch die achte Sphäre enthält, können diese wie folgt dargestellt werden:

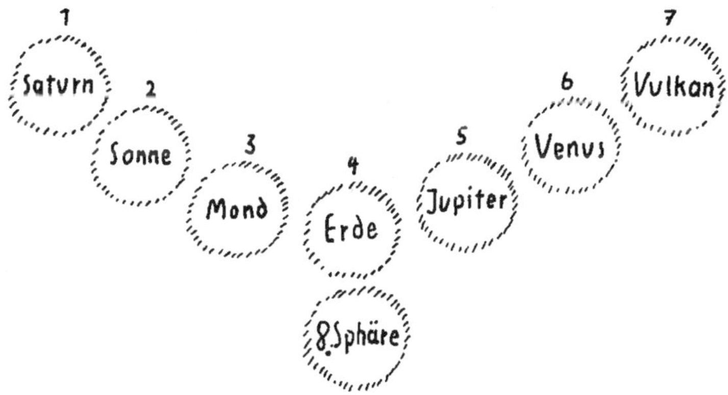

(aus GA 254/1969/S.83)

Die verschiedenen Sphären durchdringen sich, können also nicht in einem losgelösten räumlichen Nebeneinander vorgestellt werden. So enthält selbstverständlich die heutige Erde die Früchte der vorangegangenen Entwicklungsstufen. Aber die Sphären sind auch imaginativ in der Erdensphäre enthalten. Auch die achte Sphäre durchdringt die Erde, und sie kann durch imaginatives Hellsehen innerhalb der Erdensphäre wahrgenommen werden. Der Mensch lebt ständig auch in der achten Sphäre, ohne etwas davon zu ahnen.

Der vierte Entwicklungszustand, die vierte Sphäre, ist der heutige Weltkörper, der sich dadurch auszeichnet und von der vorangegangenen Entwicklungsstufe des alten Mondes unterscheidet, daß er mineralisch imprägniert ist:

„Das Wesentliche der vierten Sphäre macht [...] die mineralische Imprägnierung des Weltbildes aus. Daß wir auf der Erde leben, wird dadurch zustande gebracht, daß dieser vierte Weltkörper mineralisch imprägniert ist, daß wir immer umgeben sind von dem Mineralischen, das heißt, daß durch die Sinne wahrgenommen und daß das sinnlich Wahrgenommene durch den Verstand kombiniert werden kann. Dieses Mineralische müssen Sie sich aber wegdenken von der achten Sphäre. Dieses Mineralische ist in der achten Sphäre ganz und gar nicht vorhanden." (ebd./S.85)

Um sich einen ersten Begriff von der achten Sphäre zu machen, genügt es aber noch nicht, sich nur das Mineralische wegzudenken. Denn dasjenige, was dann substantiell durch das imaginative Hellsehen wahrnehmbar wäre, das wäre nichts anderes als eine spätere Entwicklungsstufe des alten Mondes, ein Überbleibsel des alten Mondzustandes. Das ist aber noch nicht die achte Sphäre.

Nun kommt aber etwas hinzu. Der Entwicklungsschritt vom alten Mond zur Erde „besteht darin, daß das, was nur imaginativ wahrnehmbar war, sinnlich wahrnehmbar wird, das heißt, sich mineralisch umgestaltet". (ebd./S.85) Und während dieses Übergangs behalten Luzifer und Ahriman etwas von der alten Mondsubstantialität zurück – die keine mineralische war –, um damit eigene Ziele zu verfolgen. Sie entreißen die Substantialität, die Imaginationen den sogenannten Geistern der Form, den Exusiai, die diese Verwandlung bewirken: „In diesen Teil, der da entrissen wird den Geistern der Form, kommen jetzt statt den Geistern der Form Luzifer und Ahriman hinein." (ebd./S.86)[2]

2. Zur Umwandlung einer Sphäre in die nächste, zu dem Wirken der Geister der Form und auch der Geister der Bewegung siehe GA 13, Kap. „Die Weltentwickelung und der Mensch".

Und die achte Sphäre wird schließlich dadurch gebildet, „daß das Mineralische, indem es entsteht, entrissen wird im Momente des Entstehens, im Status nascendi, der vierten Sphäre. Also indem aus dem Imaginativen das Mineralische entsteht, wird in dem Momente des Entstehens das Mineralische von Luzifer und Ahriman entrissen und wird in die Imagination hineingebracht. Statt daß aus dem übriggebliebenen Mondhaften eine Erde entsteht, wird ein Weltkörper geprägt, der dadurch entsteht, daß in das vom Monde Herübergekommene das der Erde substantiell Entrissene hineingebracht wird." (ebd./S.86)

Der alte Mond ist imaginativ in der Erde vorhanden. In dieses Imaginative wird das von Luzifer und Ahriman Entrissene hineinbefördert. Steiner faßt den Vorgang wie folgt zusammen:

„Auf dem alten Monde waren irgendwelche Bilder vorhanden. Die hätten auf die Erde übergehen sollen als etwas, was man überall auf der Erde wahrnimmt. Aber Luzifer und Ahriman haben sie sich zurückbehalten. Sie entreißen der Erde Erdbestandteile und füllen das mit Imaginationen aus, so daß diese Erdsubstanzen nicht zu irdischen Gebilden, sondern zu Mondgebilden werden. Wir haben also eingeschlossen in unsere vierte Sphäre eine solche Sphäre, die eigentlich Mondsphäre ist, die aber ganz ausgefüllt ist mit Erdenmaterial, also eine total falsche Sache im Weltall. Zu den sieben Sphären haben wir eine achte Sphäre dazugefügt, die gegen die fortschreitenden Geister gemacht ist. Daraus aber entsteht die Notwendigkeit, daß um jedes substantielle Teilchen, das zum Mineralischen werden kann, die Geister der Form auf der Erde kämpfen müssen, damit es ihnen nicht entrissen wird von Luzifer und Ahriman und in die achte Sphäre hineingebracht wird." (ebd./S.87)

Mit Bezug auf den materialistischen Atomismus, über den er zwei Tage vorher ausführlicher gesprochen hat (GA 254/16.10.1915), fährt Steiner dann fort:

„Also in Wahrheit liegt die Sache so, daß unsere Erde, die vierte Sphäre, gar nicht das ist, als was sie sich äußerlich darstellt. Wenn sie wirklich aus Atomen bestehen würde, würden alle diese Atome noch imprägniert sein von den Gebilden der achten Sphäre, die nur dem visionären Hellsehen wahrnehmbar sind." (ebd./S.87 f.)

An diese Aussage möchte ich einige Gedanken zum atomistischen Weltbild und zu dessen Konsequenzen innerhalb der naturwissenschaftlichen Forschung anschließen.

Atomistische Weltbilder und Heisenbergs „Naturbild der heutigen Physik“

Im Jahre 1920 führte der spätere Naturwissenschaftler und Atomphysiker Werner Heisenberg in der Vorbereitungszeit auf sein Abitur ein Gespräch mit einem Freund namens Kurt, das er später in seinem Buch „Der Teil und das Ganze“ festhielt. In diesem Gespräch ging es um die Frage von Wahrheit und Wirklichkeit der naturwissenschaftlichen Phänomenologie. Heisenberg erinnert sich:

„Ich berichtete Kurt, daß ich in meinem Physiklehrbuch auf eine Abbildung gestoßen sei, die mir völlig unsinnig vorkäme. Es handelte sich um jenen Grundvorgang der Chemie, bei dem zwei einheitliche Stoffe sich zu einem neuen, ebenfalls einheitlichen Stoff, einer chemischen Verbindung, zusammenschließen. [...] Die bei solchen Vorgängen beobachteten Gesetzmäßigkeiten könne man, so lehrte das Buch, am besten verständlich machen, indem man annehme, daß die kleinsten Teile, die Atome, des einen Elements und die des anderen sich zu kleinen Atomgruppen zusammenschließen. [...] Zur Veranschaulichung waren solche Atomgruppen im Buch abgebildet. Um nun weiter zu erklären, warum gerade je ein Atom Kohlenstoff und zwei Atome Sauerstoff ein Kohlensäuremolekül bilden, hatte der Zeichner die Atome mit Haken und Ösen versehen, mit denen sie im Molekül zusammengehängt waren. Dies kam mir ganz unsinnig vor. Denn Haken und Ösen sind, wie mir schien, recht willkürliche Gebilde, denen man je nach der technischen Zweckmäßigkeit die verschiedensten Formen geben kann. Die Atome aber sollten doch eine Folge der Naturgesetze sein und durch die Naturgesetze veranlaßt werden, sich zu Molekülen zusammenzuschließen. Dabei kann es, so glaubte ich, keinerlei Willkür, also auch keine so willkürlichen Formen wie Haken und Ösen geben.“ (Heisenberg 1973, S.10 f.)

Die dieser „Haken und Ösen-Theorie“ zugrundeliegende Anschauung nennt Heisenberg später die „Philosophie des als ob“. In den verschiedenen Atommodellen werden die Atome in einer Weise verbildlicht, die der Wirklichkeit nicht entspricht. Die Atome als Bilder: Zu diesem Aspekt erfahren wir mehr aus einem Gespräch, das Heisenberg mit dem dänischen Atomphysiker Niels Bohr geführt hat. Bohr führte dabei aus:

„Diese Bilder [...] sind ja aus Erfahrungen erschlossen oder, wenn Sie wollen, erraten, nicht aus irgendwelchen theoretischen Berechnungen gewonnen. Ich hoffe, daß diese Bilder die Struktur der Atome so gut beschreiben, aber eben auch *nur* so gut beschreiben, wie dies in der anschaulichen Sprache der klassischen Physik möglich ist."

Heisenbergs Gedanken dazu:

„Bohrs Gedankengänge verbanden sich für mich mit der [...] Ansicht, daß Atome keine Dinge seien. Denn obwohl Bohr so viele Einzelheiten von der inneren Struktur der chemischen Atome zu erkennen glaubte, waren die Elektronen, aus denen ihre Atomhülle bestand, offenbar keine Dinge mehr; jedenfalls keine Dinge im Sinne der früheren Physik, die man ohne Vorbehalte mit Begriffen wie Ort, Geschwindigkeit, Energie, Ausdehnung beschreiben könnte." (ebd., S.54 f.)

Aus einem Gespräch mit Albert Einstein gibt Heisenberg folgende Aussage Einsteins wieder:

„Erst die Theorie entscheidet darüber, was man beobachten kann. Sehen Sie, die Beobachtung ist ja im allgemeinen ein sehr komplizierter Prozeß. Der Vorgang, der beobachtet werden kann, ruft irgendwelche Geschehnisse in unserem Meßapparat hervor. Als Folge davon laufen dann in diesem Apparat weitere Vorgänge ab, die schließlich auf Umwegen den sinnlichen Eindruck und die Fixierung des Ergebnisses in unserem Bewußtsein bewirken. [...] Nur die Theorie, das heißt die Kenntnis der Naturgesetze, erlaubt uns also, aus dem sinnlichen Eindruck auf den zugrundeliegenden Vorgang zu schließen." (ebd., S.80)

Aber was ist, wenn es sich bei den beobachteten Vorgängen nicht um sinnlich-natürliche Erscheinungen, sondern um geistige Phänomene handelt, die nur durch Begriffe, die an der sinnlichen Welt gewonnen worden sind, ausgedrückt wurden und auch heute noch werden? Denn das ist der Fall. Dann werden alle Menschen über diese Lehren in die Irre geführt. Ergebnis ist nicht nur die Tatsache, daß der Geist nicht begriffen wird, sondern auch ein zunächst theoretischer Verlust der Natur. Diese Tatsache finden wir bei Heisenberg in seinem Buch „Das Naturbild der heutigen Physik" bestätigt:

„Wenn von einem Naturbild der exakten Naturwissenschaft in unserer Zeit gesprochen werden kann, so handelt es sich [...] eigentlich nicht mehr um ein Bild der Natur, sondern um *ein Bild unserer Beziehungen zur Natur*. Die alte Einteilung der Welt in einen objektiven Ablauf in Raum und Zeit auf der einen Seite und die Seele, in der sich dieser Ablauf spiegelt, auf der anderen, also die Descartes'sche Unterscheidung von res cogitans und res extensa, eignet sich also nicht mehr als Ausgangspunkt zum Verständnis der modernen Naturwissenschaft. Im Blickfeld dieser Wissenschaft steht vielmehr vor allem das Netz der Beziehungen zwischen Mensch und Natur, der Zusammenhänge, durch die wir als körperliche Lebewesen abhängige Teile der Natur sind und sie gleichzeitig als Menschen zum Gegenstand unseres Denkens und Handelns machen. Die Naturwissenschaft steht also nicht mehr als Beschauer vor der Natur, sondern erkennt sich selbst als Teil dieses Wechselspiels zwischen Mensch und Natur. Die wissenschaftliche Methode des Aussonderns, Erklärens und Ordnens wird sich der Grenzen bewußt, die ihr dadurch gesetzt sind, daß der Zugriff der Methode ihren Gegenstand verändert und umgestaltet, daß sich die Methode also nicht mehr vom Gegenstand distanzieren kann. *Das naturwissenschaftliche Weltbild hört damit auf, ein eigentlich naturwissenschaftliches zu sein.*" (Heisenberg 1955, S.21)

Der Diebstahl der Erdsubstanz

Die bewußtseinsverändernde Wirkung der neueren Naturwissenschaft ist in diesem Jahrhundert ungeheuer. Selbst viele Menschen, die sich spirituell dünken, denken eigentlich doch in atomistischen Kategorien, so z.B. Fridtjof Capra in seinem Buch „Das Tao der Physik". Über ihn und andere hat sich in die sogenannte New Age-Bewegung recht unbemerkt ein spirituell verbrämter Materialismus hineingeschlichen, der weit über den eines Sinnett hinausgeht.

Man muß sich fragen, was von der Grundtendenz her eigentlich in der Atomforschung aufgedeckt wurde: Die Atomphysiker suchten die kleinsten Bausteine der Materie. Sie suchten immer kleinere Teile. Sie kamen an die Grenze der materiellen Welt, und sie gingen noch einen Schritt weiter. Dort fanden sie die Atome. Die Atome sind keine sinnlichen „Dinge" (Heisenberg!) mehr. Aber was sind sie dann? – Bilder!

Knüpfen wir wieder bei Rudolf Steiner an:

„Also in Wahrheit liegt die Sache so, daß unsere Erde, die vierte Sphäre, gar nicht das ist, als was sie sich äußerlich darstellt. Wenn sie wirklich aus Atomen bestehen würde, würden alle diese Atome noch imprägniert sein von den Gebilden der achten Sphäre, die nur dem visionären Hellsehen wahrnehmbar sind. Es stecken diese Gebilde überall darinnen, und der Inhalt der achten Sphäre ist überall gespensterhaft vorhanden, kann also wahrgenommen werden, wie richtige Gespenster wahrgenommen werden. Darinnen also steht im Grunde genommen alles Erdensein." (GA 254/1969/18.10.1915/S.87 f.)

Wenn sich nun bei den Menschen ein Bewußtsein entwickelt, das dennoch davon ausgeht, daß die Erde aus Atomen besteht, wird eine Voraussetzung geschaffen, daß Luzifer und Ahriman eines der Ziele, die sie mit der achten Sphäre verfolgen, erreichen können. Steiner beschreibt dieses Ziel:

„Fortwährend bemühen sich Luzifer und Ahriman, aus der Erdensubstanz herauszubekommen, was sie nur erhaschen können, um ihre achte Sphäre zu formen, die dann, wenn sie genügend weit gekommen ist, von der Erde losgelöst wird und mit Luzifer und Ahriman ihre eigenen Weltwege einschlagen wird. Selbstverständlich würde dann die Erde sich gleichsam nur als Torso zum Jupiter hinüber entwickeln." (ebd./S.88)

Denken wir in diesem Zusammenhang insbesondere an eines der Ergebnisse der Atomforschung, an die sogenannte „friedliche" Nutzung der Kernenergie, dann erscheinen Steiners Äußerungen in einem neuen Licht. Denn es stellt sich die Frage, ob mit der Nutzung der Kernenergie, die unter dem Schlagwort „Atome für den Frieden" in die Welt trat (Jungk, S.134), eine neue ahrimanisch-luziferische Schöpfungsgeschichte beginnt. Ist es möglich, daß in den heutigen Atomkraftwerken Erdsubstantialität so „aufbereitet" wird, daß sie der Erdentwicklung entzogen wird und in die achte Sphäre gerät? Das scheint nicht nur möglich, es ist sogar sehr wahrscheinlich.

Wo befindet sich die achte Sphäre, und was hemmt ihr direktes Wirken?

Das eigentliche Ziel, das die luziferischen und ahrimanischen Mächte mit der achten Sphäre verfolgen, faßt Steiner wie folgt zusammen:

„Nichts Geringeres steht bevor nach dieser Intention Luzifers und Ahrimans, als die ganze Menschheitsentwicklung verschwinden zu lassen in die achte Sphäre, so daß sie einen anderen Gang nehmen würde." (GA 254/1969/18.10.1915/S.89)

Doch haben die bereits erwähnten Geister der Form, denen Teile der alten Mondsubstantialität vor der Umwandlung in die Erdsubstanz von Luzifer und Ahriman entrissen wurde, etwas geschaffen, das diesem Streben entgegenwirkt. Dieses Hindernis hemmt das Wirken der achten Sphäre, wie es von Luzifer und Ahriman beabsichtigt ist. Und dieses Hindernis ist der die Erde umkreisende Mond!

Jetzt wird auch deutlich, wie verheerend falsch Sinnetts Lehre von der achten Sphäre war, denn der materielle Mond ist gerade nicht die achte

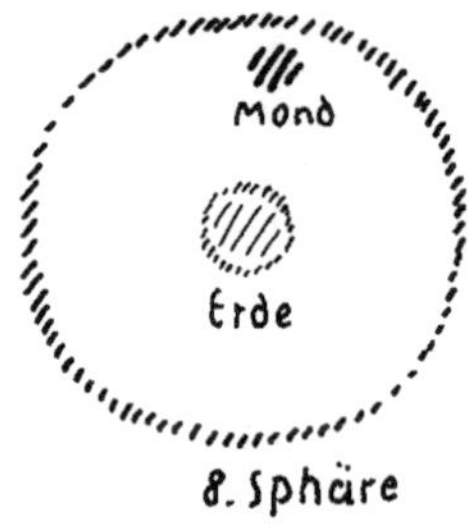

(aus GA 254/1969/S.90)

Sphäre, sondern ein Gegengewicht zu ihr. Der Mond hat eine so derbe Substanz, wenngleich sie auch derjenigen der Erde nicht unähnlich ist, daß sie nicht von Luzifer und Ahriman aufgelöst werden kann. Die achte Sphäre ist ein geistiger Bereich, der den Mond und auch die gesamte Erde umfaßt und durchdringt: „Wir sind überall im Grunde umgeben von den Imaginationen, in die fortwährend hineingezogen werden soll Mineralisches, Materielles.“ (ebd.) Es sind die alten Mondenkräfte, die Luzifer und Ahriman in der oben beschriebenen Weise ergriffen haben und zur achten Sphäre gestalten konnten, die im geistigen Bereich des Mondes zentriert ist und lebt. (vgl. ebd./17.10.15/S.80) Im Raum der achten Sphäre befindet sich der physisch-materielle Mond und verhindert mit seiner derben Substanz gewissermaßen wie ein Pfropfen deren direktes Wirken. Die Geister der Form haben diese derbe Mondsubstanz zu einem bestimmten Zeitpunkt der Erdentwicklung aus der Erde herausgetrieben, um ein Gegengewicht gegen die achte Sphäre zu schaffen, und der Mond wird sich in ferner Zukunft auch wieder mit der Erde verbinden.[3]

Die *FAZ* über den Austritt des Mondes aus der Erde

Der Mondenaustritt aus der Erde wird auch von der heutigen Naturwissenschaft als Erklärung für die Entstehung des Mondes immer mehr in Betracht gezogen. Dazu ein Beispiel: Unter der Überschrift, „Als die erste Kiste geöffnet wurde, war die Enttäuschung groß“, erschien in der *FAZ* am 21. Juli 1989 ein Artikel von Harald Steinert über die sechs Apollo-Flüge der NASA, bei denen insgesamt 382 kg Mondgestein gesammelt und mit auf die Erde gebracht wurden.

3. siehe dazu GA 13, Kap. „Die Weltentwickelung und der Mensch“.

Diese Mondmaterie wird, außer einigen wenigen Ausstellungsstücken, die in verschiedenen Museen gezeigt werden, in einem Tresor des „Johnson Space Center“ in Houston (Texas) gelagert, und zwar in reinem Stickstoff. Für wie wertvoll diese Gesteinsproben erachtet werden, zeigt sich daran, daß eine Fünf-Gramm-Mondgesteinsprobe, die von Houston nach Heidelberg geschickt wurde, mit einer Million DM Wert versichert wurde. Steinert schreibt, daß das vorhandene Mondgestein das wohl am gründlichsten untersuchte Gestein der Welt ist:

„Fast 60.000 Proben sind an Forscher herausgegangen, noch heute werden 600 bis 900 Proben jährlich versandt, meist nur milligrammweise. Da die nicht verbrauchten Proben wieder nach Houston zurückgehen, sind seit der Ankunft des ersten Mondgesteins auf der Erde nur etwa zwei Prozent des Materials verbraucht worden.“ (FAZ, 21.07.1989)

Steinert berichtet über die Öffnung der ersten Kiste Mondgestein vor Fernsehkameras am 25. Juli 1969 wie folgt:

Es „war die Enttäuschung in der Öffentlichkeit groß. Der Inhalt sah aus wie ein Haufen verbrannter ‚Baked Potatoes‘. In einem Brief an ein Mitglied des Untersuchungsteams wurde geklagt, daß die Vereinigten Staaten Milliarden ausgegeben hätten für ein paar Feldsteine, wie man sie in jedem Vorgarten finden könne. Die Fernsehkameras wurden schnell abgeschaltet. Die Enttäuschung hielt aber nicht lange an. Schon am nächsten Tag konnten der Öffentlichkeit sorgfältig entstaubte Mondgesteine präsentiert werden, die ansehnlicher waren. Sie entpuppten sich als eine Art von Basalt: ein auf der Erde weitverbreitetes erstarrtes Magmengestein, wie es jeder bessere Vulkan liefern kann – aber immerhin ein identifizierbares Gestein, das Kunde von geologischen Ereignissen auf dem Mond gab.“ (ebd.)

Und weiter heißt es dann in dem Artikel:

„Die wesentliche Botschaft der Mondgesteine für den Menschen ist jedoch nicht mit dem Auge des Petrologen und Mineralogen sichtbar. Wesentlich sind die geochemischen und radiologischen Analysendaten über Alter der Gesteine, über Verteilung von Spurenelementen und Element-Isotopen. Verglichen wird das Mondmaterial mit dem Gestein der Erde und anderer kosmischer Materie.

Es zeigt sich eine erstaunlich nahe Verwandtschaft zwischen Erde und Mond. Allerdings ist die Zusammensetzung der Sauerstoffisotope einzigartig und völlig verschieden von Materie außerhalb des Erde-Mond-Systems. Die Verteilung der Elemente und Spurenelemente ist ähnlich wie im Mantel der Erde.

Daraus wird heute von den meisten Forschern der Schluß gezogen, daß der Mond aus dem Material der Erde entstanden ist – genaugenommen aus dem ‚Mantel' der Erde, der als dicke Hülle unter einer dünnen Kruste den kleinen Erdkern umhüllt. Am wahrscheinlichsten erscheint es, daß der Mond durch den Einschlag eines Riesenmeteoriten auf die Erde entstand, zu einer Zeit, als sich der Erdkern unter dem Erdmantel schon gebildet hatte. Dabei wurden große Massen von Erdmantelmaterial in die Höhe geschleudert, die die Erde zunächst umkreisten und sich dann zum Mond sammelten. Das muß vor mindesten 4,4 Jahrmilliarden geschehen sein: So alt sind die ältesten Mondgesteine." (ebd.)

Rudolf Steiner über den Mond

Diese neueren Ergebnisse bestätigen vieles von dem, was bereits Steiner über den Mond ausgesagt hat, wenngleich ihm viele Informationen noch nicht zur Verfügung standen. So ging er davon aus, daß der Mond nur etwa ein Siebzigstel der Erdanziehungskraft besäße. Heute wissen wir, daß es etwa ein Sechstel ist. Nur zwei aufschlußreiche Äußerungen Steiners möchte ich hier vor dem Hintergrund des *FAZ*-Artikels anführen. In einem Vortrag, in dem er zunächst einiges über die Entstehung der Sonne in ihrer Beziehung zur Erde ausführt, heißt es über den Mondenaustritt:

„Dann kam das andere wesentliche Ereignis, [...] durch das die Mondsubstantialität mit allen Mondenkräften aus der Erde selber hinausverlegt wurde. Der Hinausgang des Mondes aus der Erde fand statt. Damit gingen aber gewaltige Veränderungen mit der Erde vor sich. Jetzt erst wurde die Erde zu einem Zustande gebracht, daß der Mensch gedeihen konnte. Während die Kräfte sozusagen zu geistig gewesen wären, wenn die Erde mit der Sonne verbunden geblieben wäre, so hätten sie zu grob werden müssen, wenn die Erde mit dem Monde vereint geblieben wäre. So also entfernte sich der Mond, und es blieb die Erde in einer Art Gleichgewichtszustand zurück, der dadurch bewirkt wurde, daß von außen die Sonnen- und Mondenwesen wirkten. Und dadurch bereitete sich die Erde dazu vor, daß sie die Trägerin des Menschendaseins werden konnte." (GA 122/1976/25.08.1910/S.161 f.)

Und die andere Vortragsstelle lautet:

„Wenn wir unsere Erde betrachten, so ist sie hervorgegangen durch Entwicklung aus einem früheren Zustand. Wie jeder Mensch in seinem Leben hervorgeht seelisch-geistig aus einer früheren Verkörperung, so ist unsere Erde für die Geisteswissenschaft hervorgegangen aus einer früheren planetarischen Verkörperung. Aber es haben sich innerhalb unserer Erde selbst Reste jener Tatsachen erhalten, welche sich in früheren Verhältnissen auf der früheren planetarischen Verkörperung unserer Erde abgespielt haben. Und diese Reste haben wir in dem zu suchen, was sich heute als Mondenumlauf um die Erde herum abspielt. Geisteswissenschaftlich rechnet man den Mond zur Erde." (GA 58/Tb. 1976/09.12.1909/S.143 f.)

Mit „Mond" ist nicht nur der Körper des Erdtrabanten gemeint, sondern die gesamte Mondensphäre, die von der Umlaufbahn des Mondes um die Erde begrenzt wird. Wie wir vorhin gesehen haben, wirkt der physische Mond als Schutz vor dem ungehemmten Wirken der achten Sphäre. Durch das Verfrachten von 382 kg Mondgestein auf die Erde ist nun der erste, wenn auch scheinbar unbedeutende, Schritt getan, diesen Schutz abzutragen. Aber es sind weitere Mondreisen vorgesehen, die unter anderem dem Zweck dienen zu prüfen, inwieweit sich die Mondmaterie eignet, aus ihr Sauerstoff zu gewinnen, mit dessen Hilfe auf dem Mond eine bemannte Station betrieben werden kann. Die geringe Anziehungskraft des Mondes läßt diesen als bestens geeignet für das Vorhaben erscheinen, hier einen Weltraum-Flughafen zu errichten, um von dort aus die Mitte nächsten Jahrhunderts geplante Besiedelung des Mars voranzutreiben.

Die geisteswissenschaftliche Bedeutung der Tatsache, daß die homöopathische Dosis von 382 kg Mondgestein auf die Erde „zurückgebracht" wurde, ist heute kaum abzuschätzen. Auf jeden Fall ist zu bedenken, daß die Mondmaterie, die viel „fester" und „dichter" als die Erdmaterialität ist, aus der Erde herausgebracht worden ist, um überhaupt das menschliche Dasein auf der Erde zu ermöglichen. Und es ist zu erwarten, daß es nicht bei den 382 kg Mondmaterie auf der Erde bleiben wird. Steinert schreibt dazu in dem *FAZ* Artikel:

„Einige Jahrzehnte wird die Sammlung [von Mondgestein, A.W.] noch ihren Wert behalten – bis eine bemannte Mondstation errichtet wird und Massentransporte zwischen Erde und Mond beginnen. Dann dürften die ersten Proben sogar bei Mineraliensammlern auftauchen." (FAZ, 21.07. 1989)

Der Mensch als Angriffspunkt für Luzifer und Ahriman

Sehen wir jetzt auf den einzelnen Menschen. Denn auch dieser bietet Angriffspunkte für die luziferischen und ahrimanischen Mächte, um ihren Zielen, die sie mit der achten Sphäre verfolgen, näher zu kommen. Sie sind ständig bestrebt, Erdsubstanz aus allen mineralischen Prozessen zu erhaschen, um die achte Sphäre zu formen. Im menschlichen Organismus sind davon besonders der Schädel und das Gehirn betroffen:

„Nun ist der Mensch aber [...] voll hineingestellt in diese ganze Erdenentwickelung, denn das Mineralische durchdringt ihn ja ganz, er steht fortwährend darinnen. Der mineralische Prozeß geht überall durch uns hindurch, und der mineralische Prozeß ist überall in diesen Kampf hineingezogen, so daß ihm fortwährend Teilchen dieser Substanz entrissen werden können. Also wir selber sind durchdrungen davon. Luzifer und Ahriman kämpfen gegen die Geister der Form, und uns soll überall entrissen werden mineralische Substanz. [...] Am vollkommensten ist unser Denkorgan, unser Gehirn und unser Schädel, und darinnen ist gerade dieser Kampf, den ich eben angedeutet habe, am allerstärksten." (GA 254/1969/18.10.1915/S.88)

Steiner schildert weiter, daß es Ahriman und Luzifer bereits während der Bildung des menschlichen Denkorgans am besten gelungen ist, Substanz zu entreißen. Die physische Substanz des Menschen ist im Gehirn am meisten durchgeistigt, wodurch wir fähig sind, uns mit dem Kopf von dem übrigen Organismus zu befreien:

„Wir können in Gedanken uns erheben, können das Gute und Böse unterscheiden. Und dadurch eben ist es am allermeisten Luzifer und Ahriman gelungen, Substantialität zu entreißen, weil sie am meisten wegreißen konnten von der mineralisierten Substantialität gerade bei dem edelsten Organ des Menschen. [...] Diese Alchimie, daß mineralische Substanz in die achte Sphäre hinüberbefördert wird, findet fortwährend hinter den Kulissen unseres Daseins statt." (ebd./S.88 f.)

Falsche Gedanken schaffen falsche Realitäten

Es liegt nahe, daß Luzifer und Ahriman das menschliche Denken in ihre Macht bekommen wollen, um damit ihre eigenen Ziele zu verfolgen. Auch das Denken soll in die achte Sphäre befördert werden.

Der Planet Erde wird irgendwann zugrunde gehen, und damit wird auch die gesamte sinnliche Umgebung des Menschen verschwinden. Was dann übrigbleibt, das sind die Gedanken. Die moderne Wissenschaft hat in das Bewußtsein der Menschen ein atomares Weltbild eingeprägt. Man kam im letzten Jahrhundert zu der Ansicht, die ganze Welt bestünde eigentlich nur aus Atombewegungen. Mit der entsprechenden Gleichung könnte man eine Weltformel aufstellen. Die Folgen dieses Denkens schildert Steiner wie folgt:

„Und wenn alles, was wir mit unseren Sinnen überblicken auf der Erde, zugrunde gegangen ist, diese Gedanken können fortleben, wenn sie nicht vorher ausgetilgt werden. Daher ist durchaus die Gefahr vorhanden, daß, wenn so etwas allgemeine Denkweise wird, unsere Erde sich in einen solchen Planeten verwandelt, wie er den Vorstellungen der Materialisten entspricht. Der Materialismus ist nur so lange eine bloße Lehre, als er nicht Realität gewinnt. Aber darnach streben die ahrimanischen Mächte, daß die Gedanken des Materialismus so stark und verbreitet werden, daß das, was zunächst von der Erde übrigbleibt, die Atome sind.

Wenn wir heute sagen, wir müssen alles aus Atomen erklären, so ist das ein Irrtum. Wenn aber alle Menschen anfangen zu denken, es müsse alles aus Atomen erklärt werden, [...] dann wird die Erde wirklich so, daß sie aus Atomen und ihren Bestandteilen besteht. Nicht von Urzeit an ist dies richtig, daß die Erde aus Atomen besteht, aber die Menschheit kann das bewirken. Das ist das Wesentliche. Der Mensch ist nicht bloß daraufhin veranlagt, falsche Ansichten zu haben, sondern die falschen Gedanken schaffen falsche Realitäten; wenn die falschen Gedanken allgemein werden, dann entstehen Realitäten." (GA 213/1969/15.07.1922/S.187)

Die Bindung des freien Willens

Die Tatsache, daß besonders auch das menschliche Wollen in die achte Sphäre hinübergezogen werden soll, erläutert Steiner in bezug auf spiritistische und mediumistische Praktiken im 19. Jahrhundert. Auch heute sind solche Praktiken weit verbreitet. Diese werden von Luzifer und Ahriman für ihre Zwecke benutzt:

„Fortwährend sind Luzifer und Ahriman damit beschäftigt, den freien Willen des Menschen zu binden und ihm allerlei Dinge vorzugaukeln, um dann das, was ihm vorgegaukelt wird, ihm zu entreißen und in der achten Sphäre verschwinden zu lassen." (GA 254/1969/18.10.1915/S.93)

Von Menschen, die sich davon beeindrucken lassen, wird leichtfertig übersehen, daß nur die eigenen Erkenntnisbemühungen den notwendigen Boden geben, um aus Einsicht in Freiheit zu handeln. Das klingt vielleicht banal, ist aber von tiefgreifender Bedeutung. Denn überall, wo der Mensch nicht aus eigener Einsicht handelt, geht die Willenssubstanz, die er zur Ausführung der Handlung verwendet, über in die achte Sphäre. – Im folgenden Zitat bezieht sich Steiner auf den gescheiterten Versuch bedeutender Okkultisten, im 19. Jahrhundert durch die Inszenierung des Mediumismus und Spiritismus ein Gegengewicht zum Materialismus zu setzen:

„Sie können sich daher denken, wie schwer jene Menschen berührt gewesen sein müssen, welche durch Kompromiß übereingekommen waren, auf dem Wege des Mediumismus den Menschen allerlei Wahrheiten von der geistigen Welt beizubringen, und dann erlebt haben, wie die Medien glaubten, daß die Toten zu ihnen sprächen. Die Okkultisten haben aber dann gewußt: das, was zwischen Medien und lebendigen Menschen vorgeht, besteht darin, daß der Strom des freien Willens hineingeht in die achte Sphäre. Statt an das Ewige anzuknüpfen, brachten sie gerade das zutage, was fortwährend in die achte Sphäre hinein verschwand." (ebd./ S.93 f.)

„Der Doktor hat gesagt"

Dann spricht Steiner die Anthroposophen selbst an:

„Wie froh waren manche, wenn sie diesen freien Willen nur binden konnten! Das zeigte sich daran, wieviel von denjenigen Bewegungen, die ich gekennzeichnet habe, von außen hereingetragen worden ist in unsere Bewegung. Nicht von Blavatsky und nicht von außen, sondern durch unsere Mitglieder selber wurde beständig Bresche geschlagen in das, was erreicht werden sollte. Und das geschah und geschieht dadurch, daß man immer wieder bewundert, was von visionären Hellsehern herangebracht wird! Wenn man bewunderte, was von visionären Hellsehern herangebracht wurde, dann war das ein solches Brescheschlagen, und dann war das ein Ausdruck für die perverse Liebe zur achten Sphäre. Und wenn der oder jener gesagt hat: Der Doktor hat gesagt, daß es gemacht werden soll –, dann bedeutet das, daß ein solcher den freien Willen fremden Einflüssen überliefern wollte, daß er ihn nicht durch sich, sondern durch etwas anderes bestimmen lassen wollte; er wollte, der andere solle in die physische Welt eine Geneigtheit tragen, den freien Willen binden zu lassen." (ebd./S.98)

Nehmen wir nur ein Beispiel, das ich besonders gut kenne: Die Waldorfschulen wurden gegründet, um eine freie Lehrer-Schüler-Begegnung möglich zu machen. Für diese Begegnung löste Rudolf Steiner den Unterricht von den Weisungen des Kultusministeriums ab. Es entstand die Freie Waldorfschule. Steiner gab eine Methodik, durch die der Lehrer die Wesenheit des Kindes im Sinne einer wahren Menschenbegegnung erreichen kann. Auf dem Boden dieser Begegnung findet Unterricht statt, wobei die verschiedensten individuellen Ansätze möglich sind. Auch einen Lehrplan entwarf Steiner vor den anwesenden Lehrern der ersten Waldorfschule. Dieser Lehrplan sollte sich jedoch je nach der Zeit, in der die Schule betrieben wird, nach dem geographischen Ort und nach der Eigenart und den spezifischen Lebensfragen der Kinder immer wieder ändern und aktualisieren. Eine permanente gemeinsame Arbeit des Kollegiums an diesem Lehrplan in freiem Austausch und aus gegenseitigem Interesse ist notwendig, um eine lebendige Lehrer-Schüler-Begegnung immer wieder neu zu ermöglichen. Aus den Entwicklungsphasen des Kindes heraus sollte der Unterricht gestaltet werden, gleich, um welches Fach es sich handelt.

Wenn aber der von Rudolf Steiner gegebene Lehrplan als Programm und verpflichtende Anweisung verstanden wird, gleitet der betätigte Wille des Lehrers in die achte Sphäre hinüber, mit den entsprechenden katastrophalen Folgen für die Pädagogik. Und es gibt in den letzten Jahren nicht nur Tendenzen staatlicher Einflußnahme, hier einen gewissen Zwang auszuüben. Diese Gefahren dürfen nicht unterschätzt werden, denn das Ziel muß immer die Ausbildung der freien schöpferischen Individualität des einzelnen Menschen sein.

Die Verdrehung von Wahrheiten ist eine weitere Methode, die achte Sphäre zu „bereichern". Auch hier spricht Steiner die Anthroposophen an:

„Und in den mancherlei Versuchen, die gegenwärtig in unserer Mitte auftreten, müssen wir eben den Versuch sehen, daß dasjenige, was bei uns als Wahrheit auftritt, umgekehrt wird, in einer anderen Weise gebraucht wird. Das kann man am raffiniertesten dadurch machen, daß man sagt: Die Lehre ist gut, der Lehrer taugt nichts. – Man raubt sie gleichsam dem Lehrer und will sie dann zu etwas anderem verwenden. Ja, am liebsten hätten es Luzifer und Ahriman, wenn sie die ganze Götterweisheit nehmen und in die achte Sphäre hineinbringen, hineinbefördern könnten.

Es handelt sich dabei darum: eine Gesellschaft, in welcher Freiheit existieren kann, umzuformen in eine Sklavengesellschaft." (ebd./S.101)

Die stärkste Beute Luzifers und Ahrimans

Luzifer und Ahriman ist geradezu eine Gier eigen, soviel wie möglich von der Weltentwicklung in die achte Sphäre hineinzubringen. So geht es diesen beiden Weltenmächten nicht „nur" darum, Substantialität, das Denken oder den Willen des Menschen in der achten Sphäre anzusiedeln, sondern auch einzelne Menschenseelen:

„Denn das wäre die stärkste Beute, wenn es jemals Luzifer und Ahriman gelingen könnte, eine ganze Seele für sich zu gewinnen, eine ganze Seele hinwegzuschnappen; denn dadurch würde eine solche Seele für die Erdenentwickelung in die achte Sphäre hinein verschwunden sein. Der größte Sieg also wäre es für Luzifer und Ahriman, wenn sie einmal sagen könnten, daß in ihr Reich möglichst viele tote Menschen eingegangen wären." (ebd./ S.94)

Einem besonders für diese Absichten günstigen Weg folgten die Menschen, die auf den Mediumismus und Spiritismus des 19. Jahrhunderts hereinfielen. – Das gilt selbstverständlich auch heute für die Menschen, die sich solchen Praktiken hingeben. – Denn durch den Mediumismus wurde ihnen vorgegaukelt, daß sie durch die Medien etwas von den Toten erführen, während die Medien von Ahriman und Luzifer inspiriert wurden, die sich sagten:

„Wollen wir also, daß die Gemüter der Menschen nach der achten Sphäre gelenkt werden, dann sagen wir den Menschen: Wir erzählen euch etwas von den Toten. – Wir fangen die Menschen ein, indem wir vorgeben, bei uns seien die Toten.

Diesen teuflischen Plan – denn wir reden jetzt von dem Teufel – brachten Luzifer und Ahriman zur Geltung, als der Okkultismus darauf hereingefallen war, durch den Mediumismus etwas machen zu wollen. Sie inspirierten alle die Medien, durch die sie die ganze Sache arrangiert haben, damit die Menschen zu dem Reiche, aus dem die Toten sprechen sollen, hingelenkt werden, und Luzifer und Ahriman jetzt die Seelen erhaschen können." (ebd.)

Die Möglichkeit der Auflösung des Ich

Es sind in erster Linie die materialistischen Anschauungen, die dazu führen, daß der Mensch sich mit seinem physischen Körper identifiziert, ganz in der sinnlich-materiellen Welt aufgeht und alles Übersinnliche verleugnet. Nun weist Steiner im Zusammenhang mit den Lebensparadoxien unseres Zeitalters darauf hin, daß einseitige Jenseitsversprechungen und das bloße Reden vom Leben nach dem Tod an der Verleugnung des Übersinnlichen nichts ändern. Ganz im Gegenteil:

„Es ist aber nicht so, sondern gerade dadurch, daß einseitig, theoretisch die religiösen Bekenntnisse durch Jahrhunderte, ja Jahrtausende das bloße Post-mortem-Leben gepflegt haben, gerade dadurch ist real logisch herangezüchtet worden die Verleugnung der übersinnlichen Welt, dadurch ist gerade der Materialismus in Wirklichkeit herbeigegeführt worden. [...] Diese Sehnsucht, nichts zu wissen von einem übersinnlichen Leben, ist gerade durch das einseitige Reden von dem Ewigen nach dem Tode großgezogen worden." (GA 198/1969/17.07.1920/S.274)

So mögen zwar viele Menschen sich in ihrem Kopf davon belehren lassen, daß es ein Leben nach dem Tod gibt. Ganz oft sind sie aber nur deshalb geneigt, an ein Fortleben nach dem Tod zu glauben, „weil ihr Egoismus nichts anderes ertragen kann". (ebd./S.275) An ihrer materialistischen Lebensauffassung und Einstellung ändert sich dadurch nichts. Viele Menschen der Gegenwart verleugnen in ihren tiefsten Wesensgründen alle übersinnlich-geistige Wirklichkeit und bilden so eine unterbewußte Sehnsucht danach aus, mit dem physischen Tod auch tatsächlich unterzugehen – mit fatalen Folgen:

„Die Wirklichkeit ist in Wahrheit noch viel ernster. Wenn der Mensch nämlich genügend intensiv durch genügend lange Zeit diese unterbewußte Sehnsucht ausbildet, mit dem physischen Tode zugrunde zu gehen, so geht er auch mit dem physischen Tode zugrunde. Dann hört das, was da als Geistig-Seelisches vorhanden ist und was sich sein Abbild schaffte, auf, eine Bedeutung zu haben; dann vereinigt es sich wiederum mit geistigen Welten und verliert die Ichheit. Das Abbild der Ichheit wird ahrimanisch umgestaltet, und die ahrimanischen Mächte bekommen das, was sie wollen: sie bekommen das irdische Leben in die Hand. Das heißt, ein großer Teil der heutigen zivilisierten Welt strebt darnach, nicht die Zivilisation der Erde fortzusetzen, sondern die Menschen zum Sterben zu bringen und ganz anderen Wesen, als die Menschen es sind, das irdische Leben zu übergeben.

Es nützt heute nichts, auf diese Dinge nicht hinzuweisen. Es ist natürlich unbequem, diese Dinge hinzunehmen, und viel bequemer ist es, wenn man sich bloß zu sagen braucht: Der Materialismus ist eben falsch; nun, man bekehrt sich allmählich zu einer besseren Weltanschauung. – Nein, darum handelt es sich nicht. Dasjenige, was im Menschen Gedanken sind, wird zu Wirklichkeiten, und die materialistischen Gedanken werden nach und nach zu materialistischen Wirklichkeiten." (ebd./S.275)

Der drohende Verlust der Erdenmission

Es geht also nicht darum, nur bestimmte Gedanken aufzunehmen und ansonsten in einer verschlafenen Seelenstimmung zu verharren, die etwa sagen würde: „Gleichgültig, was wir tun, letztlich wird doch alles nach dem Plan der guten Geister verlaufen. Es wird schon gut gehen.“ Denn es geht um Tatsachen, um die Änderung der Einstellung und das Schaffen der Wirklichkeit. Der Mensch ist für die Weltentwicklung verantwortlich. Das wird nicht nur durch das Fanal der Atombombe deutlich. Und wenn das nicht mehr und mehr begriffen wird, droht sogar der Verlust der Erdenmission:

„Der Mensch hat die Wahl – und diese Wahl wird immer ernster seit der Mitte des 15. Jahrhunderts –, entweder stehenzubleiben bei den intellektualistischen, abstrakten Begriffen, oder aufzunehmen den lebendigen Inhalt der Geisteswissenschaft. Bleibt er stehen bei den intellektualistischen, abstrakten Begriffen, da wird er eine brillante Naturwissenschaft ausbauen, denn diese Begriffe sind tot, und er wird die tote Natur mit den toten Begriffen in einer wunderbaren Weise begreifen. Aber all das macht ihn zur Mumie, all das verähnlicht ihn der Materie, all das führt dazu, daß er im Ahrimanischen untergeht. Zur Fortführung der irdischen Angelegenheiten, zur Fortführung der ganzen Erdenentwickelung braucht er die Aufnahme des Geistigen, das heute nicht atavistisch instinktiv an den Menschen herankommt, sondern das von den Menschen erarbeitet werden muß. So ist die Aufnahme der Geisteswissenschaft nicht eine Theorie, sondern sie ist die Erarbeitung eines Realen. Sie ist die Ausfüllung des sonst leeren Seeleninneren mit spirituellem, mit geistigem Inhalte. Innen leer, außen der Vergangenheit gegenüberstehend, so möchte die Menschheit in ihren Massen heute bleiben, indem sie nur gelten lassen will die Gedankenlogik mit der Experimentierkunst und nicht aufnehmen will, was lebendiges Geistesleben ist. Die Welt steht heute nicht nur vor der Gefahr, im Ahrimanischen unterzugehen, sondern die Welt steht heute vor der Gefahr, daß die Erdenmission verlorengehe.

Wer das durchdenkt und durchempfindet, der wird den ganzen Ernst erst recht empfinden, der mit der Aneignung der Geisteswissenschaft als solcher verbunden sein soll.“ (ebd./18.07.1920/S.289)

Die Hölle

Schon im Jahre 1905 hat Rudolf Steiner einmal in einer Kursstunde eines esoterischen Lehrgangs über die achte Sphäre gesprochen. Allerdings ist diese eher beiläufige Erwähnung nur durch unvollständige und lückenhafte Notizen überliefert. Zum Abschluß meiner Betrachtung der verschiedenen Aspekte der achten Sphäre möchte ich aber auch diese Aussage Steiners der Vollständigkeit halber zitieren:

„Den Mond sehen wir als den entseelten Überrest von uns selbst an, und wir selbst haben in uns die Kräfte, die einstmals dem Monde das Leben gaben. Das ist auch die Grundlage für die eigentümlichen, sentimentalen Gefühle der Dichter, die den Mond besingen. Alle dichterischen Empfindungen sind schwache Nachklänge tief im Menschen lebender okkulter Strömungen.

Nun kann aber ein Wesen verwachsen mit dem, was eigentlich als Schlacke zurückbleiben soll. Es muß von der Erde etwas zurückbleiben, was später das sein soll, was heute der Mond ist. Das muß der Mensch überwinden. Aber der Mensch kann das gern haben, dann verbindet er sich damit. Ein Mensch, der tief verwoben ist mit dem bloß Sinnlichen, dem bloß Triebhaften, der verbindet sich immer mehr mit dem, was Schlacke werden soll. Das wird dann sein, wenn die Zahl 666 erfüllt sein wird, die Zahl des Tieres. Dann kommt der Moment, wo sich die Erde herausbewegen muß aus der fortlaufenden Evolution der Planeten. Wenn dann der Mensch sich zu sehr verwandt gemacht hat mit den sinnlichen Kräften, die heraus sollen, dann geht das, was damit verwandt ist und nicht den Anschluß gefunden hat, um zum nächsten Globus [dem Jupiterzustand, A.W.] hinüberzugehen, mit der Schlacke mit und wird Bewohner dieser Schlakke, so wie jetzt solche Wesen Bewohner des heutigen Mondes sind.

Da haben wir den Begriff von der achten Sphäre. Der Mensch muß durch sieben Sphären hindurchgehen. [...] Daneben gibt es eine achte Sphäre, wo alles dasjenige hingeht, was sich nicht dieser fortlaufenden Entwickelung anschließen kann. Das bildet sich in der Anlage auch schon im devachanischen Zustande [im nachtodlichen Leben in der geistigen Welt, A.W.]. Wenn der Mensch das Leben auf der Erde nur dazu benützt, zu sammeln, was ihm allein dient, um nur eine Erhöhung seines eigenen egoistischen Selbstes zu erfahren, so führt das im Devachan in den Zustand des Avitchi. Der Mensch, der nicht aus der Sonderheit heraus kann, kommt nach Avitchi. Alle diese Avitchi-Menschen werden einmal Bewohner der achten Sphäre. Avitchi ist die Vorbereitung zur achten Sphäre. Die anderen Menschen werden Bewohner der fortlaufenden Evolutionskette. Die Religionen haben aus diesem Begriffe die ‚Hölle' formuliert." (GA 93a/1976/09.10.1905/S.111 f.)

Diese Äußerung Steiners wirft manche Frage auf. Auch wenn hier auf den ersten Blick vielleicht der Eindruck entstehen sollte: Der heutige materielle Mond ist *nicht* die achte Sphäre. Wie wir gesehen haben, verhindert dieser gerade das ungehemmte Wirken der achten Sphäre. Da hier von „Bewohnern des heutigen Mondes“ die Rede ist, können nur geistige Wesen und das Geistige des Mondes gemeint sein.

Der Bezug der Formulierung, „Da haben wir den Begriff von der achten Sphäre“, ist nicht eindeutig. Sie scheint mir auf die gesamte Darstellung des vorangegangenen Absatzes bezogen zu sein. Denkbar ist sogar, daß noch weitere Ausführungen Steiners vorausgegangen sind, die in den zusammenfassenden Notizen dieser Kursstunde keinen Niederschlag gefunden haben.

Das Zitat regt hoffentlich zur weiteren notwendigen Vertiefung in das Geheimnis der achten Sphäre an, die sonst weitgehend unbemerkt ihr verhängnisvolles Wirken im Sinne der finsteren Absichten Luzifers und Ahrimans entfaltet. Mit der Darstellung einiger Aspekte der Problematik der achten Sphäre in diesem Beitrag wollte ich jedenfalls in einem ersten Schritt die Aufmerksamkeit auf dieses wichtige Geheimnis lenken.

Literatur:

Blavatsky, Helena Petrowna: Die Geheimlehre. Den Haag o.J.

Capra, Fridtjof: Das Tao der Physik. Bern/München/Wien 1984.

Harrison, C.G.: Das transzendentale Weltenall. O.O. u. J. (1897).

Heisenberg, Werner: Das Naturbild der heutigen Physik. Hamburg 1955.

Heisenberg, Werner: Der Teil und das Ganze. Gespräche im Umkreis der Atomphysik. München 1973.

Jungk, Robert: Der Atomstaat. Vom Fortschritt in die Unmenschlichkeit. München 1977.

Sinnett, A.P.: Die esoterische Lehre oder Geheimbuddhismus. Leipzig 1884.

Johannes Rogalla von Bieberstein
Die These von der Verschwörung 1776–1945
Philosophen, Freimaurer, Juden, Liberale und Sozialisten als Verschwörer gegen die Sozialordnung
216 S., kt. DM 33,00 / ISBN 3-926841-36-2

Jimmy Carter
Frieden schaffen im Gespräch
Ein Impuls für die nächste Generation
206 S., kt. DM 32,00 / ISBN 3-926841-71-0

Carola Cutomo
Medialität, Besessenheit, Wahnsinn
188 S., kt. DM 19,80 / ISBN 3-926841-19-2

Klaus Engels
Destruktive Kulte im Spannungsfeld von Kirche und Gesellschaft
212 S., kt. DM 28,00 / ISBN 3-926841-46-X

Hans-Diedrich Fuhlendorf
Rückkehr zum Paradies oder Erbauen des Neuen Jerusalem?
Geschichtsbetrachtungen in apokalyptischer Zeit
352 S., kt. DM 39,00 / ISBN 3-926841-37-0

Wolfgang Gädeke
Anthroposophie und die Fortbildung der Religion
448 S., Ln. DM 48,00 / ISBN 3-926841-23-0
kt. DM 36,00 / ISBN 3-926841-24-9

Dieter Hornemann
Geheimnisvolles Afrika
Anthroposophische Arbeit im Urwald
102 S., 32 farb. Abb., kt. DM 26,00
ISBN 3-926841-60-5

Johannes Kiersch
Fragen an die Waldorfschule
148 S., kt. DM 19,80 / ISBN 3-926841-33-8

Peter Krause
Das Judasproblem
Von den spirituellen Hintergründen der Gewalt
128 S., kt. DM 19,80 / ISBN 3-926841-38-9

Peter Krause
Feuer in Tschernobyl
Die Ukraine nach dem SuperGAU
168 S., 37 farb. Abb., kt. DM 28,00
ISBN 3-926841-58-3

Peter Krause, Faustus Falkenhahn (Hg.)
Einsam – gemeinsam
Jugend im Gespräch
192 S., kt. DM 22,80 / ISBN 3-926841-43-5

Anschrift, Abo- und Bezugsbedingungen siehe Impressum, 2. Umschlagseite.
Alle Titel auch im Buchhandel erhältlich.
Preisänderungen vorbehalten.
Flensburger Hefte = **FH** (ISSN 0932-5859)
FH-Sonderhefte = **So** (ISSN 0943-5549)

Ernst-Martin Krauss
Holzwege, Steinwege ...
Erlebnisse mit Elementarwesen
92 S., Großformat, 13 farb. Abb., geb.
DM 56,00 / ISBN 3-926841-35-4

Andreas Meyer (Hg.)
Seele und Geist
Ansätze zu einer spirituellen Seelentherapie
160 S., kt. DM 26,00 / ISBN 3-926841-47-8

Sidney Saylor Farr
Tom Sawyers Nah-Todeserfahrung und die Wandlung seines Lebens
204 S., kt. DM 32,00 / ISBN 3-926841-82-6

Heinz Schimmel (Hg.)
Tanz der Seelen
Der Tod als Verwandler der Seele. Die Totentanzdichtung von Joachim Fernau und ihre eurythmische Darstellung
108 S., 14 farb. Abb., kt. DM 25,00
ISBN 3-926841-53-2

Arfst Wagner (Hg.)
Götter, Hexen und Naturgeister
Sagen und Sagenhaftes der Insel Föhr
ca. 150 S., 16 farb. Abb., kt. DM 24,80
ISBN 3-926841-84-2

FH 11
Über Tod und Sterben
4. Aufl., 232 S., kt. DM 28,00
ISBN 3-926841-11-7

FH 13
Hexen, New Age, Okkultismus
3. Aufl., 196 S., kt. DM 19,80
ISBN 3-926841-08-7

FH 14
Erneuerung der Religion
Die Christengemeinschaft, Sakramente, Kirche und Kultus
4. Aufl., 184 S., kt. DM 16,80
ISBN 3-926841-07-9

FH 15
Waldorfschule und Anthroposophie
3. Aufl., 132 S., kt. DM 9,80
ISBN 3-926841-00-1

FH 16
Kulturvergiftung: Rauschgift, Sucht und Therapie
2. Aufl., 228 S., kt. DM 16,80
ISBN 3-926841-21-4

FH 17
Kulturvergiftung: Alkohol
2. Aufl., 160 S., kt. DM 16,80
ISBN 3-926841-34-6

FH 18
Biologisch-dynamische Landwirtschaft, Ökologie, Ernährung
2. Aufl., 184 S., kt. DM 19,80
ISBN 3-926841-03-6

FH 19
Musik
2. Aufl., 184 S., kt. DM 16,80
ISBN 3-926841-06-0

FH 20
Sexualität, Aids, Prostitution
2. Aufl., 170 S., kt. DM 14,80
ISBN 3-926841-09-5

FH 21
Aids
164 S., kt. DM 14,80 / ISBN 3-926841-10-9

FH 22
Erkenntnis und Religion
Zum Verhältnis von Anthroposophischer Gesellschaft und Christengemeinschaft
132 S., kt. DM 14,80 / ISBN 3-926841-13-3

FH 23
Engel
3. Aufl., 196 S., 9 farb. Abb., kt. DM 28,00
ISBN 3-926841-15-X

FH 24
Direkte Demokratie / 1789–1989
240 S., kt. DM 14,80 / ISBN 3-926841-16-8

FH 25
Rechtsleben und soziale Zukunftsimpulse
Von der Dreigliederungsidee Rudolf Steiners zur Volksgesetzgebung
244 S., kt. DM 16,80 / ISBN 3-926841-17-6

FH 26
Michael
Januskopf Bundesrepublik
184 S., 8 farb. Abb., kt. DM 16,80
ISBN 3-926841-22-2

FH 27
Strafprozeß, Strafvollzug, Resozialisierung
224 S., kt. DM 16,80 / ISBN 3-926841-20-6

FH 28
Naturwissenschaft und Ethik
204 S., kt. DM 16,80 / ISBN 3-926841-25-7

FH 29
Freie Schule
248 S., kt. DM 19,80 / ISBN 3-926841-28-1

FH 30
Märchen
224 S., kt. DM 16,80 / ISBN 3-926841-29-X

FH 31
Biographiearbeit
4. Aufl., 192 S., 7 farb. Abb., kt. DM 24,80
ISBN 3-926841-31-1

FH 32
Anthroposophen und Nationalsozialismus
168 S., kt. DM 16,80 / ISBN 3-926841-32-X

FH 33
Destruktive Kulte, schwarze Magie, Sexualmagie
232 S., kt. DM 22,80 / ISBN 3-926841-40-0